Michael Soubbotnik

La Philosophie des actes de langage
La doublure mentale et l'ordinaire des langues
ⓒ **Presses Universitaires de France，2001**

本书中文版由法国大学出版社授予河南大学出版社独家出版发行！版权所有，不得复制。

言语行为哲学
——语言的精神衬托与日常性

（法）阿兰·米哈伊尔·苏波特尼克 著

（修订版）

史忠义 译

河南大学出版社

·开封·

著作权合同登记号：图字 16－2009－115 号
图书在版编目(CIP)数据

言语行为哲学/〔法〕米哈伊尔·苏波特尼克著；史忠义译.
—开封：河南大学出版社，2010.2(2016.12 重印)
（新世纪经典译丛）
ISBN 978-7-5649-0121-9

Ⅰ.①言… Ⅱ.①米… Ⅲ.①语言哲学－研究
Ⅳ.①H0

中国版本图书馆 CIP 数据核字(2010)第 019061 号

Michael Soubbotnik
La philosophie des actes de langage
La doublure mentale et l'ordinaire des langues
ⓒ Presses Universitaires de France，2001

书　　　名	言语行为哲学
著作责任者	〔法〕米哈伊尔·苏波特尼克　著　史忠义　译
责 任 编 辑	张　珊
责 任 校 对	华　锋
封 面 设 计	马　龙
出　　　版	河南大学出版社
	地址：河南省开封市明伦街 85 号　邮编：475001
	电话：0378-2825001(营销部)　网址：www.hupress.com
排　　　版	郑州市今日文教印制有限公司
印　　　刷	开封智圣印务有限公司
版　　　次	2010 年 2 月第 1 版　印　次　2016 年 12 月第 2 次印刷
开　　　本	787mm×1092mm　1/16　印　张　14
字　　　数	235 千字　　　　　　　　　　定　价　26.00 元

未经许可，不得以任何方式复制或抄袭本书之部分或全部内容。
版权所有，侵权必究
(本书如有印装质量问题，请与河南大学出版社营销部联系调换)

目　录

言语哲学的新三相与行为间性（代译序）……… 史忠义（1）
若干词义辨析 ……………………………………… 史忠义（1）
导语 ……………………………………………………………（1）
第一章　绪论：日常言语与背景幽灵 ……………………（8）
　Ⅰ. 用法与滥用 ………………………………………………（8）
　　1. 德摩斯梯尼的魔掌与理想语言 ……………………（8）
　　2. 承认例外之哲学或一统哲学 ………………………（11）
　Ⅱ. 人们如何处置"背景"一词 ……………………………（19）
第二章　构成性规则及其神话 ……………………………（29）
　Ⅰ. 规则、游戏、许诺 ………………………………………（29）
　　1. 规则概念应用领域的多样化 ………………………（29）
　　2. 构成性规则的定义问题 ……………………………（33）
　Ⅱ. 规则的因果关系 ………………………………………（46）
　　1. 规则与规则的构成 …………………………………（46）
　　2. 规则，一规则的意指与执行 ………………………（50）
第三章　精神衬托 …………………………………………（67）
　Ⅰ. 语言现象的外在意向性与精神"衬托" ………………（67）
　　1. 问题："语词如何与世界关联？" ……………………（67）
　　2. 符号派生的意向性 …………………………………（71）
　　3. 被重新心理化的弗雷格与"大脑中的意指" ………（77）
　Ⅱ. 内容、满足与调整 ……………………………………（88）
　　1. 内容的术语学 ………………………………………（88）
　　2. 满足与调整 …………………………………………（96）

  Ⅲ. signifier（意指），vouloir dire（想说、意味）……………(103)
   1. "vouloir dire"的习惯及滥用…………………………(103)
   2. 言说语词之意指………………………………………(112)
第四章　F(p) ………………………………………………………(119)
  Ⅰ. 论弗雷格一种也许无用的标记法的错误的发生学观点…(119)
   1. 弗雷格与断定符：从"断定语力"到"意义"和"思想"……(120)
   2. 维特根斯坦的批评：《哲学研究》，§ 22 ………………(125)
  Ⅱ. 一种道德发生学………………………………………(132)
   1. 黑尔：言说我们所未说…………………………………(133)
   2. 奥斯汀：言说我们之所说，做什么呢？ ………………(143)
  Ⅲ. 走向"说即做"就不再是说的哲学语用学………………(160)

结　论 ……………………………………………………………(164)
参考书目 …………………………………………………………(175)
部分人名中外文对照 ……………………………………………(192)
部分概念中外文对照 ……………………………………………(194)

译后记 ……………………………………………………………(197)
跋　理论探索的乐趣 ……………………………… 史忠义(198)

史料钩沉 ………………………………………… 史忠义整理(203)

言语哲学的新三相与行为间性
(Trois statuts de l'interlocuteur et interactualité)

(代译序)

英国哲学家、语言—言语哲学牛津学派的主要代表约翰·兰肖·奥斯汀(John Langshaw Austin,1911—1960)在确立他的言语行为学说的分类时曾经提出,在陈述任何一句话时,我们实际上同时完成了三项行为。这三项行为分别是:言辞行为(acte locutoire ou locution),人们在说话时区别和组合声音、使用和联结词汇所代表的概念的行为;非言辞行为(acte illocutoire ou illocution),语句的陈述本身即构成某种行为,并在一定程度上改变了对话双方的关系,例如,说"我许诺……"时同时完成了许诺行为,说"这是……吗?"时即完成了提问行为;超言辞行为(acte perlocutoire ou perlocution),语句的陈述服务于另外的更深远的目的,如向某人提问的目的,是替他解围,使他难堪或表示赞同他的意见等等。① 1998年商务版《语言哲学》的译者们把上述三个术语分别译为语言行为、以言行事行为和以言取效行为。1999年的新版《辞海》则译为语意行为、语行行为和语效行为。我在译成汉语时更多地考虑了外语术语的词源和构成,故译为言辞行为、非言辞行为和超言辞行为。这几种译法都是不错的。

奥斯汀的上述论点是很高明的。这一论点使我联想到受话者在言语交际行为中的不同形态。可以说,截至现在的言语哲学研究,除了研究言语规则、背景等相关问题外,在言语行为本身的研究方面,大都是从说话者(locuteur)的视角出发,很少考虑受话方(interlocuteur ou

---

① 参阅 J. L. 奥斯汀:《哲学论文集》(*Philosophical Papers*, 1961),牛津:牛津大学出版社,1970;法译本(*Ecrits philosophiques*),巴黎:瑟伊出版社,1994。
《如何以言行事》(*How to Do Things with Words*, 1962),牛津:Clarendon 出版社,1975;法译本(*Quand dire c'est faire*),巴黎:瑟伊出版社,1970;等。

destinataire)在言语行为中的作用。康斯坦茨学派的主要成员之一汉斯-罗贝尔·尧斯曾经从接受美学的角度研究过读者或读者群的期望区、该期望区对创作的影响、该期望区与文本文学价值的关系、该期望区所反映的作品的接受情况等。现代释义学和当代创作论分别从意义生产角度和创作程序角度肯定了读者的参与角色。从这个意义上说,言语哲学已经相对滞后了。

我们以为,在言语交际行为中,受话者的宏观形态有三种。这三种形态在言语交际的行为进程中发挥不同的作用,对说话者分别产生不同的影响。换言之,由于自身形态的不同,受话者参与言语交际行为的程度亦不同。这三种形态分别是:在场的直接受话者(interlocuteur présent et direct)、传话者(interlocuteur-transmetteur)和不在场的间接受话者(interlocuteur non présent et indirect)。

需要说明的是,这里的"在场"和"不在场"概念是指言语交际行为过程中受话者的真实状态,与说话者意识中的"在场"和"不在场"概念不同。说话者意识中的"在场"和"不在场"概念具有相对性。说话者可以对眼前的交谈者视而不见,也可以以为某位心目中的对话者如在眼前。

在场的受话者对说话者或对言语交际行为的首要影响是,说话者或对话双方不必处处交待背景材料。《我是女性主义者吗?》[①]记录了大连大学现当代文学教师刘金冬受妇女问题研究学者李小江之托对作家王安忆的采访以及两人的对话实况(我们非常感谢作家王安忆保留并发表了这篇未经文字加工的对话录。我们引用对话录中的若干实例纯粹出于学术目的,绝无贬低两位文化人的意思)。对话录中不乏这样的例子。如:

刘:你看过李小江的书吗?
……
王:人们总是在爱字上搅不清,这是一个充满现代化梦幻的女孩子,她自以为她自己和比尔已经接轨了,而实际上她是永远不能和比尔在一起的。她后来碰到一个法国人马丁,她也爱马丁,但马丁与比尔是不一样的。比尔他是现代化的象征,马丁不是,他有他的根,根深叶长。可以说这方面他和阿三很像,但是阿三将自己的

---

① 见王安忆:《弟兄们》,北京:中国文联出版社,2001年,第311—348页。

文化放弃了要向马丁靠拢,而马丁不能接受没有根的阿三,有根的阿三与他又相隔甚远,所以阿三也不能和马丁在一起。我的意思是说一个女孩子在身体和精神都向西方靠拢的过程中毁灭,自毁。所以《我爱比尔》这部小说完全与性、爱情没有关系的,好像和女性主义也是没有关系的,就是写发展中国家的处境。

在这篇对话中,双方互为说话者和受话者,王安忆熟悉李小江,刘金冬读过王安忆的大部分作品。刘的问题显然是指李小江关于女性问题方面的著作和编著,而王的答复是作者对自己作品的一个不同于一般阐释的阐释。由于双方熟悉对方话语的内涵,说者自然不必多此一举来介绍有关背景材料了。

我们不妨再举一个例子。赴台后的陈果夫病情日益严重。为了方便治病,1951 年 1 月,陈果夫由台中迁往台北。有一次,一位老朋友从台中来看望陈果夫。当陈果夫谈到自己的苦恼时,那位朋友说:"台中天高",陈果夫马上接道:"皇帝远!"言毕,两人会心地大笑起来。① 原来,台北医疗条件固然比台中好,但陈果夫住在台北却很不习惯。在台中,陈果夫情绪不好,还敢找朋友发发牢骚,在台北他就不敢了。这里蒋介石的耳目太多,稍有什么,马上就会反馈到蒋介石那里去。所以,住在台北,陈果夫感到很压抑。对于外人,需要做这么一番说明。而对于熟悉台湾情况的两位老朋友而言,一言一语都在心领神会之中。

在场的直接受话者对说话者或对话双方的另一影响是,双方可省略许多内容,有时甚至不必把话说完。例如,当刘金冬肯定王安忆的每一本小说出来以后都有一些评论家给予评论时,王回答说:

> 我好像没有在潮流里面唱过什么调子。

这个回答的跳跃性很大,表面上好像与前边的话没有直接的关联,而且说话者也没有明确诸如"潮流"和"调子"的具体语义,许多东西被说话者省略了。类似的例子还有:

> 王:……比如说她有一本书叫《女性的审判》什么的,她用的是很多小说家的小说——

---

① 《今古传奇》,2000 年,第 2 期,第 58 页。

刘:来表达她的观点?

王:小说家的小说有很大的问题……

这里王没有回答刘的问题,而是直接阐述自己的观点。电视采访中常有这样的画面,即被采访者说的话不完整,或者干脆就是半句话,电视工作者把漏掉的语词或话语补充在括号里,以期达到让观众更明白的效果。这些遗漏往往是不经意而为之,当然也与被采访者说话的水准以及当时的心理状态有关。然而,被遗漏或省略的内容之所以能够补充上,说明在直接交际行为的过程中,听者已经理解了。

在场的直接受话者对说话者或对话双方的第三个影响是,对话双方不必刻意追求说话的准确性。这里当然也有现场对话不允许说话者字斟句酌的因素在内。在上面引用的同一篇对话里,双方一为大学讲师,一为作家,都是很有语言造诣的文化人,却说出了一些用词不甚准确、语法不太规范、语义略显模糊、逻辑性也不太强的话语。如下面几例:

刘:……因为你是一个文学创作的这样一个作家,创作的人都是不太谈评论的,而且把你的作品定名为《心灵世界》。

王:分两步走……

……

王:我的小说不能完全说被意识形态所接受,但至少我不是那种站在和它对立面的。

……

王:小说家的小说有很大的问题,小说家本身是不客观的,你不能把他当做材料,你只能把他的写作状态当成现实,不能直接这么用的……

何为"你是一个文学创作的这样一个作家"?"而且"引起的转折也不大明确。什么"分两步走"呢?在下面的回答中,我们甚至也没看出第二步是什么。"意识形态"显然应该有定语,应该有所界定,否则,小说里怎么可能没有意识形态呢?我们所引的最后一段话甚至给人以不知所云、词不达意的感觉。然而对话的双方都明白彼此的意思。我只是想借此说明,面对在场的直接的受话者,特别是了解对话主题和内容的受话者,不大准确的言语依然可以达到预期的效果。且实际的言语交际行为中，词不达意的现象比比皆是。在口头交际中，人们不但往往接受并宽容这种现象，甚至还讨厌一丝不苟的书面语言。而在书面语言中，这类现象一般都被严肃地作为语病处理。

最后，面对在场的直接受话者，完成超言辞行为或语效行为更容易一些。因此，我们估计，与间接对话相比，直接对话中语效行为发生的频率可能更高一些。上面所引王安忆的最后一段话就可看做以陈述代替回答的例子。下面一句话则是以陈述否定意见来表示提问：

刘：但是不是对于妇女本身感兴趣。

我们以为，除了奥斯汀列举的使对方难堪，或向对方解围，或表示赞同对方意见等项内容外，以这种语言形式完成另一种语言形式之功能的做法，也应视为超言辞行为或语效行为。

受话者的另一形态即不在场的间接受话者。一般情况下，他是书面言语包括纪实文体和虚构文体的对象。书面言语首先要求作者虚拟自己的对话对象。这是不在场的间接受话者身份的特殊性。我们仅以作家铁凝的散文《母亲在公共汽车上的表现》①为例略作说明。从文章内容来看，我们估计作者心目中的对话对象当是中国读者，因为那里边的许多内容对外国人来说是很难理解的。

不在场的间接受话者首先要求说话者交代相关的背景材料。如谁是母亲？为什么会引出她在公共汽车上的表现的话题？等等。作者正是这样做的。她用了大段篇幅说明母亲的职业，说明这一话题的缘起，说明母亲之职业与公共汽车的关系，说明母亲对乘车和挤车的态度等。倘若没有这一段背景说明，后边的乘车就可能显得突兀和不可理解。这是不在场的受话者对言语交际行为的第一影响。

其次，不在场的间接受话者要求说话者说得具体、准确、详细。否则，受话者就有可能不得要领。《母亲在公共汽车上的表现》这篇散文题目所要求的内容，其实用诸如"母亲一上车就积极抢占座位并为自己能抢占到座位而得意"一两句话就可说完。但是，这样的话语未达作者之意，受话者也不会有什么反应。于是，作者细致地讲述了母亲贴身溜边儿挤车的积习，这是作者近镜头聚焦的重点内容，讲述了母亲能够灵巧地为她和我占得座位的本领，她动员别人给我这个病号让座的坦然，

---

① 见铁凝：《马路动作》，北京：中国文联出版社，2001年，第310—314页。

我的恼火与赌气,交通情况改善后母亲依然乐此不疲,我对母亲的担心,母亲的行为与社会生活的关系,我对母亲的理解等情况。这样才算把母亲在车上表现背后的意义说清楚了。

虽然在场的直接受话者表现了强烈的参与意识,但是,不在场的间接受话者以其在说话者心目中的形象,与前者一样,两者都对言语交际行为产生影响,都对说话者的言语行为产生影响,都参与了说话者的言语行为。不过两者参与的方向不同。前者使说话者的言语简练,后者则使说话者的言语准确细腻。另外,只有当间接受话者阅读了说话者的文字,说话者的言语行为才产生意义,才发挥其言语行为的作用和效果。

受话者的第三种宏观形态即各种各样的传话者形态。从理论上讲,如果传话者局限于自己的传话角色,那么他不对说话者之言语行为的形式和内容产生影响,因而也不对言语交际行为的实质性内容产生影响。不产生影响也是一种影响,一种不作用于言语交际行为进程、不干扰说话者之言语行为的形式和内容的影响。它与在场的直接受话者的直接影响、不在场的受话者的间接影响一起,构成受话者影响言语交际行为的三种宏观形态。需要说明的是,我们把西方文明中自古希腊到中世纪的吟唱者的 vates 角色,即接受神之灵感传递神之意旨的诗学地位以及其他文明中的类似概念,排除出传话者的行列。那是相信人神对话时代的特殊产物。另外,在言语实践中,传话者对传话内容了解的多少,说话者心细抑或心粗等性格因素,都对说话者交代事情的粗细有所影响;受话者属于大而化之的性格抑或打破沙锅问(纹)到底的性格,也会对传话者听取交代的态度有所影响。这些问题属于更具体的微观形态。

如果我们把克里斯特瓦的文本间性概念与热奈特的跨文本性概念的内容之一理解为以前文本或同时代文本在某文本中的出现,理解为贯时轴线上的文化遗产或共时轴线上的文化积累在该文本中的体现,并承认两个概念的价值,那么,这一现象也发生在言语行为范围内。我们仅以陈毅的"我一路上受活罪,被司机五花大绑几天几夜。那个滋味,喊喊。"①一句为例,说明我们的观点。这句话是对刘伯承、邓小平两位四川老乡问起路上情况的回答。我们从中首先看到了问题的影子。其次,这句话语的语法结构、语词和语音符合当时通行的语法结

---

① 《今古传奇》,2001 年,第 10 期,第 45 页。

构、语词和语音规范，并且是从历史上至少是从白话文历史上继承来的。换言之，在这句话语中，有着同时代的文化积累和先前历史时期的文化遗产。其中"受活罪"和"五花大绑"等词语的形成、发音现状、书写现状等很可能经历了漫长的演变过程。"那个滋味，喊喊。"这种言犹未尽的形象的简略表达形式来自民间长期言语实践中的某种约定俗成。从这个意义上说，在言语哲学范围内，存在着行为间性（interactualité）现象。而且言语的行为间性还是一个非常普遍的现象。由于语法结构、语词、语音、约定俗成的长期稳定性，由于一言语行为与其他言语行为的千丝万缕的联系，一般而言，一言语行为同时具有对以前言语行为的继承性，即言语行为的承行为性（hyperactualité），和对以后言语行为的预告性，即言语行为的预行为性（hypoactualité）。三种言语行为则可以分别称做言语间行为（interacte）、承言语行为（hyperacte）和预言语行为（hypoacte）。同样，承言语行为和预言语行为，即言语行为的承行为性和预行为性也是非常普遍的现象。

我们曾经提出过泛对话原则的观点，[①]以为对话现象不仅存在于长篇小说，而且存在于人文社会学科及自然学科的所有学科。那时我们以为泛对话原则的社会实践基础和理论依据主要体现在下述几个方面：第一，人类社会实践活动的对话性。第二，物质世界的多元性和发展性。第三，社会形态的多元性和统一性。社会形态是变化中的种种关系之和。第四，人类对主、客观世界的认识的不断深化。互文性的内涵之一，即反映了文本世界的认识规律。第五，个人存在中的他性意识，他性是个人存在的构成部分。这一观点意味着个人存在本身即包含着对话性。人的自省意识是对话现象的重要源泉之一。现在，我们有必要补充说，对话现象不仅存在于人文社会学科和自然学科的学科层面，更存在于言语实践层面。明显的对话形式自不待言。言语行为的行为间性、承行为性和预行为性的普遍性是泛对话原则的言语实践基础和言语哲学依据。

史忠义
2001年10月 北京

---

① 参阅拙作《泛对话原则与诗歌中的对话现象》一文，见《外国文学研究》，2001年第3期，第15—21页，以及该文的增订稿《泛对话原则与诗歌及文学批评中的对话现象》，见J.贝西埃、E.库什纳、R.莫尔捷和J.韦斯格尔伯主编的《诗学史》中译本，史忠义译，天津：百花文艺出版社，2002年，代译序一。

若干词义辨析

英语的 language 一词对应法语是 langue 和 langage 两个词。langue 即自然语言，langage 即应用语言、实践语言。langues 指多种多样的自然语言，而 langage 则泛指应用语言，一般不刻意考虑各种自然语言的区别。法语特别注意这两个词之间的区别，而且它们又经常在一起联用，甚至同时出现在一个句子里，所以译文中也应该反映这种区别。但当作者没有特意分别加上形容词 naturelle 和 pratique 时，我们把它们分别译为"自然语言"和"应用语言"，似有增译之嫌。因此，我把前者译为"语言"，而把后者译为"言语"，以示区别。我推测，英语的 language 也许也有这两种词义，或者我们不大注意捕捉它们的区别，或者英语自身不太在乎它们的差异。这当就教于英语学者。苏波特尼克在《言语行为哲学》一书中交相使用了语言哲学和言语哲学两个词。依笔者理解，他大体上把侧重于自然语言的语言学研究和哲学思考涵盖在语言哲学名下，而把应用语言的研究、言语行为研究和哲学思考包括在言语哲学名下。这里也不太好以时间划界。如奥斯汀研究范围中的句子大体上是和语言哲学联系在一起的，而陈述句则是言语哲学的研究对象。如后来一些主张"忠实语义"的语用学家们，他们的这种思想还局限在语言哲学的范围内。

与 langage 一词最接近的，是语词 discours。不过，两者使用时的出发点不同，一从语言的角度出发，一从文本和作品的角度出发。在其他地方，我都把 discours 译成"言语"，今后大概也继续使用这一译法。但在这部言语哲学著作中，我把 discours 译成"言说"，以示与 langage（"言语"）的区别。法语的 discours 一词有"言说"、"言述"、"言语"之意，兼用于书面语和口语之中，表示口语时一般要加上一个相关的形容词，如"discours quotidien"。它是一个中性词，表示一定的量，并蕴涵着集体性。据日语和韩语学者说，日语和韩语把它译为"言说"。我国也有学者把其译为"语篇"，意识到或者说意在把握其"量"的内涵。

我国学术界大多把这个词译为"话语"，形成一个独占鳌头、无所不包、有铺天盖地之势的"话语"神话。我无意褒贬这一现象,在介绍和谈论法国文论之外,也随大流使用这个语词。但是,我觉得把 discours 译成"话语"与法文中的 discours 相去甚远。它还大大地遮蔽了另一个非常活跃的、突出口语性(口头性,活生生的)和主体个性的重要概念"parole"("话语")。"parole"即我们所说的"话",而不是我们所说的"言",它才是法文中真正的"话语"。对于建议我接受既成事实的法语学者,我深表理解。但是对于认定 discours 的法文原意就是"话语",而 parole 的原意就是"言语"的法语学者,我还想提醒下述两点:一、discours 可以和 philosophique、littéraire、romanesque、romantique、symbolique 等词搭配使用,表示哲学言语、文学言语、小说言语、浪漫主义言语、象征言语等,其中性、集体性、书面语言、不表示主体个性的含义可见一斑;而泛指时,parole 是不能和上述形容词搭配的,否则属于搭配错误和逻辑上的硬伤。特殊情况下碰到 parole 与上述形容词之一出现在一起时,则刻意突出某一具体文本,或某一具体作者,或某一具体主体,或某句具体话语的鲜活的个性特征。二、对"parole"的理解是一个长期的语感体验问题。相信多数熟读法文原著的学者们潜意识中是有区别的。

我想,我国学术界的"话语"神话现象的潜在渊源因素可能与 20 世纪初发生在中国大地上的白话文运动、这场运动的胜利和丰厚遗产相关。白话(话语)进入书面语,并一直延续至今,人们不大在意书面语与口语的区别。其实,汉语言文字中也有"言"与"话"之分,"言"有"正规"之位,"话"是现实生活的用语。我听过教育台的两次语文节目,该节目对此的把握相当准确,与法语词义是一致的。晚清学者著书立说谈论唐宋词话或宋元词话时,以笔者愚见,这里的"话"一有突出研究对象个性之意,二有突出著作者见解的个性之意,这与法语 parole 的含义也是一致的。另外则是出于发音的方便,"词话"比"词言"读起来顺畅得多。

我国民间用语中似有以"言"代"话"的现象。如关中方言有"言传"一说,是个口语用语,原本兼有"言说"和"传达"二意,后来"传达"之意渐失,"言说"成其主体词义。这里用"言"也主要是因为发音的方便,否则,"话传"读起来多拗口、多别扭。我不知道京津地区或华北地区是否有此方言用语,不管怎样,它已经超出了一般的书面语和口语范畴,而进入了方言领域。

英语把法语的 parole 译成 utterance。我没有英语的语感体验,无法感性地把握 utterance 的词义。但是，言语哲学家米哈伊尔·苏波特尼克甚至很犹豫，不大愿意把它译为"énoncé"（陈述句），因为"utterance act"其实仅指"一个生产出声音事件或书写事件的人的物质活动"①。根据他的意见推而论之，utterance 应该是法语中的 ce qui est prononcé。但法语动词 prononcer 的结果并无相应的名词。我觉得这个词和法语的 propos 最接近。propos 是个中性词，兼用于书面和口语，没有个性色彩。牛津 Minidictionary French-English English-French 词典在 parole 名下注了 word 和 speech 两个词。没有收入 utterance 一词。足见 utterance 在英语中是一个不常用的词。这样看来，用 utterance 对译 parole 显然不妥。如前所述，因为 parole 是法语中一个非常活跃的重要概念和常用词。

énoncé，语言学和言语哲学用语，后来亦成为陈述诗学用语，译为陈述句（在其他著译中还译为陈述节、陈述段、陈述文等）。奥斯汀曾专门研究陈述句。在法语中，但凡使用 énoncé 一词时，作者都意在引起读者对陈述行为和陈述语境以及陈述句氛围的联想。我亦希望读者读到这个词时联想到它的特定内涵。这样，当本书涉及语式内容时，我借用了一个法语语法用语，把 indicatif 译为直陈式，以免与陈述句式相混淆。

rhème，rhématique，语言学术语，与 thème 和 thématique 一组词相对应。使用 rhème 和 rhématique 时，一般不考虑 discours 与 parole 的区别，可译为泛话语、话语（汉语言中的广义）、言辞、话语的、言辞的等，与后边的题材、题材的和题材学构成对应语义。

为了与文本内的具体的微观语境 deixis 和语境词 déictiques 相区别，我把 contexte 译为"背景"。苏波特尼克本书使用"contexte"一词时或指文本层面的语境（文本内背景），或指语言的使用环境（与社会的关系，言语外背景）。用"背景"对译第一章的讨论中心，似乎更方便一些，便于区分作者在不同场合表达的不同词义。

Métaphysique，形上论，形而上学，玄学。三种译法意义相同，仅仅因为具体行文的方便，选用其中之一。

史忠义

---

① 见本书第四章结尾部分。

导　语

　　诺曼·马尔科姆(Norman Malcolm)多次批评塞尔(Searle)从"我以为 p"("Je crois que p")到"信仰是一种精神状态"("La croyance est un état mental")的过渡之举。作为对上述批评的回答,塞尔反驳他的对手时,一上来就说,他所实践的是"自 60 年代中期以来已经失宠的……一种哲学分析形式"①。塞尔笼统的开头未能表达源自奥斯汀(Austin)和后期维特根斯坦(Wittgenstein)的所谓"日常言语"("langage ordinaire")哲学失宠的原因。但是,我们可以从中看到相继发生的两次辩论的痕迹。第一场辩论的一方借助属于形式言语(langages formels)的建构程序竭力澄清自然语言(langue naturelle)的建制,另一方则从日常使用过程中挖掘各种自然语言自身的运作情况。第二场辩论的一方批评自弗雷格(Frege)以来的心理主义(psychologisme),另一方则反其道而行之,此后便打着"精神哲学"("philosophie de l'esprit")的旗号,重新赋予言语哲学以大量的心理内容。两次辩论并不重复。

　　尽管第一场辩论的两种方案之间存在着实实在在的冲突,但是,如果我们以为日常言语哲学与逻辑哲学势不两立或者两者处于相互淡漠的状态,就必然严重忽略了某些发展趋势,必然疏漏了许多相关作者。看上去对形式言语并不怎么关心的奥斯汀,却是《算学基础》(*Grundlagen der Arithmetik*)的翻译者。赖尔(Ryle)在《系统误导式用语》

---

① N. 马尔科姆:"我以为 p"("I believe that p"),见勒波尔(Leport)与范·古利克(Van Gulick)合编的《约翰·塞尔及其批评》(*John Searle and his Critics*),第 159—168 页。塞尔的答复载同卷第 185—188 页。(我们在注释中将书名及出处简化,书末的参考书目中给出完整的信息以及简化表。)

(*Systematically Misleading Expressions*)①一文中,调动罗素式分析[特别是确定式描述理论(la théorie des descriptions définies)]以驱除惯于从自然语言的某些用语入手进行哲学思维的学者那里这些用语经常引起的"混乱",而在非按日常用法使用这些用语的一般说话者那里,休谟(Hume)揶揄说,后者甚至可能是刚刚离开书房走向惠斯特牌局(une table de whist,惠斯特牌是桥牌的前身。——译者注),刚刚离开思辨世界而捧起一杯雪利酒的哲学家本人。斯特劳森(Strawson)撰写《逻辑理论导论》(*Introduction to Logical Theory*)旨在"阐明一般语言中的词语表现与某逻辑体系的符号表现之间的反差和切合点"②。蒯因(Quine)在评述斯特劳森的著作时确曾指出,在任何科学活动领域实践形式逻辑的人,"每次从特殊言语中发现可以促进其物理、数学等学科发展的良好工具时,都会心满意足地离开日常言语"。但其本意在于立即进行的补充:逻辑言语并不独立于日常言语,而是深深地"根植于日常言语",而且"这些根孽不应当拔除"③。

也许阐释马尔科姆的参照系维特根斯坦困难最大,原因在于维氏30年代的转"向"。正如科拉·戴蒙德(Cora Diamond)所说,关于精神问题,弗雷格(Frege)与《逻辑哲学论》(*Tractatus logico-philosophicus*)在方法论方面的共同点有两个。一方面,"区别精神的经验方法或心理方法与非心理方法";另一方面,"这种区别的神话"。"后期维特根斯坦"严格坚持上述区别但又"如实承认神话"④,这是与《逻辑哲学论》的"形上论"密切相关的神话。但是,这种玄学与言语和思想的外在内容无关,而瞄准言语自身的内在要求,坚持语句有自己的一般形式,且任何语句都具有这种逻辑形式。⑤ 维特根斯坦的转向并非要以逻辑性换取某种我们不大清楚的前-后现代阐释,他亦没有"揭示"我们何以能够不按他所给予的条件看待他这一现象所提出的用法或问题。这一

---

① 吉尔伯特·赖尔(Gilbert Ryle):《系统误导式用语》(1932),见 R. 罗蒂(R. Rorty)编《语言技法》(*The Linguistic Turn*),第 85-100 页。

② P. F. 斯特劳森:《逻辑理论导论》,前言。

③ 蒯因:《斯特劳森先生与逻辑理论》(*Mr Strawson on Logical Theory*),见《悖论之途及其他论文》(*The Ways of Paradox and other Essays*),第 150 页。

④ 科拉·戴蒙德:《哲学与精神》(*Philosophy and the Mind*),见《现实精神》(*The Realistic Spirit*),第 4 页。

⑤ 科拉·戴蒙德:《维特根斯坦与形而上学》(*Wittgenstein and Metaphysics*),见《现实精神》,第 18-19 页。

问题流动于从《逻辑哲学论》到《哲学研究》(Philosophical Investigations)的字里行间。但是,在《逻辑哲学论》中,用法概念属于逻辑－句法方面。① 它与观念标记(notation conceptuelle)概念相联系,这一点与弗雷格相同;也与完整的逻辑分析概念相联系,后者与罗素的思想如出一辙。导致转向的因素,实乃"观察使用习惯而不把我们的先入之见强加给它的能力"的发展,以至于用法概念本身和介绍用法的概念都发生了变化,"不再以某用语所标志的命题的一般形式超验地介绍它,其用法不再由该命题的一般形式所赋予。我们只能从用法隶属言语(langage)之时空现象中发现它"②。我们甚至更喜欢说:从它隶属语言(langue)的时空现象中发现它。

我们可以开始确定两次辩论的交叉点或者若干交叉点了。塞尔答复马尔科姆的结论,他对日常言语哲学方法之"失宠"原因的解释,使我们有可能更清楚地昭示这些交叉点,只要我们记得争论的范围:从严格的哲学角度,建构"精神状态"的经验学说。

  以马尔科姆文章为典型的方法论所提出的一般问题是,如果不拥有关于意指(signification)和言语行为的一般理论,我们在检视语词的"用法"时,就不可能走得太远。脱离了"用法"与"意指"的关系理论,关于词汇用法的零散见解毫无用处。③

我们首先说明如下:当塞尔要求人们确定"用法"(加带保留意义的引号)与意指(无引号)的关系时,他挖掘了在《言语行为》(Speech Acts)一书中提出的对他所谓的源自日常言语哲学之诡辩的批评,即对"作为用法之意义"("meaning as use")这种说法的批评。他本人还在几行之后毫不动摇地把这一公式重组为"意义即用法"("meaning is use")④,并不加区别地把它归诸奥斯汀、维特根斯坦、黑尔(Hare)或斯特劳森。奥斯汀的本意如何,我们下文将谈到。至于维特根斯坦,上述

---

① 参阅维特根斯坦:《逻辑哲学论》,第 3.325—3.328 页。
② 科拉·戴蒙德:《维特根斯坦与形而上学》,见《现实精神》,第 32—33 页。
③ 塞尔:《答复:意向性的发现与满足》(Response: Perception and the Satisfaction of Intentionality),见勒波尔与范·古利克合编的《约翰·塞尔及其批评》,第 188 页。
④ 塞尔:《言语行为》,6.4.,第 146 页。

关于 as 之说（作为用法之意指）属于常见的误读，而关于 is 之谈（意义即用法）则更是荒堂至极了。其实，我们在《哲学研究》中读到的原文如下：

> 关于"意指"（bedeutung）一词的一大类使用情况——即使不是它的全部使用情况——我们可以这样解释（erklren）该词：一个词的意义即该词在言语（sprache，我们不妨说语言中亦如此）中的用法。有时，我们还可把一个词的意指（bedeutung，这次加了着重号但未加引号）解释为它的载体。①

作者丝毫没有把全部意义（意指）等同于用法的意思。我们也没有发现任何意义"理论"或"理论雏形"的影子。他所谈论的问题，不是抽象的意义，而是"一个词的意义"，或者更具体地说，是解释一个词的意义的不同方法，是解释实践本身的若干方法。我们不妨设问，塞尔的误读是否部分地有意而为之，因为正是在昭示言语内在的这些意义解释的实践方面，而非制造俯视上述实践的"意义的理论"方面，塞尔暴露了他的弱点，我们在本书中将多次看到这一情况。

然而，这只是问题的第一个方面。应该回到马尔科姆与塞尔讨论的范围"意向性"上来。于是，我们发现，塞尔与日常言语哲学的冲突，同时体现在后者拒绝建立"意指的一般理论"及其反心理主义方面。换言之，即一方面体现在使它与逻辑哲学逐渐建立起来的方案（应用于自然语言的一般语义理论）相隔膜的一面，另一方面也体现在它与它的共性方面（至少直到分析哲学重新心理化的"转折期"前）——言语和思想的非心理化方面。于是，如同塞尔设计的那样一种言语行为的哲学语用学方案露出端倪：把主张精神心理化的哲学与一种以一般语义学理论为依托的言语哲学结合起来。这里的一般语义学理论囊括非措辞行为。

这里，我们将概述对上述结合的某些关键方面的批评分析。大量的优秀著作或综论性文章从哲学方面和/或语言学方面介绍了语用学的各种概貌，使我们有可能缩小视野，突出并详述某些分析。于是，我们把注意力集中在塞尔本人谓之曰言语行为之哲学理论的基础方面。这一理论与奥斯汀学说的决裂程度远比人们想象的更彻底。塞尔并不

---

① 维特根斯坦:《哲学研究》(*Philosophical Investigations*)，§43。

满足于(即使是巨大的)技术性整合,不满足于改造某种虽不敢夸口为成熟的但至少已是青年状态的知识领域的一项天才"发现"。我们甚至可以毫不犹豫地指出,尽管塞尔与奥斯汀都曾使用过诸如"完成行为式"("performatif")、"非措辞行为"("acte illocutoire")、"语力"("force")等概念,并且在真实性问题上有着某些表面上的相同之处,但是显然,他们讲的并不是同一哲学言语。这种决裂在法国之所以经常被学术界所忽视,部分是因为出版方面的原因,出版界长期淹没了《哲学论文集》(Philosophical Papers),造成从塞尔解读奥斯汀的逆向阅读后果。让我们根据出版日期做出评论吧。《如何以言行事》(How to Do Things with Words)的译文发表于1970年;一直等到漫长的24年之后,《哲学论文集》的(不完整的)译本才得以与读者见面,而英国的初版本面世于1961年!其间《言语行为》的法译本紧接着《如何以言行事》的译文,发表于1972年,比原作仅晚3年。还有另一直接属于哲学方面的原因。学术界一方面把《如何以言行事》与《哲学论文集》相割裂,一方面又太不乏热情地求助于塞尔后来有关精神哲学方面的著作,以这些著作的光芒,启迪《言语行为》或《表述与意义》(Expression and Meaning)的阅读,以至于经常把讨论引入言语行为的理论范畴,而这些讨论原本是以精神理论的范畴为对象独立进行的。① 我们反其道而行之,密切关注两种理论之间内在的哲学纽带。这样做不啻于重新赋予塞尔本人之声明以严肃性。他认为,言语行为的意向性是"派生的",而精神状态的意向性却是内在的,言语行为的研究是进入精神状态之理论的启蒙手段,后者是前者的基础。因此,受塞尔启发而诞生的语用学完全带着哲学方案的痕迹。我们试图勾画对这种方案的批评,于是,非措辞行为意义的一般理论、关于精神的哲学性经验学说的生产与日常言语哲学的断然拒绝之间的关系,就引导着目标的选择。"满足条件"("conditions de satisfaction")概念构成这方面的一个支柱概念,因为一方面,它是塞尔用于语义学的一个心理学概念,蕴涵着种种暧昧

---

① 塞尔本人也曾大段大段地评论这种形势,参阅《意义、意向性与言语行为,答乔纳森·贝尼特、朱尔根·哈贝马斯、卡尔-奥托·阿佩尔和威廉·阿尔斯顿等人》(Meaning, Intentionality and Speech Acts, Response to Jonathan Bennett, Jürgen Habermas, Karl-Otto Apel and William Alston),第81—82页。斯珀贝尔(Sperber)和威尔逊(Wilson)在《中肯性》(La Pertinence)中提供了这种双重审视的最突出的例外之一,他们介绍了与言语交际相对立的一种认识范式。

性；另一方面，因为与调整（ajustement）概念相关联，它又有助于语力的分析和分类。然而，我们只能依据塞尔的最初学说分析这些意向性概念，塞尔的早期学说把言语行为定义为一种受规律支配的行为方式，即应该从塞尔讨论规则概念时把其引入区分调节性规则与建构性规则的普洛克路斯忒斯之床（le lit de Procuste）①的方式出发，以分析他赋予上述规则的建立在与某些竞赛游戏相似背景上的定义。塞尔赋予建构性规则的因果关系把我们直接引入我们所谓的"精神衬托"（"doublure mentale"）这种言语哲学的重新心理化之中，后者既标志着与奥斯汀的决裂，也标志着与弗雷格的决裂，尽管塞尔自称出于弗雷格的门下。因此，我们考察了语力概念以及已经成为经典的据说中经奥斯汀源自弗雷格的著名标记 $F(p)$。对某种理想言语之建构方案以及建立重新心理化后的言语行为之语义理论的可能性的考察，引导笔者在本书结尾时围绕言语哲学和语言学的形式化问题展开了若干思考。

我们采纳了所谓"日常言语"的哲学视点，后者只能从非常笼统的意义上被视做"语用学"，即这里的"**语用学**"一词可被理解为"言说问题的挖掘"②。由此，从源自维特根斯坦和奥斯汀的哲学的视角看问题，我们以为争论不休的"语用学"领域的确定问题是次要的，相反，言语与语言的关系问题似乎更关键。句子（phrase）与陈述句（énoncé，陈述段，陈述文，陈述节）的区别同样重要。在有关技能的某种实体论观念的范围内探索语句之"深层结构"与借助非心理化和非实体化程序建构"直接"对陈述句进行形式观察的对立同样重要，后者足以反映这些形式及其多质性。这些问题似乎是由奥斯汀"潜身"陈述句之举、维特根斯坦的总体观念（ubersicht）以及两位作者对各种"意指理论"的批评引发的，它们对于语言学显然至关重要，迫使哲学家和语言学家思考如何对待形式化的问题以及科拉·戴蒙德所谓的"一种观念标记"的"作为"问题。哲学家和语言学家当然各自追求自己的目标，有时可能互不信任或者互相歧视，这与他们各自专业的过分的模糊性不无关系。但是，

---

① 希腊语写法为 Procroustès，一称达玛斯蒂斯（Damastès）。希腊神话中的强盗，开设黑店，拦劫行人。店内设有大小二床。旅客投宿时，将高大者置于小床，矮小者置于大床，把身高者截短，身矮者拉长，使与床的长短相等。后被忒修斯（Thésée）杀死。——译者注

② 弗朗索瓦·内莫（François Nemo）与皮埃尔·卡迪奥（Pierre Cadiot）合著：《一个难以解决的问题？》（*Un problème insoluble?*），第 II 部分，第 12 页。

我们看不出一种日常言语哲学完全摆脱与陈述行为语言学所提问题的更密切更明朗的关系的可能性。这怎么可能呢？它们之间没有任何原则性的矛盾对立，而是恰恰相反。总而言之，我们力图朝着这一方向而争辩。

第一章 绪论：日常言语与背景幽灵

Ⅰ．用法与滥用

1. 德摩斯梯尼的魔掌与理想语言①

奇怪的是，至少表面上如此，"日常言语"一词并非日常言语的表述方式。我们之所以说"表面上"，是因为在我们刚刚生产的这一陈述句中，前后两处"日常言语"的词义并不完全相同。在"并非日常言语的表述方式"一句中，"日常言语"既与"技术言语"或"职业言语"相对比，也与"形式言语"等相比较。然而，第一处的"日常言语"一词却是地地道道的属于奥斯汀更喜欢听人称做"言语现象学"、后人称做"日常言语哲学"的学院领域的技术术语。那么，第一处的"日常言语"当如何理解，该词的词义与第二个词义又是什么关系呢？

谈及逻辑实证主义式"理想语言"（"langue idéale"）所代表的"工作范式"时，奥斯汀在《一个词的意指》(*The Meaning of a Word*，奥斯汀唯一明确介入"意指"术语讨论的一篇遗作)②一文中指出，"理想语言"是"多方面都最不符合任何真实语言的一种范式"。更为严重的是，这

---

① Démosthène (Démosthénes，前384—前322年)，一译德摩西尼，古希腊雄辩家、政治家，雅典人。早年教授修辞学。继而从事政治活动，反对马其顿入侵希腊。发表《斥腓力》等演说，谴责腓力二世的扩张野心。但喀罗尼亚战役（前338年）后希腊各邦臣服于马其顿。公元前323年在雅典再次组织反马其顿运动，失败后自杀。今存演说约60篇，被誉为修辞学的典范。——译者注

② 奥斯汀：《一个词的意指》，见《哲学论文集》，第67—68页。

是一种误人子弟的范式。在奥斯汀看来,它引导我们误入歧途的"天性"在于它的一些基本特征,主要包括它"精心使句法①与语义相分离"的方式以及建立"一系列明显人为建构的规则和约定",而且它们的应用范围也是人为地"精心划定的"的事实。相比之下,"日常言语"在这里则犹如一种"自然语言",其特点为"很少甚至全无明显的约定",其规则的应用范围没有明显的界限,全然没有句法与语义的僵化分离。

  一种理想语言何以能够误导我们呢?其宗旨不是恰恰都是、不是永远都是避免误导吗?奥斯汀虚构了一只猫某一天开始抱怨不休的荒诞故事。"这是只猫或这不是只猫呢?"("Est-ce un chat ou n'est-ce pas un chat?")奥斯汀指出,一种逻辑语言迫使我们采用非此即彼的说法,而现实中,不管是"这是一只真猫"("c'est un vrai chat")还是"这不是一只真猫"("ce n'est pas un vrai chat")两种说法,它们的"语义都不能涵盖"事实。奥斯汀具体说明如下:这些句子是"为下述情况之外的其他情况而设计的"。"这是一只真猫"不能用于像德摩斯梯尼一样措辞的个性,而"这不是一只真猫"不适用于一只数年如一日诚实守护主人的家猫。那么"大家先生"(意为一般人,与逻辑学家相对立)会怎么说呢?他会首先另提一个例如下面这样的问题:"嗯,您对此有何高见呢?"正是,有何高见呢?当然没有,奥斯汀回答说,不过,不是生产"这是……"或"这不是……"之类"准确无误的描述"(注意,这里的"描述"一词带有指责意味),恰恰相反,而是应该对事实进行"详细描述"(这次,"描述"一词运用恰当)。

  这里,我们应该尽量理解(作者)使用这类虚构情景的意义。奥斯汀通过建构某些说话者表达某种事情状态时的代表性句型,试图使我们远离过于忠实地使用"是……意指的一部分"("faire partie de la signification de...")句型的企图。无疑,如果我们说"男性"与"是某某人之兄长"的意义大同小异,我们当然没有什么过错。但是,如果我们一任"意义绝对是由部分构成的"的顽念野马脱缰般地驰骋,危险就会应运而生。奥斯汀并非极力指责草率制造同类实体之危险,他更多地告诫我们注意来自某些问题的混淆。如果我们真的过于拘泥于"是……意指的一部分"的字面意义,就可能顺理成章地认为"x 是或者不是 y 的一部分?"一定会有一个确定的答案,而不管我们可能制造出

---

  ① 这里的句法并非语法意义上的句法,而是符号学意义上的句法,即符号之间形式关系的联结。

何等形态的陈述句。这样，关于"猫"一词，我们就会提出下述问题：是否存在一条语法的语义构成规则，约定某位说话者可以或不可以是猫。奥斯汀的故事回答我们"非此亦非彼"，在这方面，"猫"一词还处于未确定状态，至少当我们尚未确定从建构上排除猫能够说话的言语和/或知识（例如自然科学）领域。反之，故事说明，当动物在我们面前发表大论时，我们也许应该寻求称呼它的方式，而并非先有决定这一问题的"语义规则"。这样，说话者既获得了他们的自由（及责任），同时，必要时也可寻求某种一致，如无法达成一致意见时，阐述他们在这一主题上的分歧。

最有趣的是奥斯汀从他的小故事中获得的教益。在"猫"突然成为演说家这类特殊情况下，"日常言语的大厦倒塌了"，"我们缺乏合适的语词"。相反，"不管发生什么情况"，一种理想语言都不会倒塌，因为建构它的目的，就包括从语言上应付最坏的情况。其实，正是"不管发生什么情况"这一层面，使它成为不符合某种真实语言的范式。说话者遇到非常情况之前，常见语言并非为能够从语义上应对非常情况而创造，理想语言掩盖了这一事实。它掩盖了语言是由人创造的这一本质以及时间赋予语言的创造性。剩下的问题就是搞清何为奥斯汀心目中的非常情况。匆忙断言奥氏心目中的非常情况仅指语言外情景是错误的。当然也包括语言外情景，但并不尽然。让我们看看奥斯汀的故事之外的另一故事，例如碰见一个穿着得体、正在穿墙入壁的幽灵的故事。面对"这是什么？"的问题，大家先生可能毫无恐惧之色或至少毫不含糊地回答我们："这是一个幽灵。"须知，无论如何，遇见幽灵的"非常"色彩并不亚于碰见一只开口说话的猫。"非常"当然应该理解为情景之非常，但是，与奥斯汀所说的我们的"语义约定"不无关系。这就赋予"一种理想语言为我们从语言上应对最坏情况做了准备"的思想以意义，这一思想似乎意味着某种理想语言（显而易见，奥斯汀以为自然科学言语应属理想语言）应用领域之最坏情况不可能超过语言调节可能性的界限。这一结论的后果是，在"我们发表 x 高论"的情景建构中，不管这些情景多么离奇（例如杀死两头驴的凶犯进入毗邻牛津的两个花园），然而，并不是这些内容使它们"非同一般"（"non ordinaire"）的[与谈论会说话的猫一样，我们没有使用"非常"（"extraordinaire"）一词]。一个非同一般的情景更多地是一种"无法情景化之情景"（"non-situation"），即无法为所提问题及各种答案找到任何落脚点的传统哲学某些建构的典型结果，这些建构有可能使我们从诸如"这是一只真猫吗？"过渡到"还有什么真实可言呢?"这些句式。在展开讨论这一重要问题之前,让我们还是先回到德摩斯梯尼与猫吧。

这个故事就可能提出的"问题引发了某些问题"。如果我们就说话之猫提出与针对幽灵同样的"这是什么?"的问题,我们就会真的陷于困境,不知该回答"这是一只猫在发表演说",还是"这是一只会说话的猫",或者直言"这是给猫穿靴子,多此一举"呢? 在谈论语义困窘时,奥斯汀不可能断言它们来自我们之惊奇、恐惧或不信任的态度[此外,文本蕴涵的对冷静之士舍洛克・福尔摩斯(Sherlock Holmes)的喻示,足以打消此类不动脑筋的看法],否则将引起极大的混乱。反之,如果有人就幽灵向我们提出"这是或者不是一个真人?"之类的问题时,我们就不会处于奥斯汀所谓的困窘之境吗? 换言之,就奥斯汀似乎希望赋予"正常性"(ordinaire)或"非常性"(extraordinaire)的意义而言,一个情景之正常性或非常性不仅与我们的语言约定(conventions linguistiques)和语言外环境(contexte extra-linguistique)相关,也与所提问题相关。因此,奥斯汀指出,如果我们以"开放型"问题"我们对此有何见解呢?"代替"这真是或者不是一只猫吗?"的"封闭型"问题,日常语言就不难找到一定程度上能够面对上述情景非常性的一大堆常见的表达方式。当然,以这种方式,我们绕过了问题,化解了似乎要求严谨描述的非常性。奥斯汀喻示说,如果我们真要昭示这种非常性,也许需要"新的更好的言语"①,哲学家们经常为此而探索。虽然奥斯汀所谓的"新的更好的言语"词义很模糊,却提出了哲学所面临的两个互不排斥但区别明显的任务。其一,即我们刚刚谈到的,试图生产适合于"描述"显性或隐性语义约定先前不曾碰到之情景的语言工具(也许应该把奥斯汀大量创造新词的行为与此联系起来);其二,还要关注共同语言的现实。总之,奥斯汀在这里批评的主要对象,是两种活动的分离,或者更准确地说,是不以后者为前提的第一种实践活动,这种实践的主要后果之一,即导致蹩脚问题的产生。

2. 承认例外之哲学或一统哲学

《为例外辩护》(*A Plea for Excuses*)可能是奥斯汀全部文字中阐

---

① 译者们常译为"un langage nouveau et meilleur",但奥斯汀的原文不是"a new and better language",而是"ø new and better language"。奥斯汀的方式本身未阐明任何问题,但至少不是心血来潮。

述其方法论用笔最多的一篇。① 他在文中提出的最重要的论点之一，即当我们检查"在……情况下，我们的说法"或者"当……时，我们应该如何表达"之时，亦即在这种或那种情景下，我们应该使用何种言辞时，"我们不仅考虑语词（或'significations'，不管怎么理解这个词的词义），还考虑我们借助语词所表达之实际"。总而言之——这是奥斯汀的一个基本立场——我们的语言的敏锐性提高我们对语言外现象观察的敏锐性，尽管前者并不主宰后者。这一论点可以使我们间接接近奥斯汀所谓日常言语（ordinary language）的部分意义，这里的日常言语是指引导哲学调查、与接触并夸口化解（似乎应该承认，"化解一个问题"与"努力使其停止对您的困扰"之间，有着很大的差别）种种哲学问题之"逻辑—语言"（逻辑色彩超过语言成分）方式相对立的言语。"言语现象学"②的实践者在探索日常言语时，他的研究对象是言语习惯与世界之间的关系，或者各种言语习惯得以表达世界以及如何表达世界的方式，③远多于对言语（langage）本身性质或运行的研究，当然我们安身立命其间的语言（langue，自然语言）除外。正是因为这一原因，奥斯汀宣称更喜欢"言语现象学"的提法，胜过了"分析哲学"（"philosophie analytique"）、"言语分析"（"analyse du langage"）或"言语哲学"（"philosophie linguistique"）等其他术语。

在这种背景下"日常言语"的对立面是什么呢？在《一个词的意指》一文中，奥斯汀把它与"理想语言"相对立。这里，与传统哲学的鲜明对比则进入前台。确实，一旦涉及确定他的"言语现象学"的调查范围时，与我们刚刚指出的内容相关联，奥斯汀明确表示，应该选择日常言语确实丰富而又细腻的领域（这意味着日常言语并非永远亦非到处都丰富和细腻）；不仅如此，还要选择日常言语未受"垂死的艰涩的理论话语""感染"且"传统哲学"未曾涉入或涉入不深的领域。最后一点建议的弦外之音是："日常言语"与"哲学言语"之间，或者更准确地说，与言语的"传统的哲学用法"之间，存在着对立，至少存在着鲜明对比。当然，"传

---

① 奥斯汀：《为例外辩护》，见《哲学论文集》，第 182—186 页。

② 我们借此机会说明，奥斯汀（维特根斯坦亦如此）所用"现象学"一词，与源自胡塞尔（Husserl）、建立在假设存在某种可称做"精神目光"（"regard mental"）基础之上的"现象学"潮流的词义大异其趣。在奥斯汀那里，"现象学"不过是"描述性哲学"（"philosophie descriptive"）的另一种说法而已。

③ 关于这一点，参阅桑德拉·洛吉耶（Sandra Laugier）的深刻分析，见《从真实到平庸》（*Du réel à l'ordinaire*）一书。

统哲学"或"传统的哲学用法"的概念如愿以偿地模糊，与洛克（Locke）使用"哲学"或"玄学"表示几乎所有先于"新思想途径"（"new way of ideas"）和"新言辞途径"（"new way of words"）之学术思想时的词义同样模糊。无论如何，在两种提法中，"新途径"都表现为对"我们的言谈内容"，对我们何时且如何表达上述内容的新关注（或被视为新关注），而又不忘记"谈论言语即谈论世界"①，即谈论与人类实践相关的一些已经确定和界定的问题（questions définies et situées）这一实质。之所以说"确定和界定"乃是因为这些问题中的一部分已经消失，失去其合理性或其重要性，或者演变为其他问题。若借用同类词汇表述的话，后者与先前的问题仅保持不同程度上的或远或近的家族相似性。因此，20世纪的日常言语哲学与17世纪下半叶英国对滥用语词的批评之间的距离，有可能显得不可逾越。从某种意义上说，以这种方式探讨哲学问题的永恒哲学（philosophia perennis）还要少于其他方面（细想之下，也许少于严格的分析传统）。仅以洛克对"raison"（思维）一词与"foi"（信仰）相对立的用法的考察为例。② 对于我们而言，洛克的见解无疑已经失去了它们的锐利性，因为我们不再生活在关于该词的大量檄文风行整个英国的复辟时期。但是，洛克的选择——他认为由神学建立起来的这种对立是一种"非常言不及义"但却并不因此而违反公例的方式——昭示说，此用法远比神学家们的臆断微妙得多，断定神学家们的滥用之举很大程度上源自他们顽固拒绝正视一般用法的态度。他的方式有助于在主张建立似乎很荒诞的"哲理性"与"日常性"之对立关系的种种无疑相距遥远的方式之间，建构起某种相互支撑与相互关联（une certaine solidarité）的关系。洛克在一定程度上喻示说，如果我因这种或那种原因而不喜欢某一建筑，那么提出一种全新的设计方案并宣称仅有此举就一定能改善原有建筑的做法是十分荒诞的。如果建筑本身是问题的症结，我对新图纸就将一筹莫展，它的任何用法都绝对不可能使我满意。我不仅满足于糟糕地使用某图纸，还表现出我对"图纸"一词用法的不解。

---

① 洛吉耶：《从真实到平庸》，第22页，谈论蒯因（Quine）时的用语。
② 洛克：《论人类的领悟力》（*An Essay Concerning Human Understanding*），IV. xxoii. 24。

于是，问题就在于弄清楚人们是如何援引日常言语的①，如何挖掘我们从中发现并假定的典型例子；如何认定这些例子为典型，挖掘它们为什么如此重要；最后，这种实践的目标与其他哲学实践的目标不同在何处。应当承认卡维尔的意见，术语"日常言语"不仅未能就此给我们以任何点拨，还渐渐激发那些有志于该领域的哲学家们产生幻想，似乎这些问题的答案早已存在于术语本身。奥斯汀的珍贵指示尚存。它们涉及方法可能碰到的"骨头"（snags,喻困难）。奥斯汀提到的第一个困难，即"飘忽不定的"或者不准确的、意见纷杂的既可如此又可那样的用法的存在。这似乎可以构成一种语言日常用法或者所谓的"每日语言"的一大特征。奥斯汀部分抛弃了这样一种有可能激发改良主义哲学雄心的诊断。对他而言，这些现象远没有人们想象的那么重要。用法之变化、分歧或含糊性只能具体而论，即根据真实情景或虚构情景，或者按照一定方式想象化后的真实情景等而论。换言之，我们可以这样设想，即奥斯汀并没有把某言语术语和该术语的使用环境的考察与言语交际过程的参与者们如何"考虑"或"想象"或"发现"或"认识"该术语及其情景的考察放在同等重要的位置。一言以蔽之，套用分析哲学的说法，即置每种情景于"一定的描述之中"。显然，我们难以想象，一个不经任何描述的情景会是什么样子；像奥斯汀这样的哲学家对传统哲学的指责的一部分，可能就是制造这类幽灵这一点，我们后边还将涉及这一问题。不管怎样，奥斯汀解释说，一旦我们的关注经过一定描述，呈现出足够差异和区别的具体情况，我们就会发现，当我们以为就同一情景说出了内容不同的话语时，其实际情况却是，在大部分情形下，我们思考该情景的方式略有差异而已。由于这一原因，情景的描述愈具体，表达之差异愈打折扣，或者借用奥斯汀的典型方式来表示，即"我们该说之话"的"一致性"（"l'accord"）愈有可能成立。换言之：(a)奥斯汀的日常言语形象是一种"一致性"形象，与"哲学言语"的"相异性"（"désaccord"）形象形成强烈的鲜明对比；(b)用法的"规范"（"normatif"）性是一个基本因素。这里，我们还再次看到，一致性或相

---

① 这是斯坦利·卡维尔（Stanley Cavell）从《言必有义》（*Must We Mean What We Say*）到《思辨之要求》（*The Claims of Reason*）期间不知疲倦地探讨的问题。卡维尔的阐释在很大程度上受怀疑论问题的引导。我们提出这些问题的动机却在于考察另一现象，即语言现象（亦即各种语言中的现象），尽管这些问题与卡维尔的问题绝非不可兼容。

第一章　绪论：日常言语与背景幽灵　　　　　　　　　　　　15

异性既涉及事物，亦涉及语词。也许正是因为在奥斯汀的设计中它们永远同时与两者相关联，这里才没见到能够显露出某种"语义差异"的更细腻的分析。问题似乎是，或者我们达成某种一致，或者反之。然而，同样可能的是，那些"棘手的"情景赋予分析者以言语选择的阶梯①。当然有可能发生下述情况，即分歧依然，某种"可怕的"用法（奥斯汀对此未做具体说明）却是一种真实用法，人们真的无法就某些相互竞争的描述做出裁决。在这类情况下，奥斯汀解释说，我们可以认为，例如，意见分歧的说话者的"观念体系"也有差异，而且至少到新秩序之前，这些有差别的"观念体系"同样有效率（指出这一点很重要）。总之，"我们能够揭示为什么我们的意见有分歧"②，这个为什么还能给我们某种启示：关于导致不确切用法的"意图"，关于该模糊用法所取消之区别，关于可以以两种不同方式"建构"同一情景并取得或不取得殊途同归之效果的方法等方面的启示。

　　这一切都未能向我们提供理解日常言语（ordinary language）的很具体的典型形象，也许根本无法生产一个真正令人满意的典型形象。然而，一些突出特征还是显现出来了。如果"日常言语"提供了某种调查领地以及附属于它的某些言语技术③，却不能构成一种"客体"，于是，由于对象的建构有误、设计有误，且调查手段大多不适用，人们称做"日常言语哲学"的形势就很可能令人失望。日常言语更像"被呼唤"之物，不是作为终审裁判（某种似乎还有生命力的误解依然延续着）那样被呼唤，而是作为有助于理解缘何某些没有出路的哲学问题能够成为某种隐蔽真理之迹象，甚或要求建构诸如维特根斯坦所谓的"超级概念"（"super-concepts"）之手段，须知它们只不过是这种或那种、特殊或不特殊的习惯用语表达方法的某种"偏差"用法（un usage "déviant"）的见证而已。一旦对用法和错误用法的考察以及使用情况亦即我们如何使用"语词"、能够或不能够使用语词等情况的考察走到前台，那么，对立就不再是哲学家、科学家、画家或印染师的不同行话之间的对立了，

---

　　①　这种阶梯化当然只能由种种经验方法论实施，后者与奥斯汀及其学生所应用的方法略有不同。关于这一点，参阅马姆基昂（Mahmoudian）著《语义学中的背景》（*Le contexte en sémantique*）。但是，不能肯定这些方法足以勾勒出问题的核心。

　　②　奥斯汀：《为例外辩护》，见《哲学论文集》，第 184 页。

　　③　参阅奥斯汀对常用辞典《牛津英语辞典》（l'*Oxford English Dictionary*）的引用。

而是某种言语内部"常规"用法与"偏离"用法之间的对立,后者主要是因为不恰当地脱离大众用法的背景(décontextualisation inconsidérée de l'usage commun)所致,以至于术语不再拥有真正意义上的某种"使用"("emploi")可能,因为它不再瞄准世界(不管何种世界)。如果渲染一下奥斯汀处理"他者问题"("other minds problem")的方式,我们不妨这样说,只要我们从诸如下面这段完全合理且司空见惯的对话出发,

——我怎么可能知道他生气呢?整个会谈过程中他一直微笑!
——你没看见他玩弄钢笔时的那副样子吗?他生气时总是这样。
(— Comment pouvais—je savoir qu'il était en colère? Il a souri pendant tout l'entretien!
— Tu n'a pas vu la manière dont il jouait avec son stylo? Il fait toujours ça quand il est furieux.)

而提出类似"我怎么可能总知道他人在生气呢?"甚至"我怎么可能总知道他人的感觉呢?"一类的问题,我们就有可能迷失方向,直至跌入无意义的陷阱。

于是,援引"当……我们就说(或不说)……"方法的批评部分就在于展示,对于某些陈述句,我们恰恰无能为力,除非为它们构造某种背景幽灵,某种背景世界(arrière-monde)或"超级世界"("super-monde"),某种"超级活动"("super-activités"),后者赋予它们某种类似意义并使我们以为真的在谈论某事某物。这也部分说明,问题不在于预见某些情形或某些情形类型,它需要从理论化的描述出发,并借助抽象化和形式化程序①,建构某种元语言的表现体系,而在于想象种种陈述情形②。在这种视野范围内,应当把我们所谓的"背景幽灵"与建构起来或想象起来的背景相区别,后者总体上是在哲学言语非背景化(décontextualisation)基础上的重新背景化(recontextualisation)行为。

---

① 关于这一点,参阅屈利奥里(Culioli)的文章《语言学:从经验到形式化》("La linguistique: de l'empirique au formel"),见《论陈述行为的语言学》(Pour une linguistique de l'énonciation),卷1。

② 参阅卡维尔:《思辨之要求》,第146页。

第一章　绪论：日常言语与背景幽灵

当日常言语的哲学家把传统哲学家使用的这个或那个用语从其哲学言说的背景中抽出而投放到一个新环境时——该环境无疑被誉为"自然环境"("milieu naturel"),但它与传统哲学所提问题提供的环境的巨大差异却并不因此而有所减少——他依然开始了非背景化的行程。奥斯汀在《为例外辩护》一文的开头指出,"如像哲学中使用的那样,完成一项行为(accomplir une action)这一术语非常抽象,可代替任何(或几乎任何)接受一个人称主语的动词……"①,日常言语的哲学家投入的正是这类活动。它的目的之一,即让下述现象从底片上显示出来:赖以建立这个或那个用语之哲学背景的某种动词形式先前被强行从其"自然"背景中剥离出来,变成了无用途的干尸,然后在与其最普遍用法不无关系的某种拷问类型范围内,被加上了某种所谓新用法。因此,援引"当……我们就说(或不说)……"的行为发生在一个复杂的转移(déplacements)和转让(transferts)、非背景化和再背景化的程序中。日常言语哲学家提出的要害问题与足以引发我们想象力的背景或情形相关,想象我们有可能诸如"严肃地"提出一些问题或表示某些疑点的背景和情形;而这一要害问题的形成借助了某种变化方法,后者足以显示,从"我怎能知道那是一只金翅鸟?"("Comment puis-je savoir qu'il s'agit d'un chardonneret?")过渡到"我怎能不管什么都知道呢?"("Comment puis-je savoir quoi que ce soit?")这个问题,人们是怎样把言语与世界相分离的。

日常言语哲学家的行为结果(把用语从其哲学背景中抽出,凭想象将其投放于某种情形并使用语获得某种用法)至少比较经常性地使他发现,传统哲学家对某种或某些所考察用语的使用其实不啻"滥用语词"("abus des mots")。关于此类滥用情况,例如像洛克这样的经验主义者可能会说,哲学家本人所用术语对他自己而言,都是不可理喻的,因为他无法从他使用的词语中获得任何理念。这种诊断的所谓理念形成主义者无疑被当代日常言语哲学家所抛弃,然而,我们这里所说的"理解"问题依然全部存在。总而言之,被日常言语哲学家所指责的滥用词语现象,并不影响多少受过一点哲学技巧(及一定哲学言语)培训之士"理解"传统哲学家的意图。"我绝不理解洛克先生所谓'抽象的一般意义'"一说里包含着论战成分的恶意,我们完全可以驳斥说,对术语言语背景的仔细分析有可能确定其意义。无论如何,要求读者形成"既

---

① 奥斯汀:《为例外辩护》,见《哲学论文集》,第 178 页。

非倾斜形又非长方形、等边形、等腰形、不等边形等几何图形的一个三角形的一般概念"①的指令尽管内含着偏见,但却并非毫无中肯性可言。通过要求洛克的读者完成某种类似于理解用语"抽象的一般概念"的"行为",伯克利(Berkeley)总体上喻示我们,哲学上所谓的"理解"的一个突出部分,即不要被无所作为(ineffectuable)的情感所阻遏②,批评的首要任务正在于重新激活由这种情感产生的犹豫之心,并无视它的存在;无视它不啻承认,哲学在宣称向我们昭示我们的人类形势时,仅仅通过其言说和谐的游戏,就足以使我们运动于我们通用的大部分准则都将失去效力的非常特殊的情势和背景之中。正如斯坦利·卡维尔(Stanley Cavell)指出的那样,奥斯汀这样一位哲学家的立场,并非否定一定用语的言语背景能够赋予我们确定其意义的手段,而是对用语在特殊的、非正常情形或背景下能够拥有传统哲学家提到的某种用法提出异议。其实,在这一领域,没有什么哲学背景(contexte philosophique)可言,只有未能充分描述的种种日常(或非常)背景(contextes ordinaires ou extraordinaires)而已。

  显然,正如卡维尔立即指出的那样,他们不可能就此止步。在讨论的这个阶段,简而言之,日常言语哲学家与传统哲学家谈的不是一回事,因为任何情况下,后者都不可能提供比前者的要求更为详细的描述而不彻底改变自己的言说,直至与他试图挑起的问题擦肩而过。另外,我们也不排除下述可能性,即经常在一定程度上,这正是日常言语哲学家要求他之所作所为,而他则采取了"放弃"("laisser tomber")③的长期传统的哲学态度。但是,把某些问题留给有损共同语言的批评界的简单愿望不足以确定问题之所在,我们已经说过,它属于词语的处置问题。

---

  ① 伯克利:《论人类的认识原则》(*A Treatise Concerning the Principles of Human Knowledge*),§13。

  ② 关于这一点,参阅帕特里斯·洛罗(Patrice Loraux)十分重要的文章《可能的过程》(*Les opérations en peut-être*),见《维特根斯坦与当今哲学》(*Wittgenstein et la philosophie d'aujourd'hui*),第29—44页。

  ③ 另外,与此同时,他的另一可贵传统一点也不逊色,即"搜集"("ramasser")他人遗留下来供选择的东西。

Ⅱ. 人们如何处置"背景"一词

只要日常言语哲学家试图把传统哲学家重新引回日常陈述句的"凹凸不平的土壤"并反对下述思想,即我们的言语经验(当然包括其科技用法)和现实经验(当然包括其幻想维度)永远不能赋予我们以足够的经验时,那么他似乎就注定要确定他所谓的"背景"为何意。总之,如果有人宣称,只有在非常具体的背景下,类似"您直接还是间接发现了这个?"的问题才不至于沦落为无意义①,那么他不是有责任对"背景"概念做出界定吗?然而,我们看不出"背景"概念能以什么名义逃脱共同命运。问题"什么是背景?"与"什么是意义?"或"什么是现实?"等问题一样难以获得令人满意的答案。

乔治·克莱贝尔(Georges Kleiber)哀叹"人们使用背景概念多于思考该概念"②的现象。如果该公式要求对用来描述某术语的该术语的使用规定某种先决性的"东西",那么它将非常奇特。显然,克莱贝尔所遗憾的,是语义学领域人们对该术语的"盲目"使用。情况果真如此吗?无论如何,他调查并建立了有可能从文学领域发现的"背景"术语的 16 种维度的一份不完整的清单。维度变化清单(被始终概括为"不完整"的清单)的实践情况确实相当普遍。拉特拉韦尔斯(Latraverse)清理了十余种用法③,莱昂斯(Lyons)清理了半打左右④,如此等等。达妮埃勒·克勒弗纳-维尔纳(Danièle Crévenat-Werner)基本上从词汇学的角度出发,卓有成效地提出,切莫把背景概念与其各种使用背景相分离,她还把这些使用背景重新置于贯时性视野之中。⑤ 考察这些(一般都经过认真思考过的)清单时,我们并未从中看出,思考背景概念不是使用该概念的一种方式。反之,经验似乎证明,当我们"一般性"地思考该概念时,正如拉特拉韦尔斯指出的那样,我们所建清单只能表明下述结果:正因为意指"极其丰富",该术语总体上却只能是一个"近乎

---

① 奥斯汀:《意义与感知》(*Sense and Sensibilia*)。
② G. 克莱贝尔:《背景,你在哪儿?》(*Contexte, où es-tu*),第 65 页。
③ F. 拉特拉韦尔斯:《语用学的历史与批评》(*La pragmatique, histoire et critique*),第 197 页。
④ J. 莱昂斯:《语义学》(*Semantics*),第 574—585 页。
⑤ D. 克勒弗纳-维尔纳:《背景之背景:字典中的背景概念》(*Les contextes de contexte: La notion de contexte dans les dictionnaires*)。

缄默的载体"(le"lieu d'un quasi-silence")①。问题并不存在于使用与预先思考之间,它更多地在于我们思考或使用该概念时的所作所为。

不过,上述词义清单远非毫无用处。它们有助于根据使用者的目的以及他所处理的情况规定术语的用法。例如一用语的言语背景(同一文本)与言语外背景或情形背景之区别正是这种情况。相反,一个言语哲学家认为明显疑点重重的现象是,以语义能力和语用能力的理想化为基础,盲目使用这类区别以确定诸如哪些属于与意义及句子类型相关联的语法规则、哪些属于可以借助"语法外"信息②调节意义与句子变化情况的语用原则两者之间的天然界限。他还会以为保持与"陈述句意指"("signification des énoncés")相区别的语句之"忠实意指"("signification littérale"des phrases)概念的企图是可疑的,前者("陈述句意指"概念)使后者(语句之"忠实意指"概念)依托在一个完全不确定的"背景假设"("suppositions d'arrière-plan")系列③上,这些"背景假设"是作为构成言语标记或非言语标记(des représentations linguistiques ou non linguistiques)实施条件(la condition d'exercice)的"非标记性"精神能力系列(un ensemble de capacités mentales "non représentatives")④而设计的。

如果我们有心多少把奥斯汀的方法论系统一下,那么他所主张的方法论的一个基本内容即不以语句(或作为语法个例的语句情形)作为对象,转而研究陈述句,研究陈述程序留下痕迹地方的陈述句。在考察某些哲学陈述句式时,其程序可以概括为通过变化共同文本而生产种种变式。视信仰为拥有某种内容的精神状态的精神哲学家,则有可能从诸如"我想,下雨了"("Je crois qu'il pleut")这样的语句出发,以期分离出它的补充部分:一方面是"我想"所表达的状态,另一方面即命题内容(contenu propositionnel,从句内容)"下雨了"。到"相信 p"("La croyance que p")句式的过渡完全可能被言说背景所"允准",这里的言说背景是指哲学言说本身所提供的论据、假设和说明系列。这些论据

---

① 参阅 F. 拉特拉韦尔斯:《语用学的历史与批评》,第 196 页。

② 参阅 J. 卡茨(J. Katz):《意指之玄学》(*The Metaphysics of Meaning*),第 90 页。

③ 塞尔:"忠实意指"("Literal Meaning"),见《表达与意义》(*Expression and Meaning*),第 5 章。

④ 塞尔:《意向性》(*L'intentionalité*),V,1,第 174 页。

可能有力或无力，假设的偶然性或大或小，解释或清楚或含糊，然而，我们已经说过，日常言语哲学家并不否定，在这种言说背景中，人们可以解释术语。但是，他对这种"解释"所产生的效果表示怀疑，因为它永远都不足以使我们眼前的东西不被忽视。在回答马尔科姆时，塞尔曾肯定"croire"（相信，以为）一词之解释的恰当条件，即"croire"在"Je crois que p"、"Tu crois que p"、"Il crois que p"、"Si je crois que p, alors je crois que q"等语句中保持同一意义。如果我们用一系列陈述句的变式代替上述句子模式，那么提出的解释就失去其明显的人为性。"Je crois qu'il pleut"和"Je crois bien qu'il pleut"两句没有问题，但是，我们很难说单独的"Tu crois qu'il pleut"也成立，而"Tu crois qu'il pleut (toujours), mais ce sont les branches des arbres qui gouttent"（"你以为还在下雨呢，那是树枝上的水往下滴"）却始终成立。反之，我们不能独立使用"Tu crois bien qu'il pleut"或者"Tu crois bien qu'il va pleuvoir"，但是"Tu peux bien croire qu'il va pleuvoir, moi, je ne reste pas enfermé"（"你可以坚持以为要下雨，我可不把自己关在屋里"）在这里却是成立的。我们还可以继续这类陈述句，如恭维语气十足的"Je crois bien que ce foulard est à vous"（"我相信这条围巾是您的"）成立，而"Il crois bien que ce foulard est à vous"成立的可能性则很小，依此类推。从某种意义上说，塞尔并没有错。日常言语哲学家（显然，如果尽可能地把这些陈述句家族系统化，他将大大获益）与传统哲学家的冲突，在于前者赋予上述变式某种哲学上的重要性，而后者不承认这种重要性，后者的态度可以概括为"是的，不错，那么然后呢？"反之，塞尔的蔑视态度阻止他识别下述实质，即关于上述变化对于"理论"（意指、命题态度、精神状态、"一般言语"理论等）问题之重要性或无关痛痒方面的分歧具有哲学上的极大的重要性，从而也使这种蔑视态度变成了货真价实的盲目之举。下文将昭示这一观点。

在我们刚刚举过的例子中，我们需要调动的唯一背景类型是接受考察词语的同一文本。在其他情况下，或者还是这些句式但接受的分析更详细，某种言语外情形的建构就成了必不可少的事。那么在何处停留呢？如同奥斯汀显示的那样，这正是某些"玄学式"陈述句提出的错误问题；《其他见解》（Other Minds）一文里所列举的玄学式陈述句的例子，却是与"How do you know it's a real goldfinch?"相对立的颇有些出人意料的"How do you know it's a real table?"一句。① 奥斯汀指出,在前一句中,我们可以借用一系列通用程序,以期阐释与相对确定的情况类型相关联的问题。稍微离开他的分析②,我们可以提出下述意见:这里考察的哲学问题与认识及真实即英语里的knowledge和reality(以及它们的派生词)相关。real是个多义词。在本篇的论证需要中,我们仅取下述三个词义:(a) a real goldfinch 不是一个想象的金翅鸟(例注:"你怎么知道这是一只真实的金翅鸟?");(b) a real goldfinch 是一只金翅鸟,而不是其他鸟类[例注:"你怎么知道这确实是一只金翅鸟(而不是一只绿啄木鸟)呢?"];(c) a real goldfinch 不是一只假金翅鸟[例注:"你怎么知道这是一只真金翅鸟(而不是一只假鸟)呢?"]。共同文本部分 How do you know it's... 在此发挥"不稳定背景"("contexte instable")③的功能。离开了言语外的背景标志,我们就无法确定 real 的词义,(因此)也无法确定 know 的词义及答案。然而,我们亦看到("看到"是一种便捷的表达方式:只要有办法建构起自己的观点,才能看到它),real 和 know 在开放式问题中的"表现"("comportement")本身,决定中肯的言语外背景类型。奥斯汀指出④,如果背景标志确实不足,我们可以要求对方注解他的陈述句并确切说明我们断言这是一只金翅鸟的结论何以论据不足。针对 How do you know it's a real table? 或 Is it a real table? 奥斯汀以为,两句的问题的提法不同。他的理由有二。首先,桌子不是一个大家公认的可以用于(b)或(c)的否定词义的物质。而最重要的第二条理由是,玄学家的言说背景在于不规定或限定可能与桌子"不相符合"的物质,以至于读者不知道"如何证实""这是一张桌子而不是其他东西"或者"这是一张真桌子而不是假桌子"的命题:

> real 一词的这种用法导致我们断定它只有一种意义("真实的世界","物质世界"),而且这种意义非常深刻,非常神秘。⑤

---

①④⑤ 参阅奥斯汀:"其他见解",见《哲学论文集》,第86—88页。

② 以及卡维尔的分析,理由见前述。参阅卡维尔:《思辨之要求》,第134页。

③ 我们借用卡特琳·富克斯(Cathrine Fuchs)的这一概念。见《背景中的语法性多义素阐释》(*L'interprétation des polysèmes grammaticaux en contexte*),第129页。

第一章 绪论:日常言语与背景幽灵

卡维尔在一篇思考怀疑主义的文章中,发展了奥斯汀的特别简洁甚至有漏洞的论据。他说,玄学家之所以能够从 How do you know it's a real table?("你怎么知道这是一张真正的桌子呢?")过渡到 How do you know of anything that it's real?("你怎么知道这些东西都是真的呢?"),在于当初选择了"类属性物质"(桌子)而没有选择特殊性物质(金翅鸟)。① 我们以为,这种仅靠使用"类属性"和"特殊性"类型为理由的论据似乎并非完全有说服力。有一点是正确的,即从 How do you know it's a real Regency table?("你怎么知道这是一张真正的摄政时期的桌子呢?")过渡到 How do you know of anything that it's real? 似乎要比上边的情况困难得多,但其原因在于出现在陈述句中的词汇单位以及它们所发挥的作用。卡维尔的区分也许过于青睐"语义"一个方面。奥斯汀曾经强调说,以他之见,不应夸大语义构成与句法构成之间的区别。就摄政时期的风格(style Régence)的桌子而言,它是确定程序的标志和结果,确定程序有助于建构陈述行为(陈述句)中的指示性参照价值。从这个意义上说,"摄政风格的桌子"与"金翅鸟"的特性很近似。在一定意义上,这正是卡维尔试图表达的意思。但是,这里的问题不是"特殊性"或"类属性"的问题,因为,如果我们选择一个与"桌子"具有同样类属性的词如"鸟",甚至更具类属性的词如"家具",当我们陈述 How do you know it's a real piece of furniture?("你怎么知道这是一件真实的家具呢?")时,我们无法获得与桌子同样的"虚幻"效果。类属性/特殊性的区分显得过于静止。奥斯汀告诉我们,real不可能只有一个意指,关于"什么是 real 的意指?"的问题没有意义。反之,如果奥斯汀所昭示的 real 一词用法上的差异不能通过抽象而在句法兼语义空间上得以复原——维特根斯坦也许会把这种空间称做内在关系的"语法"(une "grammaire" de relations internes),内在关系无疑异彩纷呈,但在该语法范围内,仍然有可能建构若干规律性旅程——那么,这些差异本身也无任何意义。奥斯汀在《其他见解》一文中恰恰勾勒了这类旅程。《其他见解》虽然不是一次地道的演示,但奥斯汀似乎告诉我们,在"桌子"情况中,real 唯一可能的词义即词义(a)(真实的/虚幻的、想象的等),对 real 全部词义的限制导致 the real word 或其附注 the material objects 等词组的成立也说明了这一点。那么,就有人会说,陈述句的背景一定很稳定了。其实,并不尽然。"玄

---

① 见卡维尔:《思辨之要求》,第 135 页。

学式"陈述句建立在稳定、常见或非常背景之上,如同 How do you know it's a real bird, you're not wearing your glasses?("你怎能知道这真是一只鸟呢,你又没带眼镜?")或 How do you know it's a real elephant? You're loaded!("你怎能知道这是一只真象呢?你喝得醉醺醺的!"),其中 real 都采用了词义(a)。奥斯汀曾把玄学家比做请一名观众上台监督他如何从帽子中抖出兔子的魔术师,并借此喻示说①,他为 know 建构的言说背景中,恰如卡维尔强调的那样,know 一词用得"恰到好处"②,know 的形式特性,即仅选择 it's a table 的一个词义(是此非彼)的做法恰好行得通。另外,奥斯汀已经指出,table 排除了词义(b)和(c)(除非有什么非常情形,但是,玄学家所设想的言说背景无特殊情形)。于是 real 只剩下了词义(a),然而所建构的情形还阻止人们考虑桌子何以不真实,怎么有可能走出真实领域,甚至离开其常用意义或极端意义等可能性。因此,词义(a)被保留(这是唯一可能的词义)。但是,一方面,所构情形架空该词义的应用,而另一方面,How do you know it's... 的问题形式(这是奥斯汀匠心独具、巧妙选择的形式,因为它保留了"savoir que"和"savoir si"两种解释的暧昧性)又使这种应用成为必然。结果是:各种标记(repères)令人困惑地消失了。陈述句的同文本标志(les indices co-textuels de l'énoncé)与言语外背景相分离,言说情形已经预先建构。我们既未处于日常背景之中,也未处于非常背景之中(像说话的猫一句那样),而是处于我们所说的"背景幽灵"或非常见性背景(contexte non ordinaire)之中。作为句子,问题 How do you know it's a real table? 的构成无可指责。作为陈述句,却并非如此。它迫使人们做出阐释,同时却因此而失去了阐释的平衡性,由此造成的真空被有关真实之"神秘"特性的哲学言说所"填补"。

关于"背景"概念的上述切入方式,尽管局限于考察奥斯汀分析某些哲学义素(philosophèmes)之误导性用法时的分析方式,仍然有助于分离出该方法论的更普遍性的含义,这些含义在一定程度上超越了奥斯汀本人对此种方法论的应用,同时亦可昭示塞尔付诸实践的决裂行为的某些层面。

我们首先发现,在评论《其他见解》的分析之一时,除了必不可少的翻译性注解外,我们不得不放弃其他工作用语,而只能以英语为工具。

---

① 奥斯汀:《其他见解》,见《哲学论文集》,第 87 页。
② 卡维尔:《思辨之要求》,第 135 页。

诸如"真实"("réalité")或"认识"("connaissance")等哲学义素被推定为超语言义素。奥斯汀的分析适用于英语,而且仅仅适用于英语。"a real diamond"不等于"un diamant réel"("一颗真实的钻石"),而是"un vrai diamant"("一颗真钻石")的意思;"a real goldfinch"不是"un chardonneret réel"("一只真实的金翅鸟")的意思,根据作者赋予 real 的不同词义而可能是"bien un chardonneret"("确是一只金翅鸟")或"un vrai chardonneret"("一只真金翅鸟")。反之,"Are antiparticles real objects?"却只能被译为"les antiparticules sont-elles des objets réels?"("反粒子是真实的物质吗?"),等等。同样,know 有时被译为 savoir(知道、懂得),有时则译为 connaissance(认识、了解)。词素的句法表现当然差异也很大。其结果是,对于英语之外的另一语言,奥斯汀的分析有必要从头(ab initio)审理,它们也未必选择相同的对象。对于不懂得异质性的人而言,言语设置的"陷阱"、从一语言到另一语言说话者的可塑性、变化幅度、创造性等也都不同。这并不排除从一语言到另一语言之间存在着一些不变概念,但是禁止先验性地生搬硬套,特别是从分类程序起的生搬硬套,否则就会掉入相对主义与反相对主义的阴影斗争的核心。在这方面,关注相对性是反对上述两种倾向的自为武器,而克利福德·格尔茨(Clifford Geertz)颇具讽刺意味的"反反相对主义"("anti-anti-relativisme")则是一种节制的努力。

从塞尔对著名的 meaning as / is use("作为用法的意义"和"意义即用法")的诸多批评中,我们至少可以提炼出两个论点:(a)言语哲学程序并不保证出现于各种言语行为中的词汇单位的完整语义的同一性(因此要有一种意指理论保证这种同一性并能够把它投放到句子层面);(b)观察语词或如"认知"、"相信"、"好"等哲学上的重要用语的表现丝毫也不能告诉我们"信仰"、"认识"、"优点"等的真实性质(因此,与意指理论相关联,还应建立一套能够反映言语与现实之关系、源于经验并可应用于实践的哲学理论)。塞尔有点含糊其辞,似乎从来不曾提出过范畴问题,第一论点以语言内为范畴,第二论点则以跨语言为范围。一种日常言语哲学拒绝两种论点,也拒绝把它们联系起来。它绝不怀疑跨语言以及跨文化认识现实的可能性,并且不会把科学言语建构的历史性与任何形式的言语相对主义或文化相对主义混为一谈。当埃米尔·本弗尼斯特指责两种对立的幻想时,他也许最恰如其分地表达了拒绝塞尔两个论点意味着什么。两种对立的幻想是:其一,以为思想是"自由的、自给自足的、属于个人的,(并把)语言作为它的工具";其二,以为我们可以"从语言的形式体系中寻找精神固有的、因而外在于语言并先于语言而存在的某种逻辑的印痕"。他的结论是：

> 事实是，服从于科学方法之要求，不管采用何种语言描述经验，思想到处都采纳了相同的切入程序。从这个意义上说，思想是独立的，但并非独立于语言，而是独立于独特的语言结构。①

但是，根本问题不是思想"类型"与语言"类型"的关系问题。争论的中心是言语与语言的关系本身，它先于类型问题而存在。

本绪论结束语的第二点涉及语句（phrases）与陈述句（énoncés）的关系。奥斯汀的方法论请求我们看到，语句的良好构成规则可能有别于陈述句的构成规则。陈述句并非语句在语用学方面的简单"诱发机制"("déclencheurs")，把语义构成[有时囊括"纯粹的非言辞行为"（les "actes illocutoires littéraux"）]投放在句法构成上，从而诱发出语句固有的形式性能，其余都留给陈述行为背景的种种处理方面。陈述句拥有自己的"形式"特性，它们的生发服从于局部特性，而局部特性又取决于所使用的词汇材料。从某种意义上说，上述词汇材料也具有与句法相互影响的自己的使用方法（某种"语法"）。奥斯汀拒绝把语义与专为形式言语建立的句法相分离的做法应用于自然语言，这一事实（ipso facto）说明他可能未掌握合适的元言语工具（les outils métalinguistiques adéquats）②，但是，他相当清楚地指出了不要试图寻找这类工具的地方。人们仅从下述原则出发去理解他的一大部分分析，这一原则是：只有依据形式的阐释才是有理有据的阐释，形式与阐释之间存在着严格的关联关系。

第三点，不管表面上如何，背景化分析（analyses contextualisantes）与非背景化分析（analyses décontextualisantes）之间的对立因此而被偏移了。提出"当……我们就说……"的问题并不表示对言语外情形的盲目使用。奥斯汀自《如何以言行事》及其开头对完成行为句式的分析的上溯性阅读使他相信了这一点；完成行为句式像轮船命名或

---

① 埃米尔·本弗尼斯特：《思想类型与语言类型》（Catégories de pensée et catégories de langue），第73页。

② 《牛津英语辞典》以及若干优秀的传统语法尚嫌不够，即使加上更严谨的信息机构所提供的调查资料亦如此。

婚娶那样被高度礼仪化。与上述礼仪分析相对立的,我们可以列举奥斯汀在《为例外辩护》中所建构的意释家族(famille paraphrastique)中副词 clumsily(笨拙地)位置变化的穷尽为例。他在评论这种位置时强调指出,应该永远"一丝不苟地关注用语的完整形式",每种形式决定一种不同的阐释。① 作为与其他用语一起从句法和语义("语法")方面发挥作用的成分,一用语首先从某陈述句(陈述文、陈述段)的同文本(le co-texte)中获得某种意义。各种词汇材料如词素及其语法形态显示着不同的属性,它们在陈述句中的相互作用提供了作为阐释依据的同文本标志。当陈述句的同文本标志不允许做出阐释时,如上文看到的 How do you know it's a real X？一句那样,就适合于借助更广泛的"文本"(例如若干对话)及各种言语外情形。因此,奥斯汀的方法论中没有任何迹象允许语用学独揽并垄断标记者与陈述者之间所维持的关系,并以此类垄断将被写入"用法"的题材学为借口。

还有,奥斯汀把"行为"("acte")重新纳入话语(parole)之举,也不容许我们从他那儿看到作为"行动之一般理论"("une théorie générale de l'action")②的语用学的前提。对于任何这类尝试,奥斯汀明确表示了他的怀疑态度。③ 反之,对于本弗尼斯特"涉足交际之前很久,言语服务于生存"④的公式,他可能无话可说:一旦句法－语义－语用的三分法解体,一旦语言的经验维度得以恢复,一旦有关理想说者－听者之能力的误人子弟的神话被排除,陈述者与陈述文、语言与现实的关系就自然而然地交融在一起。

因此,问题不是要否定自然语言对"种种情形"的联结,而是恰恰相反,但是,我们很难看出情形的"一般理论"如何构成它的轮廓,除非从笼统的认识论模式出发,过于轻易地把哲学思辨作为经验结晶而闭门造车。没有言语外背景的一般理论,只有历史学、社会学、人类学等学科,我们绝对不能凭空想象。然而,当塞尔设定从生物性到文化性之间的继承性时——关于意向性精神状态的某种理论肯定了这种承继性,该理论又通过建立上述精神状态与所谓原始标记符号增加某种象征功

---

① ③　参阅奥斯汀:《为例外辩护》,见《哲学论文集》,第 198－199、178 页。

②　关于这种语用学观,参阅德尼斯·韦尔南(Denis Vernant):《从言说到行动》(*Du discours à l'action*),第 45 页。

④　E. 本弗尼斯特:《言语中的形式与意义》(*La forme et le sens dans le langage*),第 217 页。

能之间的联系而建立了言语行为的建构规则理论①——塞尔正是这样推断的。这种推论并没有错,却是地地道道的空洞无物。作为膨胀效果,我们从这里可以看出,意义现象的本体化(ontologisation)如何回避了言语与语言关系这一核心问题,舍此便无从谈起对言语的关注,后者与我们的生活不可分割地联系在一起。正如安东尼娅·苏莱(Antonia Soulez)谈论维特根斯坦时指出的那样,背离这种本体化并不意味着任何意义观必然"融化为排除任何方法论、奢谈用法的软哲学"②。正如她补充的那样,确有"一种描述用法的方法论"既摆脱了不确定的背景化做法(奇怪的是,塞尔居然使不确定的背景化做法支撑某种忠实意指理论,大概以为因此而避免了本体论的误区),又摆脱了强烈的非背景化做法,后者把陈述行为归诸无穷无尽、异彩纷呈的语用学格式。语言有章可循,语言的规则是可描述的,虽然语言规则的描述殊非易事;然而陈述句却不是某种"深刻"语法之"潜在"规则的简单产品。用法的某些范式和图式可以建构,我们为此而调动的种种规则应该同时反映它的稳定性和可塑性(一个连词有可能最大程度地引起奥斯汀和维特根斯坦等哲学家的关心)。因此,不应随意压缩"规则"概念的使用。塞尔与奥斯汀以及维特根斯坦的决裂也许由此开始。

---

① 参阅塞尔:《社会现实之建构》(*La construction de la réalité sociale*)的结论部分。

② A.苏莱:《论意志的自由游戏》(*Essai sur le libre jeu de la volonté*),第237页。A.苏莱心目中的方法论与我们这里考察的方法论不同,但是,我们不认为它们是互相矛盾的。

第二章　构成性规则及其神话

Ⅰ.规则、游戏、许诺

1. 规则概念应用领域的多样化

众所周知,塞尔的出发点是"讲一种语言(a language),即涉足由规则主导的一种行为形式"①。我们还知道,他把"规则"概念局限为"构成"型规则和"调节"型规则两种类型,后来又把言语的语义结构仅仅概括为"一系列潜在型构成规则整体的约定式实现"②。我们有理由怀疑,塞尔强行把"规则"概念之多种用法浓缩为两大类型而提出的二分法,导致了后来构成型规则界定过程中碰到的部分问题。

我们仅以奥鲁(Auroux)③提出的"法则"("règle morale")、"技术规则"("règle technique")和"算术规则"("règle algorithmique")的最低区分为出发点。为了明确规定言语中各种配合的规范性,有必要提炼奥鲁在"法则"名义下进行的分析。我们即将提出的区分并不建立严密的界限。它们更多地为捕捉更"中心"的形态提供了工具。我们的目的不在于罗列某类规则得以成立的必要的和充分的条件,而在于分离出规则表现的某些中心方式。塞尔的"规则"概念缺乏清晰性,缺失的原因并非因为概念没有准确的轮廓,而是因为对轮廓的浓墨重彩造成了许多混淆,并且完全忽视了对变化的研究。

---

① 塞尔:《言语行为》,Ⅰ,4,第 16 页。参阅 Ⅰ,3,第 13 页。
② 同上,2,5,第 37 页。
③ 见 S.奥鲁:《法则、规范和规则》(*Lois, normes et règles*),第 81—96 页。

第一类规则把我们带入法学、法律、条例领域。该领域的规则都是明确的(formelles,与"不明确"相对立),是由故意行为和/或蓄意行为而创造的,这些故意行为或蓄意行为原则上与其主人(经常是法人或虚构人物)一样,都是可以一一核对的。我们说,它们是一些其立法"根据"可以核查的规则。一定范围的明确规则(例如直接应用于公民的法律)的创立工作本身也很明确,不论是创立程序或作者的指定,还是援引另一范围的规则方面(后者或属于高一级的规则,或者仅仅有别于这些规则,这是一个理论问题,与我们这里的话题无关),皆很明确。因此,创立一条规则意味着创立者必须有创立规则之资格,资格本身应通过规则予以规范。① 显然,问题在于弄清资格规则(赋予权力的规则)与强加责任和义务的规则是否属同类规则,但是,两种规则的共同点即它们的明确性。它们必然是规定型规则吗? 其实,它们与所谓的"构成型"规则一样,都包括规定类内容(和禁止类内容)和允许类内容(和许可类内容)。搞清楚法律领域是否可以把所有法律规则都局限为规定型规则是纯粹的理论问题,我们无须对此做出裁决,因为即使要局限,我们至少首先要发现局限的对象。这里,正是这种差异性应该引起我们的注意。

　　第二个领域涵盖所有的有时被称做"约定俗成的"实践范围。这是一些可从社会团体的实践中找到的不明确的规则,我们无法把它们的根源归诸确定的创立行为和确定的作者,即使假设也不行。它们亦可以是规定型、允许型或构成型的,亦可以产生责任或赋予权力。我们不愿意在明确与不明确之间筑起一座不可逾越的堤坝,因为明确性问题在很大程度上只是一个程度和情形问题。

　　另一使用种类使"规则"一词的用法与"标准"(standard,通则)、"典范"(paradigme)、"经典"(canon)或"标尺"(étalon)等词的用法相接近。重心不再在于规定什么或许可什么,而转向规则的评价角色。很明显,规则的这类作用与上述已经提到的用法或它们的某些特性有着各种各样的重叠现象。一条标准可以是一定程度上明确建立的,也可以是社会实践中不明确地自发产生的。最重要的还是维特根斯坦谈论

---

① 参阅 H. L. A. 哈特(H. L. A. Hart):《法律观念》(*The Concept of Law*),第 5—6 章及相关著作。

第二章 构成性规则及其神话

标尺型规则(règle-étalon)①时提请我们注意的问题。谈论布勒特伊楼台(Pavillon de Breteuil)里保留的标尺是否有1米长没有什么意义,除非把它比做地球子午线四分之一的千万分之一或者镉之红外线辐射的波长,对于它们这类情况而言,严格地说,我们所熟悉的铂铱合金(platineiridié)已经不再拥有标尺的殊荣。换言之,标尺规则不是标记对象,而是如维特根斯坦所说的那样,是我们用以评判某些特性或解释某些术语之用法的一种"标记方式"("un mode de représentation")②。这就驱散了有关这类规则之实体性质的问题:我们作为标尺或典范所使用的东西必须存在于我们的使用实践之中,并因我们的使用实践而存在。这一论断显然不包括我们偶然作为标尺使用的客体,该客体可以以其他东西为尺度,后者于是也变成了标尺。一种标尺规则的存在方式即一定言语活动中表达某概念范围内典型特征或递升程度之评价、比较和指归的表达方式。这样,我们就可以把建构某种"典范"、某种"原型"(prototype,样品、样板)或者某种"极度"("gradient extrême",生物学概念。——译者注)的活动与把它们作为规范而使用的活动区分开来。这一切不啻说明,使用某陈述句作为上述意义之规则,意味着某种程度上的稳定性,而后者显然又不可能禁止我们更换规则。简单地说,当某陈述句被选来用做标尺或标准时,它是经验的某种提炼(甚至选择它的活动本身也是纯粹的经验活动),这并不意味着我们应该赋予它神秘的或神奇的特性。这种意义上的规则的实体论(substantialisme)思想只不过是无视我们引用某标准或某尺度以评价某事某物时的所作所为的结果。对于所适用的物质领域,标尺规则帮助建构我们称做规范性-评价性表现体系(système de representations normatives-évaluatives)。混淆表现体系之构成这种地位与我们所选标尺或典范在其他地方可能拥有之特性,无异于误解我们的评价活动,把它与评价标准的建构活动相混淆。从这种区分中原则上可以得出下述结论,即一条标尺型规则不是一个评价型陈述句,而是我们在某种体系中开展评价活动的参照对象(或借助手段),规则有助于建构上述体系;它也不是描述,而是我们进行某些描述活动的参照对象(或借助手段)。

---

① 参阅J.布弗雷斯(J. Bouveresse)的重要文章《维特根斯坦、克里普克与标尺的长度问题》(*Wittgenstein, Kripke et le problème de la longueur du mètre*)。
② 维特根斯坦:《哲学研究》,§50。

规则一词的另一用法即用其"准则"(maxime)、"原则"(principe)、"箴言"(précepte)、"秘诀"(recette)等意义,换言之,从更广泛的角度讲,即奥鲁术语中的"技术规则"。这里,我们应该关注这类规则的"无人称性"("impersonnel"),既不要把它与法律条例类规则的"强制性"相混淆,也不可与前者或约定类规则的"普遍性"("l'universalité")相混淆。这里的"无人称性"仅仅表示这类规则并非针对特定的个人或特定的集体,它可供任何希望达到技术规则允许达到之目标的人"调遣"。一条技术规则不赋予追究责任的权利,而是实践的要求问题。为什么这里要谈论"追究"问题呢?总而言之,奥鲁的下述意见是准确的,即技术规则不同于法学或法律规则,未履行规则(一条错误)的过失效果不是已完成行为的必然后果。但是,还是有必要把过失效果必然性的思想说得复杂一点。就某些技术规则而言,如果过失导致明显的无成就现象,就存在着这样的情况,即负面后果的描述(该描述在一定程度上"衡量"错误的轻重)应该伴之以以成功行为"范式"为参照而对此次行为实际结果的评估。这种评估有可能引入表示程度的某种标尺规则或某种标准。我们可以谈论结果的"可接受程度"。很多情况下,违反某技术规则仅仅有可能导致后果。① 最后,许多技术程序意味着多项规则进入游戏,每个具体规则对总体结果之获得的影响程度有所不同。

最后,还应该赋予那些由个性机构(des autorités;ndividuelles)颁布供个人使用以规定、指令或说明形式而运作的规则以地位。

我们暂时仍然把算术类规则搁置一旁。那些相互交织着复杂关系的用法表现了一定的共性,我们从中发现了奥鲁分离出的基本内容,他关于"你应该……"之类陈述句都隐含着规则的说法除外,这种说法过于绝对;我们也考虑到他对技术规则的具体说明。这些共性如下:(a)规则的存在并不说明符合该规则的行为类型情况的必然存在,即符合规则的行为具有偶然性;(b)假设施动者熟悉他所遵循或违反的规则;(c)施动者拥有遵循或不遵循规则的可能性;(d)在(b)和(c)确定的范围内,一个错误、一次"违规"行为或一次过失,意味着不遵循规则;(e)没有规则,错误、违规、过失即无从谈起,反之亦然。

这一切均说明,我们不能把一规则的规范性作为因果形式去处理。

---

① 这一点也没有逃过奥鲁的描述,他明确认为,错误效果的"自发性"(le caractère "automatique")并不意味着该效果存在的必然性(l'automaticité de l'existence de cet effet)。

第二章　构成性规则及其神话

无疑，遵循一条规则不可能不产生后果，但是这些后果属于规范性后果而非因果性后果。我们还可以从相反方向换个说法，即援引一条规则以反映某行为的情况等于赋予该行为以理由或论证它，而非解释造成该行为的原因。当我们参照某规则解释某种表现或某种行为时，这是明确确定"解释"意义的一个基本点。我们在本章最后部分还将回到这个问题上来。

2. 构成性规则的定义问题

（1）标准问题

我们已经轻松地发现了调节性规则和构成性规则的著名划分的局限性特征。剩下的问题就是要看看失之细腻能否从收之清晰中得到补偿。塞尔提出的区分两类规则的第一条标准关乎它们分别与其支配的行为对象之间的关系。调节性规则主导"行为形式，后者的存在先于规则或独立于规则"。反之，构成性规则"不满足于调节，此外还创立或界定新的行为形式"①。第一条标准很快即显出不足。其实，我们只要看一下行为参照某条规则的情况，就可以反驳如下：行为服从一条规则与行为违反一条规则的作用方式不同；在这种或那种情况下，我们都可以说，一条规则创造了一种行为方式。

这种反驳从一定程度上解释了塞尔坚持把相关行为对它们的构成性规则的逻辑性依赖、"分析性"依赖或定义性依赖作为第二条标准的原因。当规则改头换面以释义形式（la paraphrase）②出现时，这种依赖性就显现出来。塞尔肯定调节性规则"特征性地"拥有"请做 X"（"Faites X"）的形式或者可以"恰当地"改写为这种形式。③ 构成性规则则可以拥有描述形态。我们可以对这类假设一定规则类型的所有构成形式全都一致的阐释提出质疑。那么，规则类型是如何呈现的呢？因为按照塞尔建议的标准，正是阐发形式帮助我们决定面对的规则类型；更何况，阐发标准尚显不足，因为在种种"构成性规则体系"里，该体系的某些规则具有命令式形式。术语"构成性规则体系"似乎表示相关体系的所有规则都是构成性的。如果确实如此，塞尔正在告诉我们，某

---

①③　塞尔：《言语行为》，第 33 页。
②　la paraphrase 有间接形式、阐发、解述、改写、改形、改编等意义，从根本上讲，它们都是一种阐释形式，亦即非本质性形式、非原始形式。为便于理解，将根据不同语境选择合适的译法。——译者注

些构成性规则是以命令式形式出现的。假如阐发形式可以作为标准的话,那么应该接受下述推论:与某些非命令式形式的调节性规则应该由命令式阐释一样,某些命令式形式的构成性规则应该变形为描述形式,但是行将决定应该使用何种阐发类型的标准却没有得到具体说明。

相反,我们可以这样认为,在一个"构成性规则体系"里,规则的构成性是"整体性地"("holistiquement")赋予它们的。那么,唯有整体上的体系才可能是构成性的,且没有任何东西反对下述现象,即独立考察时,该体系中的某些规则具有调节性规则的性质。在这种情况下,问题是要弄清决定属于何种体系的标准,我们何以能够肯定面对着一个构成性规则体系而非一个总体上的调节性体系。

显然,在这里,阐发形式不能再作为标准,而赋予行为本身的地位事实上将具有区分作用。因此,我们应该主要把依赖/独立之间的对立视做决定性因素,但是它并未能向我们提供具体标准,以帮助我们决定,何时一行为独立与否规范它的规则,并具体呈现为何种描述形式。事实上,我们不再有权回答说,如果一行为不是由规则"构成"的,那么它即独立于这些规则,否则将重复上述怪圈。塞尔把"许多调节人际关系的礼貌规则、人际关系独立于规则而存在"这一事实作为独立典范介绍给我们。其特征比较含糊,因为我们肯定不能同意让所有礼貌规则独立于某种人际关系的描述。这一典型甚至来得特别不合时宜,因为在这些我们称做"人物"、塞尔强调其"特征性"的自然人那里,人际关系很大程度上以言语交际为媒介,而在大量的自然语言(所有语言?)里,诸如涉及机智类型的礼貌规则程度不同地决定于语言之中。广而言之,我们可以提出这样的问题,即直至何种程度,尊重或违反这类或那类礼貌规则以及适用于情形之规则的选择,不是相关人际关系类型的"构成"成分。① 在军官食堂佩戴领带与否似乎是一个更具说服力的例子。当然,条件是赋予名为"在军官食堂吃晚饭"这一活动一个能够满足例子目的的描述,因为,军官食堂肯定不能仅描述为"吃饭之地",那

---

① 克利福德·格尔茨(Clifford Geertz)关于爪哇人礼仪特征的调查[见 C. 格尔茨:《特质、世界观及神圣象征之分析》(*Ethos, World View and the Analysis of Sacred Symbols*),特别是第 134—138 页]有助于衡量塞尔有关礼貌规则论据的微弱性。

第二章　构成性规则及其神话

么,超过细节描述的一定界限①,我们很可能就会发现,人们描述的活动并非如此独立于该活动之展开所参照的所谓调节性规则。因为,归根结底,是活动的描述和特征化在此决定(意即根据这一依赖标准或独立标准)我们所面对的规则类型。这些描述和特征化要求为描述和特征化自身而思考,描述和特征化所采纳的方法在很大程度上决定所获结果。这一点千真万确,以至于塞尔在谈论象棋游戏的构成性规则时,细心地说明,应该加入明确活动目的的陈述内容:"按照规则"调动棋子,然而以完成祭祀礼仪为目的的活动不是严格意义上(strito sensu)的象棋游戏。(那么,在轮船上,以吃饭为唯一目的、"在船长席就餐"的举动能够算得上真正的"在船长席就餐"吗?要求客人不穿夏威夷式齐膝短裤和衬衣而以其他服饰入席的规则是真正的"调节性"规则吗?)

现在,让我们更系统地看看塞尔提出的标准。它们一共有四条:

(1) 构成性规则创立或界定新的行为形式,亦即新的行为"可能性"②。

(2) 构成性规则可以经常采用"在 C 背景下, X 作为 Y"("X compte pour Y dans le contexte C")的形式。③

(3) 构成性规则"提供行为规格之基础,没有构成性规则,即没有行为规格"④。

(4) 表达构成性规则的陈述句拥有"近乎同语反复的特征"。

特性(1)和(2)似乎是塞尔用心最多的两条。但是他仍然指出,(2)不应被视为规则构成性的一条决定性标准,因为我们可以"迫使任何调节性规则采纳这种形式"⑤。例如调节性规则"军官晚餐时应该系领带"就可以改形为"进餐时不系领带的行为可作为一个军官操行不良的见证"。但是,塞尔驳斥说,"可作为"之后的名词性意群不是一种规范(规定),而是一种评价。这当然是正确的,可是它对作者所建议的理论又有什么真实的影响呢?我们是否应该这样理解,即只有调节性规则才能接受包含评价的变形形式吗?在这种情况下,既然对于塞尔而言,调节性规则类变形是一种命令形式,这将基本上把评价局限为若干对立组概念(例如好/坏操行)。那么它们符合标准(standards)的"尺度"和"程度"如何评定呢?应该断言构成性规则体系不包括任何这类规则

---

① 如果我们赋予"描述"一词以严肃意义,而不是像塞尔那样;他经常把描述作为单纯标签化的代名词。

②③④⑤　塞尔:《言语哲学》,第 33、35、34、36 页。

吗？诚然，在这里，塞尔确实没有考虑规则体系；但是，很少有"制度性现象"或由构成性规则界定的活动是由单一规则确定的，象棋游戏的例子已经证明了这一点，显然应该引入一条规则以规定"游戏之目的"。此外，在同一注解中①，塞尔补充说，每个竞争者或每队保证争取获胜的承诺似乎应该出现在竞赛性游戏的构成性规则之中。显然，这里我们不应满足于(奥林匹亚誓言式的)形式承诺，因为作为对上述意见的支持，"放弃"比赛的运动员或运动队的态度作为违反这类规则的实例而榜上有名。塞尔无疑是正确的，然而确定一个竞争者的"竞争性"难道不是一件评价行为吗？② 如果不说明充实"X 作为 Y"公式里变量 Y 的名词性意群应该是一个评价性词语的话，那么何以分析在文本此处以"构成性"规则出现的这一规则呢？无疑，我们可以信赖塞尔努力说明何为"描述"或何为"规定"何以能够回答"他做了什么？"的问题的方式，然而显然，从定义上说，这种涉及由构成性规则支配之行为的问题及其答案，只有从这些规则的角度来看，才有意义。因此，在这方面，从要求每个竞争者都努力获胜的构成性规则的角度来考察，"他表现了竞争性"这一明显带有评价性质的答案难道不是对一个参与一场竞赛游戏的竞争者之行为的足够规范或"描述"吗？同一事物，塞尔之所以在一处弃之如蔽屣③，而在另一处又待若座上宾④，唯一的目的就在于强化他的第(3)条标准。总之，成为标准(2)之经典变形不足以提供塞尔所希冀的"强有力"特性，而且他所提供的关于这种不足的理由也容易把人引向歧途。因此，构成性规则与其经典变形的关系尚处于极其模糊的地步，而标准(2)只有被引向标准(1)时才易于理解。

我们说过，塞尔关于标准(2)的保留态度的论证在于确立标准(3)。那么后者是独立的吗？声言构成性规则"提供行为规格之基础，没有构成性规则，即没有行为规格"，难道不是改头换面地重复构成性规则创立或确定新的行为形式亦即新的行为"可能性"标准(1)吗？总之，我们从(3)里未能看到一条新标准，而看到的仅仅是对标准(1)的具体说明。如果我们确实像塞尔那样，把一种行为形式看做一种合乎逻辑的可能性(我们暂且接受这一观点，其实事情并非那么顺理成章)，就始终可以

---

① 塞尔：《言语哲学》，第 34 页。
② 人们甚至可以严格地建立"竞争性的标准"，认定裁判员评判竞争性的资格，建立等级，颁发奖品等，如同环法自行车比赛那样。
③④ 《言语行为》，2,5，第 36,34 页。

第二章　构成性规则及其神话　　　　　　　　　　　　　　　37

从相关行为在言语环境或观念环境中占有某种合理确定的"位置"方面去理解它。塞尔赋予由规则构成之行为某种逻辑地位，但是该地位并未得到第(3)条标准的足够界定，而这似乎正是第(3)条标准的任务。无论如何，眼下(a priori)还没有什么可以阻止我们表达下述意见，即参照一种调节性规则亦可以"规定"("spécifier")某些行为形式。我们希望能够逐项逐项地确定由构成性规则支配的行为情况下涉及哪类"规格"或"描述"，然而要达此目的，首先应该确定何类规则提供规格的"基础"。形势变得棘手了。要使标准(3)比标准(1)真正能够提供更多的信息，应该首先知道要把哪类规则引入行为描述之中，那样，我们就不再可以要求(3)是一条真正的确定相关规则的标准。

最后一条标准应该把我们拖出尴尬境地。可是，很遗憾，它却是那样的神秘莫测：何为近乎同语重复式的陈述句式？假设塞尔想申明，构成性规则可以经常(但不是永远)以分析型命题的形式来表达，而且标准(4)似乎也千真万确地显示出对构成性规则确定新的行为形式的依赖，那么我们还要能够稍微具体地理解它们完成这一功能的方式，因为塞尔显然没有把构成性规则看做规定各种行为术语的纯粹的语词定义。

结论令人失望。看起来，构成性规则的特征化近乎完全建立在标准(1)的基础之上。构成性规则创立或确定新的行为形式亦即新的行为的"可能性"。那么，应该怎样理解这样一种"定义"呢？游戏范式理应帮助我们做出决断。

(2) 游戏范式

塞尔与他之前的罗尔斯(Rawls)一样，视游戏(足球、棒球、象棋等)为构成性规则体系的典范现象。他并非轻描淡写地说游戏"酷似"这类体系，而是断定它们实实在在地得益于这些体系才成为可能。更有甚者，一项类型活动应能"理所当然"地被视为一套构成性规则体系。因此，在《言语哲学》一书中，游戏绝非仅发挥一般例子的作用，而是有助于我们理解如何借助规则体系以界定言语行为的货真价实的典范行为(exemplifications，塞尔本人谈及规范非言辞语力指南之使用的规则①，论证他常常援引游戏的相似性时如此强调过)。

让我们来看看这些规则化活动吧。它们必然导致一些物体和身体行为的投入。但是，在游戏过程及前景中，物体和行为仅仅是从与某些

---

① 塞尔：《言语哲学》，3.3，第63页。

阐释(interprétations)或描述(descriptions)相关联的角度而出现的,我们总以为它们产生的种种陈述句所包含的"技术"术语和技术用语早已确定于某讲义、"规约"或"规则"。以橄榄球为例,参加游戏的个人被称做"球员",集体则被称做"球队",他们互相争夺的椭圆形物体即"橄榄球",球员们活动其中、用白线画定的长方形空间称做"场地","场地"两个窄边每边正中呈 H 形的某种结构称做"门柱",场地侧面的界线称做"边线",等等。所有这些词汇都可能从一部完整"规则"中接受定义,后者赋予它们与游戏相关的词义。我们谨指出下面重要的一点:在一场棒球、足球或橄榄球游戏中,这些定义的具体内容和"游戏术语"的应用因比赛性质的不同而变化极大,例如这是一场"正式"比赛或"非正式比赛"(孩子们也可以以罐头盒作足球,把衣服围起来布置成两个球门,然后开始"足球比赛")。当然,构成游戏(及其"阶段")的行为和互动也都可以用恰当的技术术语来阐释和称呼[如"争球"("maul")、"扭夺"("mêlée")、"命中"("touché")、"射门"("transformation")等]。

相关活动特有的术语和用语(或在该背景下接受了特殊意义的术语和用语)从不同的基础(物质性能、动因等)出发,可做人、物和动作的宾语。宾语的分配至少部分意义上是"武断的",诸如"正式"("titulaire")或"替补"("remplacant")等术语是根据"逻辑上"与游戏结构无关的标准做人的宾项的。显然,这里的"武断的"和"逻辑上无关"应理解为与所选择的机制层面相关联(eu égard au niveau institutionnel choisi):例如如果存在类似橄榄球协会这样的组织,"正式队员"和"替补队员"的指定就只能由有资格的人士承担。这里,我们又发现了指定权威机构(选拔机构)的资格认定规则和确定其地位的规则:"机制现象"(les"faits institutionnels")是互相联接、重叠和交错的,等等。反之,某些宾项的分配源自游戏内部以前的阐释或程序,例如某次"射门"或某次"扭夺"即是游戏一定阶段的结果。这样,我们就可以复原整个分配链条,直至根据体能基础(如行为)和/或武断地分配的宾项。换言之,一个构成性规则体系的分析意味着要区分游戏内词汇和游戏外词汇,在游戏内词汇内,又要区分以"物质"标准为基础的术语、"武断"使用的术语以及基于以前应用的其他游戏术语(游戏内术语或游戏外术语)而使用的术语等。

还有比上述区分更重要的另一种区分法。一方面,某事、某人、某阶段或动作的某些特性等,论证了游戏范围内人们应用于它(他)的"游戏术语"。从规定内容的角度出发,我们可以把所有这些特性称做术语

第二章 构成性规则及其神话

的"规定"("détermination")内容。另一方面,应用术语导致某些后果(conséquences)。例如,允许把"越位"("en-avant")术语用于某种不自觉动作的全部特性即是术语"越位"的"规定"内容。这种"定性"的后果之一是,在某些条件下,一次越位将接受"扭争阵容中由对方穿插"("une mêlée avec introduction par l'équipe adverse")的判罚(术语"扭争"和"穿插"都有自己的"规定"内容及其后果)。我们这里所谓的"后果"涉及根据某些宾语分配情况而规定、禁止、许可或评判的内容。某游戏术语的完整分析包括它的"规定"以及把该术语应用于某物、某人、某阶段或某动作时的后果。区分"规定"与后果可以从一构成性规则体系中,找出规定内容、禁止、许可或根据预先确定之"定性"评判结果的规则。这些规则可以称做"一级规则",意思是说它们直接应用于人或这些人的行为和动作。

我们下面将看到,在塞尔的经典注释"X 作 Y"中,以常量(les constantes)代替变量(les variables)之举有两种区别很大的方式。例如,在桥牌游戏中,我们可以说:"[x 最先叫到最后约定花色者的同伴]x 作[y'明手']y。"在这里,我们用表示术语"规定"的言辞代替了 X,并用技术术语本身代替了 Y(X 当然也可以再分析)。塞尔确曾指出[可能以其标准(1)为参照],在构成性规则体系中,"一般来说,代替 Y 的术语不是一个简单的标签,而是已经拥有后果的某种事情的通告"①。遗憾的是,他没有挖掘这一重要见解,也没有像我们尝试做的那样,指出他所指的后果类型。我们可以这样假设,即在他的见解里,以前适用的某些一级规则必须做出修改。例如,从把宾词"mort"应用于桥牌游戏的一个参加者到叫牌术语,随之而来的便是,该游戏者叫牌时可应用的规则让位于下述唯一的规则:"不再参加桥牌游戏。"因此,存在着"X 作 Y"这样一种变形,不是用恰当的技术术语代替其中的 Y,而是用表达该术语本身之后果的方式。于是变形宣示了当 X 规定的条件完备后开始发挥效力的体系规则。就我们的例子而言,可以得出下述结果(用变量 Z 代替变量 Y 以便使该变形与上述变形相区别):"[x 最先叫到最后约定花色者的同伴]x 作[z 不再参加桥牌游戏]z。"这喻示着一技术术语原则上可以从这类变形中取消,而代之以对其后果的表示。一旦这种替换行为完成,"X 作 Z"格式即表达了一条二级规则,把某些条件的整体完备与某些一级规则的整体适用性联系了起来。由此我们

---

① 塞尔:《言语哲学》,第 36 页。

可以看出,构成性规则不但使某些描述行为成为可能,也使某些规定行为(prescriptions,或评判行为)成为可能,一旦"X 作 Z"被阐释为一条二级规则,其中 Z 表示 X 所界定的技术术语的后果,上述规定(prescriptions)即成为规定。

应该初步衡量一下对"……作……"变形分别做出两种阐释的后果。塞尔本人并没有如此区分,但是他本应这样区分以便他的标准(2)真正有助于对构成性规则特征的概括。说技术术语 Y 可以取消,意味着它在游戏中未发挥可以由表达式 Z 展示其应用结果而完成的任何"逻辑"功能(这并不说明它在言语中不发挥词汇功能)。人们由此可以更好地理解塞尔所拟就之标准(2)在我们看来纯属多余的原因。那是因为,如果仅说构成性规则使某些描述成为可能,经典变形并未能使我们理解什么是构成性规则。塞尔提出的变形(或者更准确地说,他所青睐的对这种变形的阐释)掩盖了构成性规则使之成为可能并且本应包含在内的规定(prescriptions)和评价(évaluations)。可是塞尔怎能不掩盖它们呢,此前他不是已经把调节性规则界定为规定或评价了吗?于是,只要游戏的技术术语占据第二变量的位置,他多次重复的所谓构成性规则"近乎界定性规则"或"近乎分析性规则"的思想都容易引导人们走入误区。于是"X 作 Y"使人以为术语的应用条件构成定义用语(le definiens),而术语则成为定义对象(le definiendum)。须知"明手"("le mort")并不能简单定义为 X 位置的占有者,亦即不能简单定义为"最先叫到最后约定花色者的同伴"。那只是一种简单的字面定义,单独的字面定义在概括某类活动的特征时,其意义是有限的(塞尔的症结正在于此)。界定"明手"一词的因素包括 X 位置的占有者,包括充实 Z 位置的内容(即"不参与桥牌游戏"),还包括 X 与 Z 之间的关系。我们权且立足于塞尔的范围,把后者看做一种条件关系。即使在这一范围内,仅仅断言"明手"就是"最先叫到最后约定花色者的同伴",就是"被排除在游戏之外的游戏者",都是不妥当的。不管在这种或那种情况下,首先,我们没有任何理由不选择其他特性和其他规定("越过肩膀看同伴玩牌而激怒同伴也等于明手"或"应向大家斟威士忌酒也意味着明手")。作"明手"意味着可以以这种或那种方式鉴别并(et)拥有这种或那种游戏角色,这里的"并"应该由一条件式取而代之(以期与塞尔的观念相吻合)。由此而来,"X 作 Z"可视做"如果 X 那么 Z"(Si X alors Z)的等同物,前提是某些条件必须得到满足并足以使某些一级规则得以实施。之所以能够把改造过的经典变形变成一条二级规则,是因为

第二章　构成性规则及其神话

一级规定出现在条件从句后的Z主句里。这些二级规则才是构成性规则,是它们"使某些行为成为可能",没有它们,后者就不可能发生。其实,它们不仅使后者成为可能,还使后者得到允许或受到禁忌或易于评价。这些构成性规则之所以能够使某些行为成为可能,那是因为它们所构成的,正是表示行为的术语的规定与其后果之间的条件式关系。这样,规则对于之所以成其为行动之行动就是"至关重要"的。

（3）许诺的优越地位

现在,我们可以回到构成性规则理论在许诺方面的应用,塞尔视这种应用为足以举一反三的范例。下述学说的命运一方面依赖于对许诺的分析,另一方面也依赖于把该分析推广到非言辞行为的所有类型的有效性。该学说主张"一种语言的语义结构可视做一系列深层次的构成性规则整体的约定俗成式实现（realization）",假定言语行为的完成"具有典型性,所发出的用语与这些构成性规则整体相吻合"①。

塞尔的分析分为两个阶段。在第一阶段里（§ 3.1）,他建立了保证许诺行为成功完成并绝无不幸事件发生的条件清单,其中的每个条件都是必须的,整体上又足以达到预期效果。在第二阶段里（§ 3.2）,他从这些条件中"抽取"出一整套表示非言辞力量的使用规则。

第二类概括中存在着某种奇异的东西。塞尔是在明确告诉我们这些构成性规则使行为形式成为可能之后向我们分析一整套构成性规则的;因此,规则应该具有的构成性原则上与标志的用法（usage）及其各种情形（occurences）无关。但是,作者依据构成性规则分析许诺行为时仍然坚持了第二份清单。然而,对规则清单的考察似乎显示,只有被称做"基本规则"的规则（5）属于"X 作 Y"形式。规则（4）（谓之曰"诚恳性"规则）规定了对于许诺行为的任何具体的瞬时性（instanciation particulière）都无必要的一项条件,除非假设不诚恳的许诺不是一种许诺。意识到这种困难性,塞尔提出该规则的第二版②,第二版与第一版相"并列"（"doubler"）。从此后第一版充其量只能作为澄清虚构许诺（例如一个戏剧人物的许诺）③的背景条件。至于修正版本,则把许诺

---

① 塞尔:《言语哲学》,第 37 页。
② 塞尔:《言语哲学》,3.2。
③ 如果说演员（l'acteur）不受许诺的约束,那么人物无疑受许诺的约束……塞尔从来不区分说话者（locuteur）与陈述者（énonciateur）,因此无法正确处理虚构情况。

者的承诺与其陈述行为紧密地联结起来：不管其心理状态如何，他不能既说许诺什么又说无意实现其许诺。由于这一原因，诚恳性规则与基本规则重合。这一结果是塞尔不愿看到的，按照他的估计，只有当基本规则表达诚恳性规则所拟就的心理意愿时（如致谢及祝贺情况），前者与后者的重合才可能发生。这是保留两种相互区别的诚恳性规则的第二条理由，但是这样做以造成极大混乱为代价。

规则序列的编排似乎喻示着规则（1）到（3）可以并入规则（5）。于是我们可以这样说："在下列条件（＝规则（1）－（3）规定之条件加上应用于一般言语行为中的条件）下陈述许诺等于约定做 A 事之义务。"当然，"许诺的陈述"，用塞尔的话说，即通过这种或那种方式指出说者有意让人们把他所说的话理解为一种许诺的行为，也是一种条件。如果我们以这种方式重新建构清单，后者就会浓缩为一条复合性构成规则（或者与其类似的规则），再加上诚恳性规则即规则（4），我们前边已经看过，后者与基本规则的逻辑关系处于暧昧状态。"约定一项义务"可以视为要某行为人实践一条一级规则（这甚至是一种典型情况），具体规定他应该做好许诺一定要完成之事，这就使我们有可能在"X 作 Z"公式里得出下述结构："[x 在规则（1）－（3）规定之条件加上应用于一般言语行为之条件下陈述许诺]x 等于 [z 约定做 A 事之义务]z。"因此，"许诺"术语的"规定"里包括塞尔认为针对一种许诺情形的基本条件（包括许诺的陈述），而术语的"后果"由一级规则的规定（"做 A 事"）提供，后者应用于行为人，以满足前述条件。

如果我们对构成性规则的分析正确的话，选择许诺为范例既有其和谐的一面，也有其危险的一面。由诚恳性规则引起的困难已经证明了这一点。诚恳性规则此处表示偶然的心理意愿，彼处则表示说话者话语中必要的陈述承诺。只要查阅一下非言辞行为的其他类型的一览表，危险就顿时呈现出来。① 顺序挺符合"如果 X 作 Y，那么 X 作 Z"的图式，这是我们认为唯一与构成性规则不是贴标签、它应当表达某些结果的思想相吻合的图式。反之，简单请求情况（le cas de la simple requête，塞尔却视为一种原始类型）的疑点则多得多。只要我们把诚恳性规则理解为陈述性承诺而非心理状态的表达②，断定行为

---

① 塞尔：《言语哲学》，3，4，第 67—68 页。
② 我们在第四章里将看到，这是奥斯汀走过的道路。第三章将说明塞尔不能借鉴这条路子的原因。

(l'assertion)就可谓受结构性调节。要使问题(questions)服从构成性图式,就要把它们全都建构成命令回答式而非试图获取信息式。建议(le conseil)和告示(l'avertissement)确实以反向评价形式展示了结果["从受建议者的最好利益着想"("ce qui est dans le meilleur intérêt du conseillé"),"这不是被告知者的最佳选择"("ce qui n'est pas dans le meilleur intérêt de l'averti")]。致谢(les remerciements)与祝贺(les félicitations)则要求朝着说话者陈述承诺的方向对诚恳性规则进行重大重组,这与它们的社会功能又不相吻合。至于致意(les salutations),它们不可逆转地处于构成性图式之外,除非构成性规则根本上只是单纯的约定俗成,可那样无异于废弃了塞尔的基本学说。于是我们被置于一个交叉路口。

交叉路口的第一条分支承认许诺是由构成性规则促成其形式的言语行为的范例。在这种情况下,构成性标准不是由词汇方面的约定"X 作 Y"提供的,而是由"规定"与上文分析过的"如果[X 作 Y]那么[X 作 Z]"的条件式所表示的结果之间的联结提供的,条件式中的 Z 引入一级规定性规则或评价性规则。更有甚者,既然这些一级规则显然都是调节性规则,塞尔主要区分构成性规则与调节性规则的方式就与他自己对构成性规则的分析的和谐重构以及作为该分析之基础的游戏的相似性互相抵触。最后,诚恳性规则也应该彻底摈除心理因素(我们将看到,这就挖掉了塞尔试图赋予言语行为理论的根基)。

交叉路口的第二条分支是:"X 作 Y"的经典格式只是一种简单的语义约定,而塞尔提到的"结果"处于未归并入理论的条款状态。在这种情况下,诚恳性规则独自承担构成行为的全部重担,因为它自己调节约定,且必须从陈述角度重新组织它。相反,如果保留了许诺的心理内容格式,它无疑不再拥有塞尔赋予它的义务语力。我们可以像霍布斯(Hobbes)那样,把它引入一系列外部限制之中,那样,作为言语行为之潜在规则的构成性规则理论顷刻间就轰然倒塌了。

还有,如果我们选择了交叉路口的第一分支,那么断言非言辞行为的所有基本类型都是结构性调节类型就是一句谎言。如果我们选择了第二分支,虽然可以拯救构成性理论,但是,是以赋予许诺真正的奠基地位、视其为所有言语行为之成功条件(诚恳性规则当然要经过重组)为苛刻条件的。

后一论点可以支持,也确实获得了某些经典学者的支持,特别是普芬道夫(Pufendorf)①的支持。普芬道夫的问题即解释能够赋予一约定或协约某种必然力量的动力。那里需要主导遵从约定的律令。普芬道夫拒绝任何以为许诺者确实有意约定某种义务,但是这种意愿并不赋予接受方要求履行许诺之权利的阐释。那么,义务更多地建立在一种主观的诚恳性规则而非公正(justice)规则的基础之上。② 换言之,普芬道夫拒绝像霍布斯那样看问题,那样以为当负责依据有效构成规则阐释所发布之话语的实际机构缺失时许诺没有必然力量。在他看来,"一言既出驷马难追"是先于任何约定的"自然义务"("obligation naturelle")的。须知没有规则就没有义务,那么许诺的建立就应该——如果可以这样表达的话——"退后一步"。为了避免有害的循环,主导约定之遵循的律令不应当由约定来论证,也不应因此而成为否定人类自由的机械法律。解决方法是让其自然而然地确立,即主导约定之遵循的律令的起源应该超越人类世界,因为在人类世界里,法律都建立在约定的基础之上。于是普芬道夫准备昭示这一道理,即上帝创造人类的方式就把信守诺言之义务列入人类的言语之中,甚至让它成为人类言语成功之条件,因为是它奠定了"话语协约"("le pacte de parole")。言语的使用原则[格赖斯(Grice)的原则似乎是上述原则的复制品]进入了普芬道夫所谓的"预设性职责"(les "devoirs hypothétiques"),即预设某种人类约定的职责。许诺是"绝对职责"("devoirs absolus")的构成部分,而绝对职责先于任何约定,其由神建立之性质,保证了人的自然构成(la constitution naturelle)与其"创造物"("être institutionnel")地位的聚合。普芬道夫把这种聚合点(point de convergence)叫做"社会性"(socialitas)。社会性一方面积极建立语言交际,一方面又没有能力保证语言交际的有序进展。因此,建立在许诺基础之上的约定就显示了它们的必要性。约定的建立预设了符号的

---

① 普芬道夫(Samuel von Pufendorf, 1632—1694),德意志法学家,古典自然法学派的主要代表之一。先后就读于莱比锡大学和耶拿大学。历任海德堡大学与瑞典隆德大学教授、瑞典皇家史官、勃兰登堡大选帝侯史官等职。海德堡大学曾于 1661 年为其创设世界上第一个自然法与国际法讲坛。他认为自然法的基本准则是每一个人都应当积极保护自己,又以研究国际法著名,认为没有离开自然法而独立的国际法,人类的自然状态是和平而非战争。主要著作有《法学要论》、《自然法与万民法》等。——译者注

② 参阅普芬道夫:《论职责》(*De Officio*), I. ix. 6.;《自然法与万民法》(*De Iure Nature et Gentium*), III, V, 6。

第二章 构成性规则及其神话

使用规则,其中包括诚恳性规则。① 然而这种诚恳性规则又意味着约定情境的具备。从这个意义上说,它是"预设性的"("hypothétique"),并服从先前的协约律令(la loi antécédente du pacte)。这样,作为对某种长期的学院性争论②的回应,普芬道夫就把有关陈述有效性的一种严格意义上的约定俗成式观念与言语约定基础的一种强制式的法令式的立场结合起来了。从社会性——言语是其表达工具——的要求中,我们可以概括出格赖斯所谓的诚恳性的"超级准则"(la "super-maxime")③,规定"任何人都不得以言语或其他用来表达我们精神意义(sensa animi)的符号欺骗他人"④。这一原则包含着双重义务:言语使用中语义的规范性义务和交际中的清晰性义务。⑤ 只有说者遵守表达某种意义的义务,表意愿望的理解才成为可能。又因为所有表意对象皆可得以表达,这一义务才有意义(只有能够做到的才应该去做),这与塞尔的可表达性原则(principe d'exprimabilité)的格式非常相似,唯一的区别是,普芬道夫在"能够"(peut)的基础上,增加了"应该"(doit)而已。在话语行为的这种"法令神学"("théologie juridique")里,道德语义、可表达性原则和调节言语交际的箴言均建立在许诺行为的超验基础之上,(据与塞尔"X 作 Y"相当接近的一份分析说)构建其他行为的所有规则都约定俗成式地派生于许诺行为。在普芬道夫那里,许诺确实成为任何言语行为的前提。

塞尔肯定不愿意看到这一结果。关于他,人们仍然可以这样设问:神学基础是否已被其他承担了相应功能的东西所取代?许诺之所以在他那里发挥着某种模具的作用,部分原因在于它典型地昭示了他的构成性规则理论一直保持的语句的陈述条件与"何为陈述行为"之间的长期混淆。⑥ 在经典格式的两种变形可能中,塞尔只明确承认其中把术语的应用条件与应用后果混为一谈的一种。应用条件本身被完全语义化,由此产生了以非言辞语力的忠实规定为内容的第二份清单,规定取

---

① ④ 《论职责》,I. x. 1。

② 见伊雷娜·罗西耶(Irène Rosier):《作为行为的话语,关于 13 世纪的语法和语义》(*La parole comme acte. Sur la grammaire et la sémantique au XIIIe siècle*),第 128—131 页。

③ 见保罗·格赖斯:《逻辑与会话》(*Logic and Conversation*),第 27 页。

⑤ 《论职责》,I. x. 3。

⑥ 布弗雷斯(Bouveresse)指出了这种混淆。见《痛苦的话语》(*La parole malheureuse*),第 379 页。

决于可表达性原则。那么，一个非言辞行为的产生和理解到底依赖什么呢？如果我们修改一下格赖斯模式，它们依赖于我们有力表达某种意义的愿望得以在语义"约定"的基础上被捕捉。一种与此相当接近的观念引导普芬道夫为许诺保留了它的创建者角色，即既要建构约定又要保留说话者的自由权。因此某种命令式态度理应位于所有构成性规则[普芬道夫谓之曰"苛捐杂税"（impositiones）]的上游。因为塞尔的言语理论要成为建构理论而非挖掘经验现象之理论，他也瞄准了同一问题但却没有获得相同的结果。应该找到一个普芬道夫之神的取代者。在塞尔那里，这个取代者就是归诸规则的因果性的一种独特形式。它将肩负着把言语的规范风貌、用法及其条件的多样性，最终甚至也把约定性（conventionnalité）的基础重新引入已经大量心理化的一般语义理论之整体的繁重任务。

II. 规则的因果关系

1. 规则与规则的构成

让我们首先从考察哲学言语以外的规则构成开始。我们发现此类规则构成的典型情境应该是明确宣布规则，提供规则检索、重复、教授、学习，或明显使用规则从事评价、解释行为理由或论证行为等活动的情境。理论用法和元语言用法很特殊，通常都把规则的所有构成类型（或属于同一实践领域的所有类型）"归导"为某种单一形式或极少数形式；而除理论用法和元语言用法之外，任何句子类型都并非注定要接受这类构成。我们在句子里可以发现义务语式（un modal déontique）、表示未来的直陈式、表示重复行为的现在时，还有命令式等等，当然这些形式全都可以用于规则构成以外的其他目的。

还有，正如维特根斯坦的多重见解所喻示的那样，我们不能把规则的构成仅仅局限在句子范围内。一份图示或一份交通图、一张度量衡转换表或一张指示牌、一段表意文字或一个技术装置（如红灯）等，都可以进入规则之构成。维特根斯坦似乎想以此告诉我们，我们之所以使用上述种种非言语"款式"，正是因为它们能够使我们获得规范，使我们得以论证我们的行为，或者解释它们的起因，或者从事评价活动。某项规范的说明或某种评价活动，或者还有某种裁决等，可以以露骨

第二章 构成性规则及其神话

(parostension)的方式进行。① 规范的解释也可以采取典型示范的形式,随后人们即把这些典范视为规则的构成("不,不是这样……让我给你示范一下",然后完成合适的动作)。通过非言语的迂回形式可以阻碍我们忘记下述事实,即规范关系与表达习惯相关,我们最好不要下意识地让步,把规范性看做某些用语或某些类型的用语的神秘特性。形式定义、必要条件和充分条件的罗列,一定程度的经典变形等,只是特殊用法的一部分,它们只有在自己置身其中的独特活动中并服务于自己要达到的目的时,才有价值。它们是工具,不是真理的揭示。②

考虑到我们刚刚勾画的多样性,那么我们是否应该支持一条规则即等于其构成的观点呢?它是某种语言或语言的象征物呢?还是应该把它看成象征性表达方式的意指(signification)呢?

让我们看看语言方面的构成情况(只须记住前边建议的注意事项)。如果规则与其构成同一,那么它必然也属于既定的语言,甚至与同一语言中的既定构成同一。显而易见,语言中同一规则可以有多种构成形式(形式规则的构成数量可能很有限,非形式规则的构成数量则是无限的)。反之,规则的同一构成形式却不可能再有多种构成形式。这一说明仅仅是为了提示我们,我们所遵循、违反、废除或加强的,是规则而非语句。构成本身有可能又受规则的约束(通常是指那些高度形式化的程序),然而那时我们所遵循的,不是构成,而是规范我们建构之中的规则构成之规则。

这样是否意味着规则即它们的构成的意指呢?我们已经说过,一个独立的陈述句构成一个规则而非一份证明或一项忠告这一事实,取决于陈述该陈述句的同文本环境或背景环境。把一规则与其构成之意指相同一的做法不啻玩弄规则与借助种种语句情形做出的论断的相似性。大家公认,同一命题可以有不同的构成形式;规则的情况亦如此。超越这类简单的相似性意味着规范的构成(并非肯定规范之存在式的构成,而是陈述规范之构成)可能接受真理价值。此外,规则不是超越时间性的实体。就内在本质而言,它们是有时间性的,与逻辑命题的性质不同。义务论的逻辑论(une logique déontique,不管怎样丰富都行,

---

① 例如监考官一言不发,用冷冰冰的目光斜视了一眼侧镜的态度,即表示粗心的驾驶执照申请者出列前忘了看一眼侧镜。

② 这方面一个重要的问题就是把有助于陈述规则的不同用法类型与表示规则存在的不同用法类型联系起来,两方面都存在着多样性。

不管是加上时态变化、行为变化以及正面世界与负面世界的区别等)以评语为工作对象,而不研究规则的陈述问题。我们没有任何理由断然拒绝(refuser a priori)谈论义务论的命题,但是,任何义务论的逻辑体系都不可能以任何方式把其命题浓缩为一条规定而向世人推广。我们再重申一遍,规则之形式不等于规则。最后还应说明,规则的时间性影响它们的诞生、接纳、作为"规范"行为之规则而被废弃的命运,然而,即使受时态的影响,一条义务论命题也要保留其"不朽语句"("phrase éternelle")的地位,否则就毫无逻辑可谈。

拒绝塞尔所建议之交替分支的每一条都使得规则与其构成之间的本体关系方面的问题脱颖而出。有些规则明显依赖于这种关系。所有"形式"规则都是这样。那么这里的依赖方式是什么呢?这些规则都是由特属于语言的手段创立的。主导规则创立的意图本身也依赖于规则的构成,否则便难以自圆其说。其他规则如习惯、风俗、标签规则和语法规则等不是由人们习惯上认定为规则创立者的言语行为所产生。这并不意味着它们不能规约化(编码化),也不意味着它们的规约不对规范性情境产生后果,因为语法化的进程大大修正一语言的使用者的规范性情境,同时也修正他们所讲语言的一些特征。总之,存在着这些独立于其规约的规则。这些规则对其语言构成的依赖基于下述原因:一个人如果缺乏构建规则或者辨别该规则构成的能力,就无法依据规则论证、改正自己的行为或依据规则批评他人的行为。换言之,即使规则不同于其构成,但是如果任何语言性构成都不可能的话,那么,个人就无法把自己的行为建立在规则的基础之上,也无法参照规则评价一项行为。我们可以把这看做奥鲁所谓的"意识原则"("principe de conscience")的重组。

人们可以指责这种重组忽视了行为参照规则的一个重要方面。请人们注意下述现象是一件再平常不过的事,即两项行为可以完全一致,但是在一项行为中行为者遵循某种规则,而在另一项行为中行为者不遵循任何规则。

假设两种情境如下。在第一种情境里,我逗留于美国,对美国的风俗习惯了解很少,我开始系统地品尝各种品牌的威士忌酒。又假设我每次走出小酒店(un liquor store)时,都抑制不住就在街头立即品尝的欲望,于是神不知鬼不觉地喝上一大口,甚至不曾把酒瓶从纸盒中取出。在第二种情境里,我是一个遵纪守法的美国公民。我酷爱威士忌酒的程度以及迫不及待品尝任何新品牌的情况都与第一种情境相同。

第二章 构成性规则及其神话

我像第一种情境中那样频频出入小酒店,并在街头带着包装盒喝酒。现在我们假设在两种情境中,一位不了解美国法律和习俗的朋友陪伴我出游,他也买了一瓶威士忌酒,站在人行道上,从包装盒中拿出瓶酒,手握瓶颈慢慢品尝。在第一种情境里,我甚至可能未发现他的举动。在第二种情况下,我一定会向他解释,在美国,人们不在街道上公开喝酒,因此一定要把酒瓶留在盒子里。在第一种情境中,不管我的行为多么符合规则,却未受规则的支配。它没有执行规则。在第二种情境中,它执行了规则。

上述情境的这种比较容易使人产生下述想法,而这一想法部分上是正确的,即某些行为是在遵循某种规则的动机中完成的,应该把它们与其他完全一致,但却只能说"符合"规则而不能说执行规则的行为相区别(之所以说符合规则,因为我们可以说相反的行为不符合规则:根据我从包装盒里拿出或不拿出酒瓶的情况,巡视在小酒店门前的警察不会做出同样的反应)。动机词汇的问题在于它能促使我们想到,一个行为者遵循或未遵循某规则与他先于规则化行为之前做什么或者他在完成规则化行为时的所思所想有关。这里,二者必居其一:或者该"什么"看来好似一个外部行为但其实却是"内在的",或者不是内在的。如果确系宛若外在行为或状态却深居"内部"(什么的内部?)的行为或状态,那么没有任何理由以为,一道神圣目光对这些状态的一瞥,仅靠对它们这么巡视一下,就能更好地决定我是否遵循了规则,因为我的"内在行为"可能与某人的内在行为完全吻合,可是他遵循了某种规则,而我对该规则却一无所知。这里我们的探索对象是标准,因此,肾脏与心脏的探测对我们的帮助丝毫也不会超过外在行为的观察。"曝光"后的内在状态变成了外在状态,因而提出完全相同的问题。假设内在与外在毫无共同之处,内在东西拥有完全独特之性能的可能性依然存在,然而它们的独特性能到底是什么呢?如何以并非独特(ad hoc,专为某事而设立)而又能满足"意识原则"的方式确定它们的特性呢?

其实,唯一有可能满足我们的"内在"标准的,是可能参照规则行事的行为"理由"或"论证"之构成的等同物(équivalent)。换言之,当规则没有高度形式化时(尽管给它加诸形式,如同人们所说的那样,能够使它拥有真正的体型),关于我的行为是否执行了某种规则的答案取决于我对该行为的论证或者我申述的理由。因此,规则对言语表达的依赖问题不应从程序方面去考虑,而应从标准方面去考虑。

2. 规则，一规则的意指与执行

（1）作为行为"原因"的规则意指

我们从塞尔的以《大脑与科学》(Minds, Brains and Science)①为标题的讲座汇集中以及离我们更近的一篇文章②里，发现了规则意指与规则之执行行为之间的关系是因果关系的一种形式的思想。

塞尔首先想阐明谈论人"遵循规则"与谈论计算机"遵循规则"的根本区别。这里，我们不对"计算机不像人那样遵循规则"的观点提出质疑（确切地说，计算机只不过是建立在象征符号基础之上的程序的技术启动装置，它们什么也不"遵循"）。问题在于塞尔依据规则概括人之行为的方式。塞尔解释说，当他们服从某条规则时，"人……受该规则之内容和意指的引导"③。我们比较清楚地理解塞尔特别不愿意表达的思想，即个人的有意识行为是由作为单纯在句法方面、仅仅从句法方面建构完美之用语的规则"启动"的思想。但是他实际表达的思想却不甚清楚。应该如何准确地理解"内容和意指"呢？这里的两个术语究竟是互为重复还是互为补充呢？在《言语哲学》一书中，塞尔甚至编造了杜撰色彩过于浓厚的柠檬树开花的例子④，以确立"我们能够意指的内容至少有时是依据我们的言辞"⑤的思想。因此，毫无疑问，拥有意指的不是规则，而是规则之构成。塞尔似乎试图把规则与规则之构成混为一谈了，这样做的预期效果就是掩盖陈述成分（也掩盖背景成分，这里的"背景"与"同文本"相区别），导致承认或生产出的不同构成形式是或不是同一规则之构成的后果。塞尔把规则与规则之构成相同一（由术语"规则之意指"引起的同一）的做法，无异于肯定一规则的所有构成形式只包含同质变量，语言上的实际情况却不是这样。当然，在一种形式化的言语里，情况确实如此；然而，形式化言语并非行为者解释自己实践规则的行为时的言语，后者才是塞尔这里想（或应该？）考察的情境。如果从更平庸更善意的角度阐释塞尔之论断，即昭示了这样的思想：塞尔仅想说明，计算机不理解其程序所编制的规则，而人呢，只有当他理解了规则，我们才能说他遵循了规则。这样，理解规则就包括理解规则

---

① 法文译本为 *Du cerveau au savoir*。
② 参阅塞尔："认识之阐释"（"The Explanation of Cognition"）一文。
③ 塞尔：《大脑与科学》，第 63 页。
④⑤ 塞尔：《言语哲学》，第 44、45 页。

第二章 构成性规则及其神话

之内容（例如，它为我规定的行为内容，或它允许我做的内容等）以及至少该规则部分构成之意指在内。在某些情况下，我很有可能理解某些构成之内容却不理解其意指，但是，我至少应该理解其一。

事实上塞尔并没有从理解角度切入意指和内容。他把它们变成"因果关系"的某种形式或成分："在人的这类行为里，是意指引发行为。"①人们挖空心思、徒劳无益地思索意指（不管我们猜测塞尔赋予该词的所指是什么）何以能够引发行为，除非"引发"具有很独特的意义。塞尔举英国的靠左行驶为例："让我们来看看下述规则：在英国，应该靠左行驶。每当我来到英国，都应该谨记这条规则。"②他的例子不仅没有澄清言辞，反而使后者更加模糊。通过"每当我来到英国，都应该谨记这条规则"一语，塞尔到底想说什么呢？那是一条规则，其内容就是塞尔记得英国的交通规则吗？那么因果关系又在何处呢？何以避免无穷无尽的倒推呢？是否更应该理解为一句规范表示（"在英国，应该靠左行驶。"）是另一规范表示（"我应该谨记这条规则：'在英国，应该靠左行驶'。"）的"原因"呢？但是又是通过何种机制呢？塞尔似乎更多地瞄准某些行为（如适应行驶方向，穿越马路时首先向右看，等等，这一切都有一定困难，显示了某种笨拙，开始时甚至自言自语地背诵规则等）。即使如此，我们仍然会迫不及待地说，这些行为不是由规则引发的，更谈不上由其内容和意指来引发了！陈述规则即陈述这些行为的理由、论据和解释（非因果性解释）。抉择不应发生在下述两者之间：或证明被观察行为的"形式特性"遵循了规则，或建立规则意指与行为之间的因果关系；而应发生在，一方面，行为的非规范性描述与规范性描述之间，另一方面，以因果关系解释与提供理由两种做法之间。如果规则的意指神秘地引发了我的行为，后者将不会拥有任何规范性特征，且完全可以与自然现象相比拟。规则将不再是规则，而是一种规律（une loi）。（另外，不是有人说正是重力规律的意指使得梨子从梨树枝头坠落的吗？）

在这些模糊之处以外，似乎还应该加上其他模糊之处。为了论证对因果关系的引入，塞尔指出，如果我们拒绝接受因果关系，同一行为就可能成为无数描述的对象，它们将把这一行为与不同的规则联系起来。因果关系可以确定正确的描述。我们可以这样认为："描述"一词的这种用法过于宽泛，因为它把塞尔所谓的某一行为的"形式特性"的

---

①② 塞尔：《大脑与科学》，第 63 页。

摘要与只能称做严谨的因果解释置于同一平面。无疑,言说"约翰·塞尔在英国穿越马路之前先向右看与'在英国靠左行驶'之规则的意指和内容有因果联系"是"描述",取其不是规定(prescription)的意思。但是,这一陈述句与下述陈述句之间的巨大差别并不因此而缩小:"约翰·塞尔向右看等等,存在一条规则,规定云云。"后者没有在两件事实之间建立任何特别的关系。① 加之,塞尔这里比较的是外在描述。这并不意味着他没有把第一人称在描述精神状态中的优越地位视为基本因素,但是,这里介绍的关系情况非常模糊。是指对行为者有可能优先接触的某种精神状态的描述吗?那么,仅从行为者的视角看,论据可能拥有何种意义呢?如果规则之意指与我的行为之间的因果关系特别青睐我本人,那么,我的行为就只能有一种描述可能。如果是一种外在性描述,而情况似乎如此,那么,观察者是如何接触因果联系的?如果因果联系是内在的,那么,所有外在描述将继续有效,包括按照严格的规则性语言和只字不提规则的描述在内。要使因果关系得以建立,就要让它以这种或那种方式表达或表现。这样,因果关系或者从对情境的更深刻的描述(例如关于塞尔行为的更好的设想)中归纳而出,那么,众多描述就失去了价值;或者用言语表达,如塞尔对自己的行为"自圆其说"那样。关于后一点,他肯定可以这样说:"由于英国靠左行驶的缘故"或者"因为规则规定英国云云",但是,以为"由于"或"因为"在这里必然具有"两者之因果关系"的意义是十足的天真和典型的哲学思维。

塞尔受某种形象之累。我们已经准备好表达下述意见,即一条规则不可能不引发某些后果,或者说,一条规则之后必然要发生某种事情。步伐迈得快了(塞尔迈得太快)就会导致我们把规则或其"意指"视为某种"必然力量":既然"规则 R 意味着"行为者 A_i 们应该在 Y 环境下完成行为 X,而我是 Y 环境中的 A_n,那么,我应该必然而然地完成行为 X。由此再说,如果我做了 X 事,那是因为 R 的意指"引发"了我的行为,新的一步也被跨越过去了。术语"规范的力量"只能重复并强化上述形象。不幸的是,这样做,我们就混淆了因果关系与观念关系,而忘记了我们所面对的现实本身已经足以构成一个开放的文本,接受多种解释、动机、理由、供词、论证(实际的或潜在的论证)、行为和行为间影响、用以评价或采取行动或论证的规则用法及构成等等。塞尔所宣

---

① 以必要条件和充分条件概括言语行为特征时所碰到的困难中,描述与解释——因果性解释或规范性解释——的这种相似性扮演一定的角色。

称的因果关系(无疑彻底不同于数学家与编好程序的机器所承担的运算系列之间的关系)是表达规则的某种构成与表达规则之实践的某种构成之间的内在关系。从这个意义上说,规则才与执行它或违反它的行为相关联,以两相对照的说法,似乎规则包含一个表现如何遵循规则的体系(千万别把这里的"表现"一词理解为某种精神形象。可能有这种具体情况,但是这种表现体系可以"融会"于某种实践,也可以是情感方面的,等等)。至于意指与行为的关系,当然不是指规则之意指,而是规则构成之意指,这种关系简要(比塞尔设想的因果关系简单得多)如下:如果我至少理解了规则的构成之一,这一事实说明我已经(ipso facto)知道应该做哪类事情(根据构成的具体程度,实践中我可能知道得多一些或少一些——因此,关于程序的硬规则非常琐细)以符合规则。从这个意义上说,我们可以得出下述结论,即任何(规范性)规则都源自一般与典范,"规则"一词的这一词义与其他词义之间有着密切的联系,任何规范性行为都因此而赋予一次评价的机会。

(2)"意向性因果关系"

然而,这一切都未向我们解释塞尔赋予因果关系概念的"特殊"意义,也没有说明他之所以一定坚持一规则之内容与符合该规则的行为之间的关系是这种关系的理由。我们开始时的假设是塞尔赋予"原因"和"因果关系"某种很独特的意义。情况确实如此。在《意向性》(*L'Intentionnalité*)一书中,塞尔阐发了"意向性因果关系"("causalité intentionnelle")这一概念。作者认为,意向性因果关系可以提供"与人的精神状态、经验和行为相关的**很常见的**(très ordinaires)因果**解释**方面的某些形式"①,但是,它们与规则性或因果规律的传统图式不相吻合。例如,我渴了,并且喝了一杯水。当某人问我为什么喝水时,我回答说因为我渴了。塞尔解释说,这个回答有两大显著特征。一方面,我可以不经事先调查即提供这样的答案;另一方面,"我知道,如果当时我不渴,就不会喝下"那杯水。② 后一特征意味着我未借助于观察也未引用普遍规律即了解未成为事实之情境的真相。于是,我们受邀从了解某种解释与某种未曾成为事实之情境的因果关系的真相方面,讨论这一个例以及随后的全部个例。塞尔的"常见情况"显示了下述独特性,即这些情况的了解从未辅之以观察,而且"因果关系之肯定的真相以及

---

①② 塞尔:《意向性》,Ⅳ,2,第 146、147 页(我们以黑体字强调某些成分)。

未曾成为事实之情境的真相似乎不依赖"普遍规律。① 这是一些"意向性因果关系"的个例。

让我们首先说明问题之所在。在他所引用的下述个例中:

(1) 为什么您喝了这杯水?——因为我渴了。
(2) 是什么让您的手举起来的?——我把它举起来的。
(3) 是什么决定您想拥有对花的视觉经验的?——我看见了花。
(4) 是什么让您踩进阴水沟的? 一个人把我推了一把。

塞尔绝非想说明,没有任何因果规律与事件相符(或者说,回答者可以不相信他的话)。他一心要肯定的,就是这些句子肯定了因果关系,回答了因果问题,它们未依赖相应的因果规律,且说话者知道他的肯定是对的。

让我们在个例(1)—(4)耽误片刻吧。当初引入这些个例时,塞尔形容它们是"很常见"的肯定句②,它们激发了关于个例之陈述者"想说"什么的问题。可是,我们势必发现,不管是问题还是答案,都极少"常见"或"自然"色彩。让我们看看例(3)吧。(从学校的语法角度看)没有比"我看见了花"再平常不过的肯定句了。可是作为对这样一个问题的回答呢? 我们不妨与下述问答做一比较:"为什么您说那儿有朵花?——因为我看见它了。"在这种情况下,我们应该把以"为什么"开始的问题和以"因为"开始的答案分别阐释为互为因果的问题和答案吗? 塞尔推出的包含"决定"("détermination")和"视觉经验"("experience visuelle")等术语的陈述句例句显然把它变成了一个与其他背景没有多大关系,而与感知的哲学理论的讨论性背景相关的问题。在这种背景下,诸如"因为我看见了花"这样的答案如果出自伊拉斯(Hylas)或菲洛努斯(Philonous)、厄内斯特·马希(Ernst Mach)或约翰·塞尔之口,其蕴涵是完全不同的。例句(2)也引发了一系列类似的批评。另外,对话总体的古怪性也令人震惊(神经科诊断的背景除外)。塞尔所构建的问题从某种"机制"("mécanisme")中归纳出它的表现形式,而答案则在背离这一机制的同时又不排斥初始意象。总之,塞尔的"常见个例"为我们提供了一套昭示其理论的拼凑卓越的插图,但绝不

---

①② 塞尔:《意向性》,Ⅳ,2,第 148、146 页。

第二章 构成性规则及其神话

是塞尔宣称意在澄清其意指的"自然"交流的实情。只需把"是什么让您的手举起来的?"(Qu'est-ce qui fait se lever votre bras?)这句话与常见不同背景情况下不难构建的"是什么让您举起手来的?"(Qu'est-ce qui vous a fait lever le bras?)或"为什么您要举手呢?"(Pourquoi avez-vous levé le bras?)等例句①相比较,就一目了然了。

广而言之,塞尔的问题显然不是确定"为什么?"、"是什么导致……"和"因为"等形式是否都标志着(以及以什么名义标志着)因果关系,而是应该如何设想包含这些短语在内的句子所表达的因果关系类型和因果关系的"性质"类型。我们刚刚看过了诸例的建构是如何预设问题和答案的范围的。现在是考察后者的时候了。

据塞尔说,陈述句(1)—(4)和所有同类句式表达了一种因果关系,其特征如下:

首先,当我生产一个这种类型的肯定因果的句子时,其论证不可能超过我对我的相关事件经验之所知。② 无疑,塞尔借此想说明,为了回答问题,我不需要进行假设或从事某些补充观察。但是,他的公式的误导色彩并不因此而减少,因为相对于"有意义要表达,但是我们却不了解该意义",应该是:只有"了解"某事,才可能有话要说。当我不知道我有举手或喝水的经验时,那么还有意义要表达吗?③

第二,陈述一个这种类型的肯定因果的句子时,我并不就相关的因果规律的存在做出承诺,即使我相信这类规律的存在。

第三,在每件事情上,都存在着因与果的"逻辑联系"甚或"内在联系",而后者与前者的选取"不依赖任何描述"④。后一点说明事实上已经排除了言语表达形式的任何考察,而把问题的症结引向言语以外的程序(这里指的是精神程序),如口渴、喝水的欲望与事实、发现花与花等。这是意向性因果关系与物质性因果关系⑤明显分享的一个共同特征。这里,我们得到了为什么塞尔赋予其开始那些陈述句某种十分独

---

① 例如,您征寻一个志愿者去完成一项艰巨的或危险的任务。有人举手。您把他拉到一边,问他:"是什么让您举起手来的?"他回答说:"冒险的兴趣"或"责任"或者还有"三天假期"等原因或理由。

②④ 塞尔:《意向性》,IV,2,第149、150页。

③ 我们谈的是正常情况下。塞尔没有考察偶然的病态情况。另外,我们不敢肯定,谈论病态情况下的"知道"或"了解"是否真有道理。

⑤ 这里当然是以现实主义的方式考察因果关系的,如真实世界中真实实体之间的真实关系(见塞尔:《意向性》,IV,2,第150页)。

特的形式的一种解释。在那些陈述句里,因果关系是以某种描述的形式推出的,可是,我们在任何背景下都无法为它找到落脚点,在任何背景下我们都不可能如此提问题并获得如此的答案,除非是该理论本身的背景。既然脱离任何描述脱离陈述情况的任何定位而考察理由、论证、歉意等毫无意义,那么自然而然,至少在作者所考察情况的某些情况中,可能性本身一下子就被排除了。剩下的问题就是弄清"逻辑联系或内在联系"在这里意味着什么。塞尔以此表示原因(效果的各自原因)是"效果(原因的各自效果)的体现或标志"①的一种关系。对塞尔而言,"标志"即代表满足条件(以及某些状态下的调整方向)。例如,"与任何描述无关",口渴标志着喝的欲望(原因)②,作为意向状态的喝的欲望是满足喝水达到喝水这一效果的条件之一。同样,举手意向是满足举手效果,对花的视觉经验是发现那里有花,曾经被人挤过的经验是发现有人推了您一把等的条件之一。因与果(以及随后的原因之描述与效果之描述)之间的逻辑关系在于"意向内容与其满足条件因果相联"。请注意,在塞尔那里,"标志"是由其内容来界定的。③一精神状态(以这种或那种心理方式)拥有某种内容时即属于意向性状态,该内容"决定"满足条件,即决定使状态得以满足而应该实现的条件。因此,塞尔相继告诉我们,一意向性状态标志着它的满足条件,它决定着它们并与它们因果相联。这里,"原因"一词的意义是什么呢?塞尔指出,"原因"集中地与"使某事发生"这一概念相联系。④意向性因果关系的特点就在于,当我们使某事发生或一事件使另一事件发生在我们身上时,"我们直接实践和体验这种关系"。例如,当我举手时,我的经验的部分内容即"该经验就是使我举手的经验"⑤。同样,"由那里有一束花这一事实所引发的"经验构成我的看花经验的部分内容。因之,意向性因果关系即因果关系的直接经验(非推论性经验)。换言之,在意向性

---

①④⑤　塞尔:《意向性》,IV,2,第150、152、153页。

②　谈论欲望显然不能独立于任何描述。塞尔之所以用了"欲望"一词而没有使用例如"需要"一词,目的在于方便意向性精神状态的分类,他认为,归根结底,这种分类是言语行为分类的根基,后者从前者中找出言语行为的意向性。这使人怀疑,塞尔一再重复的在语用学领域的分类意图(以及与之相关联的可表达性原则),也许较少属于简化元语言工具的努力,而更多的是对语言现象本身的奇怪的漠视。

③　塞尔:《意向性》,I,2,第28页。

第二章 构成性规则及其神话

因果关系中,因果关系是经验内容的构成部分(但不是经验的对象)。①

至于对因果的断定,论据开始时,它们是以"常见解释"的面目出现的,作者意在分析它们的意指。而当论据结束时,它们仅仅成了内心状态的报告,成了某种独特类型的"知识"(知道,了解)的表达。在考察这种转移可能对规则意指与执行该规则的行为之间的关系产生何种后果前,应该努力把塞尔此处想解决的问题确定下来。

塞尔的雄心大概是分两步走,第一步"以把因果关系意向化(intentionnalisation)为方向",然后"再把意向性自然化"②。因果关系的意向化意味着对大体上自休谟(Hume)以来作为所谓"现代"因果关系观根基的某些原则提出质疑。③ 这些原则如下:

a. 因果联系(le lien causal)本身是无法观察的,只有因果的规律性(régularités causales)可以观察。

b. 任何以因果名义被联系在一起的一对事件都是某种普遍性规律性的具体化。人们或者认为("形而上学"派)每个具体的因果关系实际上都被某种规律所覆盖,或者以为("语言学"派)对每个具体原因的肯定都蕴涵着某种因果规律的存在,这一认识是因果"观"的构成部分。两种情况基本上都把因果关系视为一种规律性。

c. 因果规律性不同于逻辑规律性,"一事件引发另一事件时它们的外在风貌逻辑上应该是相互独立的"。与此相对应的是,因果规律陈述偶发性真实。

无可争议,我们的许多最常见的描述中充斥着因果术语或关联术语。休谟自然不会否认这一事实。然而,一旦这类陈述句的意义问题提出后,他却肯定地说,仔细观察确实可以使他从中发现毗邻和承继关系,但是,到此程度后,他无法"走得更远,并观察到一丁点因果个案"④。谈及这一问题时,伊丽萨白·安斯孔布(Elizabeth Anscombe)指出⑤,当一位哲学家肯定"我们所能观察到的全部事物,即 x 或 y"时,我们经常发现,他已经预先从其观察或发现观念中排除了随后宣称未能发现或观察到的事物类型。关于这一点,塞尔非常正确地提请我们注意,例如当我回答要我解释我把脚伸进阴水沟并断定"有人推了我一把"这一事实的要求时,"奠定"我的解释的基础无疑是一种因果关

---

① ② ③ 塞尔:《意向性》,IV,2,第 153、140、141 页。
④ 休谟:《人性论》(*A Treatise of Human Nature*),I,iii,2。
⑤ 安斯孔布:《因果关系及确定》(*Causality and Determination*),第 137 页。

系。然而,如果说断言"某人推了我一把"的真实性对于解释的有效性很有必要,我的解释之所以成为解释、成为准确的中肯的可以接受的解释这一点,却依赖诸多因素,其中某些因素与我的兴趣相关,一些与我的对话者的兴趣相关,还有一些与对话时的背景相关,等等。① 尽管塞尔提供的个例以问题和答案(要求解释和解释)的形式出现并要求——我们重申一遍——确定它们的意指,他却坚持把上述因素的考虑放置一旁。反之,如果我们严肃对待存在于解释与要求解释之间的联系,那么,一方面要考察使我们得以认定某种因果关系确立的标准,另一方面还要考察考虑到这些标准后关系的证实情况。前一方面取决于我们(我们的认同意见),第二方面则不取决于我们。多种"问为什么"和"回答因为"方式的示范以及因果概念的广泛概括(后者足以涵盖其他词汇在称做"家族近似性概念"或"概念领域"中因果术语的大部分用法)可看做塞尔对上述两个方面的默认。但是,这种默认并未落实到因果陈述句的挖掘方面,而是仅仅把句子类型与直接和精神状态之分类相关联的极少数类型对应起来。这样,因果关系与因果解释之间的联系就被割断了,因为解释与要求解释之间的联系被割断。须知,我们不能以同样的方式对待句子

  我把弗努亚尔婶母的坛子弄裂了。

与下述对话:

  ——瞧!弗努亚尔婶母的坛子裂了!
  ——我用笤帚把碰了它一下。

  安斯孔布似乎把前者看做一个因果句,但是,如果它不回答一个问题,就不是一种解释(它可以表示认错、歉意甚至挑衅等)。我们发现,后边的对话并没有使用"为什么"和"因为"。如果我们一定坚持要看到这类标志性术语的出现,那么可以采用下面第二种对话形式,后者远比塞尔的例句"常见",又把我们带回解释本身的定位以及原因与理由的区分。第二种对话形式如下:

---

  ① 这是普特南(Putnam)强调的一点,见《三重约束》(*Threefold Cord*),第142页。

——哎，为什么你要把弗努亚尔婶母的坛子弄裂呢，嗯？
——因为所以！

(3) 解释：原因与理由

维特根斯坦一直强调这一区分。它与构想因果关系特别是因果关系与解释之联系的某种方式休戚相关。在《逻辑哲学论》一书中，维特根斯坦抛弃了因果必然性的概念，只接受逻辑必然性的概念。没有任何"因果关系"（"nexus causal"）①允许我们"从一种情境的实质（substance）中推论出截然不同的另一情境的实质"②。对因果联系的信仰是与我们的自由意志（libre-arbitre）背道而驰的一种"偏见"③，自由意志恰恰认为"我们现在无法了解未来的行为"，如果因果关系论以逻辑推理为榜样，坚持因果关系的"内在的必然性"④，就将捍卫能够预知未来的观点。重新引用受休谟启发的这种批评观点——我们上文已经谈过，塞尔从原则上对该批评提出了质疑——与思考科学领域中因果关系的作用相关。当塞尔在第二步试图把精神方面的因果关系自然化时，他所考虑的也是上述作用。正如他自己所说，归根结底，"我们在认识科学中应该且能够寻求的关于感知、言语之理解、理性行为及其他认识形式的系统解释"类型"相当清楚：我们寻求因果解释"⑤。上述解释是在描述的不同层面给予的。例如，在神经事件层面，解释当然属于自然法则（nomologiques）范畴。意向性内容位于大脑程序的某一辐射层面。该层面的因果关系经验（强调因果关系是经验内容之不可分割的构成部分）不要求了解因果规律（尽管关于这类规律的设想是背景的构成部分）。这样，塞尔就把两个论点融为一体，即意向性因果关系的论点和肯定因果规律之"现实"的论点。把理由解释吸收到因果解释中去的做法正是基于这种双重肯定。

反之，在维特根斯坦看来，"因果规律不是一种规律，而是某种规律的形式"⑥。它既不是一种逻辑规律，也不是一种经验概括，更不是一种先验性的综合命题（une proposition synthétique a priori）。它甚至根本就不是命题。"如果存在因果规律的话，它可以表达出来，如'自然

---

① ② ③ ④ 维特根斯坦：《逻辑哲学论》，5.136、135、1361、1362。
⑤ 塞尔：《认识之阐释》，第103页。
⑥ 维特根斯坦：《逻辑哲学论》，6.32。

界存在着规律'。但是,事实上,我们无法表述因果关系,它是显示而出的"①。所谓的因果规律"仅仅"(如果可以这样说的话)指示一种描述方式,一种对物质理论很重要的描述方式,该理论排除以非自然法则的方式把事件联系起来的可能性。总而言之,它代表某种表现现实之形式的全部"网络",而现实本身却是任性的(显然,这并不意味着我们在该形式范围内建构的经验性命题未向我们揭示任何真实的东西)。②

在《美学教程及对话》(Lecons et conversations sur l'esthétique)和《哲学研究》(Philosophical Investigations)两书中,维特根斯坦首先继续支持因果关系是外在关系的观点,即因果关系发生在逻辑上相互独立的事件之间。恰恰是在谈论遵循指示追踪某系列(例如规则"+2")之方式的规则的活动时,《哲学研究》再次肯定了这一观点。因为在某些情况下,规则不允许我选择以另一方式继续下去,我不得不这样思考问题,即系列的所有阶段都已预先跨越。③ 于是我宁愿把规则想象成一条无限延伸的铁轨,把我想象成铁轨上滑行的机动车。④ 然而,这一形象却只能以错误的方式象征,并非我不能选择(就像铁轨引导我那样),而是我不选择,原因很简单:如果我理解了规则并愿意遵循规则,"那么,只需照规行事"⑤。当然,我可能常说自己"盲目地"遵循规则;这并不意味着我像机器一样遵循规则⑥,而是说我以十分自信的态度遵循规则⑦。铁轨的"象征性"说法是对"规则用法的神秘描述"⑧,这一说法"似乎昭示了因果界定与逻辑界定之间的差异"⑨。这种区别可以理解如下:从因果方面确定的程序涉及发生的事件,逻辑性界定涉及

---

① 维特根斯坦:《逻辑哲学论》,6.36。
② 参阅维特根斯坦:《逻辑哲学论》,6.341—346。
③ 维特根斯坦:《哲学研究》,§219。
④ 我们不妨想想标志着教学努力的下述情形:"好了,我已经把您引上路了,现在您可以独自前行了。"
⑤ 维特根斯坦:《关于数学基础的言论》(Remarks on the Foundation of Mathematics),Ⅵ,§30,第332页。
⑥ 我们在此谨做如下说明:人们只能从生物化隐喻的角度(par métaphore zoomorphique)说一台机器"盲目地"运行。如果我们说"某邪教成员'盲目'追随他们的首领"一句尚有意义的话,那是因为另一种说法也有意义,即他们本可以了解事情原委,明智地、批评式地追随他。但是,因为后边这些用语对于一台机器而言毫无意义,因此,说一台机器盲目运行(例如一列火车在铁轨上盲目运行)也不可能拥有隐喻之外的其他意义。
⑦⑧⑨ 《哲学调查》,§221、220。

第二章　构成性规则及其神话　　　　　　　　　　　　　　　61

"何谓 x 或 y"。但是,铁轨形象仍然非常错误地强调了这里所谈论的区别。与塞尔在意向性因果关系版本中的阐释给人的印象相反,逻辑性界定不是一种与因果性界定相似的或者可以同化的超物质性界定,除了其更加"无情"而外(因为逻辑轨道永不变形)。

第二,维特根斯坦继续坚持不把因果概念之澄清与因果解释的语法相分离的做法。这种综合眼光引导他考察我们日常建立因果关系的方式。调查结果对塞尔热衷于驳斥的"休谟"观的某些特征提出了质疑。开始时最好抛弃任何单一形式的因果观:"因果"概念是一种家族相似概念。因果关系存在着多种多样的"原型":碰撞型(例如台球的碰撞①);拉力型(拉动门闩时锁钉松开);某些机制中碰撞与拉力相结合型;人类对感觉或激情的反应;事物的规律性承继等。因此,上引最后一个因果范式并非唯一的类型。它甚至也不是最基本的类型。因与果的日常的"言语游戏"远非派生于观察和实验,它更多地根植于实践之中,我们推定这些实践又建立在原始反应②的基础之上。

第三,维特根斯坦与继他之后的安斯孔布一样,接受了下述观点(塞尔也接受了这一观点):对于某些因果关系,我们可以立即认识它们(尽管这些认识还不是直觉性认识)。③ 当我们辨认出因果关系的某些典范形式(尤其是建立在碰撞基础之上的形式)时,这种辨认不依赖对规则性和实验的观察。如塞尔所说,我们直接"观察"到一事物作用于另一事物并且立即了解到了原因(并不等于准确无误)。维特根斯坦似乎持同一观点。但是,他与塞尔的不同之处在于,在他看来,这种原因经验应与下述情形相联系,即"因果言语游戏的根基之一应该从这里寻找,从我们对原因的探索中寻找"④。

另外,这里宜谨慎。即使谈论"辨认"比谈论"观察"更正确一些,我们亦不应忘记,这类发现根据人们是否关注精神进程的描述而意义不同。如果人们谈论的是某种精神进程,赋予"立即辨认"的用语将拥有

---

① 继维特根斯坦之后,塞尔亦非常正确地指出了该形象的完整倾向(la prégnance,心理学用语,请读者注意该词的准确意义。——译者注),安斯孔布则以此形象幽默地对休谟批评把这一形象套用到"所有我们能够观察到的现象"的方式反唇相讥。

② 完全出于其他原因,塞尔在这一点上与维特根斯坦不谋而合。参阅塞尔:《意向性》,IV,第 3 页。

③④　见维特根斯坦的文章《因与果:直觉意识》(*Cause and Effect: Intuitive Awareness*),第 371、373 页。

"症状"的价值。如果任何精神进程都不是我们的探索对象,我们的目的仅仅在于描述某些实践(言语实践及其他实践),上边谈到的用语将发挥标准的作用。说"我立即'发现'我之所以一脚踩进阴水沟,是因为某人推了我一把"当然不是避免"我闪电般比较了同类情况"或"我极其迅速地观察并做了实验云云"等错误理念的一种坏方式。反之,这种方式却可以引导我们误入迷津(它已经把塞尔引入歧途),使我们误以为诸如"您不能小心点吗,嗯!"这样的感叹句构成我们使用原因概念的准则之一,尽管这种言语反应不是一种解释,而"街上的一个家伙推了我一下"却是回答"哎,你这双新鞋可真够新的!"一句的一种解释。我们觉得,当维特根斯坦指出:"'我有点局促不安,我知道原因所在'犹如两个东西在我头脑里轰轰作响——局促不安和了解其原因"①,他似乎喻示了类似的东西。因此,原因的立即辨认与言语或非言语反应方式有关,后者可以是或不是潜在精神进程的解释。②

第四,在这里,我们割断了因果关系的直接认识与其"理论"建构或半理论建构之间的联系。维特根斯坦始终坚持《逻辑哲学论》中以略微不同的方式所表达的思想,即陈述句中的"任何事件都应该有某种原因"是一种语法规则。③ 于是,我们不应该把这句话理解为"谈论'无原因的事件'没有意义",而应理解为:我们发展了种种表现形式或规范(或科学规范,或大众规范,但是我们的大众规范或多或少包含一些科学规范),从它们中间寻找某种原因本身是有意义的,(尤其)当后者显得特别难以把握时。

第五,维特根斯坦还坚持拒绝把原因看成强制性的态度。关于这一话题,《卡片集》(Zettel)§608—610④ 值得我们走点弯路,因为它们特别容易引起混淆。在这些见解中,维特根斯坦把他对强制性原因的拒绝态度与拒绝心理主义特别是还原制形式的心理主义(psychologisme réductionniste)的拒绝联系起来,他甚至以论战的口吻喻示说,我们所谓的精神的"秩序"完全有可能从混沌中浮现而出。强制性因果

---

① 维特根斯坦:《美学教程及对话》,法译本,第39页。
② 重申一遍,这并不意味着我们宣判了这类反应之系统发育(la phylogenèse)和个体发育(l'ontogenèse)的死刑。但是,那样就不再是平行的"潜在的"心理进程,而是一段历史(哪怕是部分意义上的自然史)。
③ 见《维特根斯坦的读书笔记,剑桥1932—1935》(Wittgenstein's Lectures, Cambridge 1932—1935),第16页。
④ 同时参阅维特根斯坦:《因与果:直觉意识》,第373—377页。

第二章　构成性规则及其神话

关系的思想意味着,每当某种效果产生于这一情形而没有产生于似乎相似的另一情形时,我们都应该从当初两个事件的结构中找到一定数量的中肯的差别,以说明它们所产生的效果的差别。何种"大脑状态"应该产生何种理念的思想可以与下述思想相比拟:如果两颗似乎完全一样的种子生发出两棵不同类型的植物,那么这两颗种子里应该存在着属于"事物本质"方面的差别,支撑它们的构造生发出不同类型的植物。以为维特根斯坦质疑这种思想的做法无异于充当更多来自格林童话而非严肃科学的怪诞植物学之辩护律师的想法是天真的。无论如何,同一维特根斯坦从来不曾幻想用香料蜜糖面包为他的妹妹玛格丽特建造一座房子。相反,正如伊丽萨白·维特(Elizabeth Veit)①所强调的那样,作为职业工程师和业余建筑师的维特根斯坦强烈地意识到,建筑师应该既"回应某种方案、某种用途",它意味着执行一定数量的规则,又意识到"他所建造的房屋将成为历史的一部分",同时又"理解当时的审美观"。《卡片集》的见解从比人们想象的更接近的思想角度,试图驱逐从事物本质中寻觅"应该"之根源的尝试,而"应该"实际表达的是对表现规范的参与。② 因此,我们"同样可以"(然而也许并非"同样有效地"如此做:我们要完成自己确定的方案,要满足种种用途)把种子史(l'histoire des graines,而非它们的结构)作为解释原则来对待,甚至拒绝任何这类规范。不管我们有何等充足的理由不修改(或某些时候彻头彻尾地修改)某种表现的规范体系是一回事;我们对此无能为力,因为我们以为必须把我们的解释和臆测的"应该"之处建立在事物的本质之上又是另一回事,后者属于神话学范畴。一旦涉及言语问题,这种神话学,与或拥有或不拥有此种或那种还原论观点的精神活动的心理化相结合,就阻挠我们承认一方面本应属于言语自身自我生发行为的地位,另一方面本应属于兼具我们的言语活动、说话者之创造性和规则之规范性(及评价性)性质的整个技术史的地位。

如果我们不想混淆原因和理由之间的语法区别③与触及因与果、

---

① 伊丽萨白·维特:《玛格丽特的房屋,与"现代派"建筑的一种交映》(*La maison de Margaret, une alternative à l'architecture des "modernes"*),第 427 页。

② "而'种子里还应该包含着某种差异,即使我们发现不了它'所蕴涵的指责丝毫也不能改变事实。它仅仅显示了我们按照因果图式看待事物之倾向的力量。"(《因与果:直觉意识》,第 375 页)

③ 参阅雅克·布弗雷斯(Jacques Bouveresse):《哲学、神话学与伪科学》(*Philosophie, mythologie et pseudo-science*),第 4 章。

理由与理由对象（ce dont les raisons sont les raisons）之关系性质的区别，就应该牢记上述这一切。我们没有必要拷问什么是原因、什么是理由，而应弄清楚如何赋予一个原因、如何赋予一个理由。维特根斯坦在《蓝皮书》（*Cahier bleu*）中解释说："当我们赋予曾经做过的某事或曾经说过的话一个理由时，这意味着我们指出了导致该行动的一条路径。"① 有时候，路径就是我们走过的路径，然而有时我们所描述的则是"导致该行动并与人们已经接受的某些规则相符合的一条路径"，我们仅仅能够借鉴而已。还有，有时候"我们的解释发挥论证的作用，而非所做事情的报告"②。

有时候，当我们重构这样一条途径时，似乎觉得应该重新架构一个无穷无尽的理由链条，或者不断地在上方增加一个新理由，或者不停地在两个理由中插入一个理由，不停地构建泽农（Zénon）反论的新面孔。反之，如果我们承认行为理由的链条应该有真正的开端，我们答应"在某个地方停留下来"，而这时为什么的问题仍以十足的暧昧状态再次冒了出来，那么，"我们就真的想指出某种原因而非理由了"③。那么，何谓指出某种原因呢？"声言你的行动有这种或那种原因的命题是一种假设。简言之，如果我们曾经有过一些经验，它们一起证明你的行动是确定条件的正常结果，我们就把这些确定条件称做行动的原因。这样的假设也才是成立的"④。尽管该文本包含着与休谟的共鸣，但是它并不意味着，赋予原因与赋予理由的区别应该使我们放弃承认因果关系能够立即辨认出来这一事实的态度。这里实际上讲了两件事：原因的指出是一种臆测；如果要确认某种因果关系，我们只能依赖于从规律性现象中获得的经验。这两个论断应该归结于联结两个逻辑上互相独立之事件的任何因果关系的外在性和偶发性（externe et contingent）特征。这是问题的关键所在。我赋予自己行动的理由或者有时由他人向我揭示的理由（"哼，睁开眼瞧瞧！你之所以要打碎这个坛子，就是想刺激弗努亚尔姆母！"），我心里一清二楚或者接受他人的意见。正如奥斯汀经常指出的那样，在这些方面，失败比成功更具有揭示意义。断定原因时出现的失误的可能性与断定理由时出现的失误的可能性性质不同。用一条原因代替另一条原因等于改变了假设（不管当初我的肯定

---

①③④　维特根斯坦：《蓝皮书与棕皮书》（*The Blue and Brown Books*），第 14、15 页。

②　维特根斯坦：《美学教程及对话》，法译本，第 53 页。

语气有多强）。而用一条理由代替另一条理由，则是对某情境一个不同面目的发现或承认。由于把重点放在解释类型上，这种通过失败这一侧面考虑问题的方式，避免陷入以为理由与原因相互排斥的思维误区。看书或听报告做笔记时，我总是机械地不知不觉地给左边留下很大的空白。这是很久以前听从中学一位老教师的建议而养成的习惯：留下空白便于事后为匆匆而就的笔记加上评论、出处、称谓等。可以加注解的优点是我上述习性的一个理由；反之，中学的训练和数年间的重复则发挥了原因的作用……如果有人问我为什么我要浪费如此多的纸张，我可以毫不矛盾地回答说："哦！这是一个老习惯了，我甚至根本没往那儿想，但是，当我重新整理自己的笔记时，这倒是很方便。"这样，我就给出了性质完全不同的两个解释：一个原因和一个理由。这时，如果我们回到规则词汇方面来，我们可以说，老教师试图训练他的学生们遵循某种技术规则。但是，我所养成的习惯仅仅与规则的学习方式相关；或者我还可以这样说：我留下空白，因为我学习过这种规则；或者说因为我曾受过这方面的训练。然而，说规则本身是我行为的原因是没有意义的。反之，毫无疑问，它是我的行为的理由，而这一理由必须辅以某种描述，但是，习惯或训练的心理机制却与描述无缘（它们永远只是一些假设）。最后，在解释中，理由与理由对象的关系是一种内在关系：赋予理由等于说出在何种情形下我发现自己的行为。

从某种意义上说，超越对休谟因果观的批评之外，塞尔的战略就是既竭力维持因果关系的"动力"（"efficient"）特征，又竭力维持理由与理由对象之间的内在关系（设想为意向程序），以期能够回答戴维森（Davidson）提出的问题：

> 一个人可以有某种理由完成一项行为，他可以完成这项行为，但上述理由并不因此而不再是他做这件事的理由。理由与它所解释的行为之关系的核心是行为者完成了行为，因为他有做此事的理由的思想。我们当然可以把这一思想纳入论证之中，但是，那样，论证概念就变得与理由概念同样模糊了，直至我们能够理解该"因为"的力量为止。①

---

① 唐纳德·戴维森：《行为，理由，与原因》(Actions, Reasons, and Causes)，第9页。

由此产生了"行为的第一理由即其原因"的论点。① 该论点自身建立在避免由理由与原因的断然区分而重新引入二元论的愿望的基础上,塞尔也有这种愿望,但把它引向了心理化方向。更具体地说,涉及言语行为之完成所遵循的规则时,塞尔在赋予它们以原因作用的同时,试图这样解释言语行为:当我生产或理解一个句子时,我从某种意义上实现了(actualise)已完成言语行为的全部构成性规则,而我对这些规则的了解(在适当的条件下)导致了预定的结果,使我有可能断定自己出色地完成了相关行为或者我深刻地理解该行为。② 在下一章我们将看到,不仅塞尔试图通过建构规则意指之"意向性因果关系"解决问题的方式,甚至他潜在地提出这一问题的方式,都属于把意指变为符号的某种"精神衬托"("doublure mentale")的意指观。除了设想兼具意向性且又被自然化的这类精神进程,规则意指之因果关系的思想在任何时候都很难与"构成性规则"的概念本身相匹配。

---

① 唐纳德·戴维森:《行为,理由,与原因》,第12页。
② 关于导致这类问题的混淆现象以及维特根斯坦抛弃"意指体"("corps de signification")思想的情况,参阅雅克·布弗雷斯:《规则的力量》(*La force de la règle*),第2章。

第三章　精神衬托

Ⅰ. 语言现象的外在意向性与精神"衬托"

1. 问题:"语词如何与世界关联?"

"语词(les mots)如何与世界发生关系?"这一问题构成《言语行为》一书的卷首语。自《意向性》一书的开篇起,塞尔就宣称要以言语哲学是"精神哲学一个分支"的学说为《言语行为》"提供基础"[①]。他想以此说明,言语行为"表现"客体以及客观世界事物状态的能力是"更基本的"精神的生物能量的"外延",换言之,是"以诸如信仰和欲望等精神状态的方式",尤其是"通过行动和感知"把人体与世界联系起来的大脑的生物能量的"外延"。

这种进入论题的方式至少告诉我们,即使是隐晦地告诉我们,如果类似"我不以为谈论椅子会提出一丝一毫的问题,因为我每天都坐在椅子上"或者"我不知道谈论房子会有什么问题,因为我们满目皆是房子"等答案不会令人遗憾地视为反哲学答案时[②],那么搞清语词如何与世界发生关系的问题似乎不会碰到太多困难。究其实质,这里的"答案"

---

① 塞尔:《意向性》,第9页。
② 普特南(Putnam):《三重约束》(*The Threefold Cord*),第12页。

并不是真正的答案,并不比第欧根尼(Diogène)①的步态或穆尔(Moore)②的举手更具答案色彩,反而更多地具有说明人们希望弄清问题到底何在的方式意味。还有,这类巧妙的回答与神经科学关于我们何以坐到椅子上或看到房屋的程序之研究的有效性毫不矛盾(然而谁又想到怀疑它呢?)。它们也不质疑可以帮助我们澄清下述理由的语言学理论,即我们何以可以说诸如以下问题的理由:"你发现这是混砖结构的房子吗?"(Est-ce que tu vois si c'est une maison en briques?),或者:"我清楚地发现这还是一座混砖结构的房子!"(Je vois bien si c'est une maison en briques, tout de même!),或者还有:"我看不出它是不是混砖结构。"(Je ne vois pas si c'est une maison en briques.)但是却不能说:"我看出这是否是混砖结构。"(* Je vois si c'est une maison en briques.)另外,卷首的问题中既没有征象性地暗示某些句子,也没有喻示椅子和房子,而是喻示了"语词"与"世界"。其实,这类"告诫"(ces caveat)没有任何作用,因为问题显然在别处。如果问题在别处,那么在哪里呢? 建立在继黑格尔(Hegel)之后德孔布(Descombes)喻之为"主观主义的"某种精神观基础之上的把精神与大脑相提并论的做法,并非来自经验,而是哲学范畴的事。人们可能会天真地以为这种做法理应成为精神哲学的拦路虎并且只能导致神经科学的认识论,因为就

---

① 第欧根尼(约前404－约前323),古希腊哲学家,犬儒派主要代表之一,生于锡诺帕(今属土耳其)。相传被逐出故乡后前往雅典,师从安提西尼。主张"返归自然"。认为除了自然的需要必须满足外,其他任何东西,包括社会生活与文化生活在内,都是不自然的、无足轻重的。著作有《国家》。——译者注

② 历史上曾有多个穆尔,举手一典不知出自哪个穆尔,但以下述两个穆尔之一的可能性最大。(1)乔治·爱德华·穆尔(George Edward Moore,1873－1958)。英国哲学家,新实在论的主要代表之一,剑桥大学毕业。曾任剑桥大学教授与《精神》杂志主编。1903年发表的《驳唯心主义》一文,一般被认为是新实在论在英国开始流行的标志。提倡常识哲学,认为哲学家如能坚持常识的观点,并从研究日常言语的用法着手去分析、理解与解释哲学言语,历史上存在已久的各种"形而上学"问题就可以迎刃而解。由此他被认为是日常言语哲学的先驱。著作有《伦理学原理》、《哲学研究》、《哲学的几个主要问题等》。(2)亨利·穆尔(Henry Moore,1898－1986)。英国雕塑家、画家。曾就学于利茨艺术学校、伦敦皇家美术学院。艺术观念受埃及艺术、非洲黑人面具和小雕像、墨西哥雕刻(哥伦比亚前期)的影响。第二次世界大战时,曾作表现避弹所情景的素描画一百幅。后期多创作表面光滑的斜倚形象或瘦骨嶙峋形象的铜雕。代表作有《圣母子》、《一家人》、《国王和王后》等。——译者注

其权利而言,大脑运行的经验研究不属于哲学范畴;然而,他们还是不明白,不管以何种方式,神经科学的认识论何以能够回应塞尔拟定的言语行为理论的"奠基"要求。这种要求显然太过分了,即使我们承认一种认识论可以雄辩地确定某种尚待诞生的经验理论的方案。我们将看到,这里涉及的根本不是大脑的运行问题。把精神与人体这一组织相提并论是提出作为确立言语与世界关系的精神与世界关系这一严谨哲学问题的雄辩方式。塞尔试图驱除的混乱现象全都是他的思辨范围的内在现象,与他雄心勃勃试图借助某种理论达到这一目的反而继续保持的混乱现象本质上完全一致。

让我们暂且把"表现"("représentation",标志,标记)语词的选择问题以及精神等同于大脑的问题搁置一旁,而关注一下塞尔从其前提中获得的结论。塞尔的结论是,我们只有了解了精神－大脑"置人体组织与现实相关联"的方式,言语(language)和话语(speech)才能成为"完整解释"的对象。

这里,"言语和话语的完整解释"的准确含义是什么呢? 如果指的是言语现象的解释,那么瞄准潜在的精神程序和状态则有可能使我们错过观察、描述并解释言语现象的独立层面。当然,有人可能会驳斥说,我们假设言语现象的解释已经完成或者正在进行,问题在于解释某种更"基本"的东西。塞尔经常要求我们区分层次,没有什么可以阻止我们建立下述认识图式:模式。如果我们坚持利用塞尔用过的词语,我们不妨把它们称做言语"表现"("représentations" linguistiques)或言语"层面"的表现(représentations au "niveau" linguistique)。各种语言学理论在言语现象的理论化描述的基础上建构了元言语"表现"(des "représentations" métalinguistiques)。这些仅存在于建构它们之理论并且因该理论才存在的元言语表现有助于显示不变因素的特征,即反映现象类别间、语言间等的变化情况。我们可以说,这些理论提供了言语层面能够观察到的现象的解释。即使如此,我们仍然有权自由思辨和估价,以为属于"言语表现"(représentations linguistiques)层面的现象应该构成位于另一层面的"表现"的"痕迹"("traces")。这另一层面,我们可以冒险把它命名为"精神"层面。① 如果我们是优秀的捕蛇鲨

---

① 这种分级是某些程序类见解的简化,我们可以从屈利奥里(Culioli)那里发现这类见解[主要参阅《语言学:从经验到形式》(*La linguistique : de l'empirique au formel*)一文]。

者,拥有足够的顶针、细心、叉子和希望①,我们甚至可以想象,随着认识科学的进步,元言语表现(représentations métalinguistiques)与言语表现(représentations linguistiques)之间的关系有一天有可能对精神现象层面与言语现象层面的关系提供某种"模拟"。然而,不管它的命运如何,这种"模拟"丝毫也不会影响言语层面的独立性,从而也不会影响作为言语层面之理论表现的元言语层面的独立性。这类"模拟"不可能规定言语理论之建构方式的主要理由有两条:第一,只有语言理论与语言现象之经验性的关系能够决定该理论的合适程度;第二,位于"精神表现"层面(为了论据的需要,我们始终假设存在着这类东西)的程序只有一方面通过生物媒介(médiations biologiques)另一方面通过人类学媒介(médiations anthropologiques)才能感知到,因而它们的关联化只能是思辨性质的。此外,单就生物媒介本身而言,截至今日,有关我们所知道的神经程序与我们所知道的如此复杂的语言现象之间的联系方面,似乎尚无任何令人满意的东西能够达到建构的程度。"尚无任何令人满意的东西"并不意味着我们一无所知,也不意味着我们微弱的知识不值得关注,而是说,我们之所知,尤其是我们的认识盲区,肯定不允许我们盲目建立某种"理论",更不允许我们建立某种"基础理论",凭借它,我们判断解释(即使是部分解释)语言现象的观念是否合适。最后,在塞尔过高愿望的这种合理的新组合中,没有任何地方可以提供安置(situer)这种理论场(le lieu théorique,取"经验理论"之意)的可能,使得类似"话语和言语如何与世界发生关系?"这样的问题有点意义,更不可能设想把该问题的答案建立在另一问题"精神(亦即大脑)如何与世界发生关系?"的答案的基础之上。

  关于话语(speech)与言语(language)的第一个问题本身就不清楚。这里,language 显然不能意指"语言"("langue"),即多种多样的自然语言。该词或者意指某些组织的独特能力即言语能力,或者意指言语活动(在塞尔那里可以变通为话语行为)。如果意指能力,它与世界的关系问题比之行走能力与世界所保持的关系问题,既非更有意义也非相形见绌。如果我们谈论的是言语活动,那就等于回到了前一个问题,即所要求的描述和解释"层面"问题。事实上,我们确实不得要领,

---

① "To seek it with thimbles, to seek it with care / To poursue it with forks and hope..."[刘易斯·卡罗尔(Lewis Carroll)的诗篇《蛇鲨的捕猎者》(*The Hunting of the Snark*)的"第四节:捕猎者"(*Fit the Fourth : The Hunting*)]。

不知道这种言语活动何以可以表现为言语形式之生产、辨认和阐释之外的其他形式,而要把言语形式与多种多样的语言分割开又怎能不损害不变因素的探索本身呢?然而,在塞尔看来,确定该活动的表现、调整、索引等各种过程显然并没有向我们"解释"言语与世界的关系。这里有一种涉及奥斯汀戏称为"还需要加以解释"、"此足够尚不足以"等的本质上的思辨情态,深深扎根于对经验做出哲学解释的哲学要求之中。要求获得言语与现实之关系的"完整解释"的"根基"无异于要从"言语之外"寻找它,从某种心理的"他处"寻找它。他们以为,只要把心理"他处"等同于大脑,就可以把它改造为"某处"。换言之,作为意指言语活动的 language 的词义却把我们带到意指生物能力的 language 的词义中去,而生物能力本身并不赋予与世界的关系"问题"以任何确切的意义。

2. 符号派生的意向性

为什么不从言语活动的本身寻找言语与现实之关系的解释呢?塞尔强调说,"在一定的视角下",各种语句与其他客体一样,同为"世界的物质",因为它们不过是一些声响或书写标志,即维特根斯坦经常谓之曰"死符"(signes morts)的东西。塞尔从中得出下述结论,即它们的"代表能力"(标志能力)不可能是"内在的",它应该是"从精神的意向性派生而出"。反之,精神状态的意向性则是它们的"内在东西"。但是,断言音响标志和书写标志乃客观世界之物质不足以证明被否定的它们的内在的意向性应该记在精神状态的名下。其实,精神状态是真实的脑力状态,它们也是现实世界的物质。因此,中肯的区分绝不像我们竭力想象的那样,位于"客观世界之物质"与什么之间——准确地说,到底又是什么呢?——而更多地位于内在与外在之间。一旦无处可寻的语词与世界之关系问题提出后,那么由语言标志所引出的问题就不再是它们的物质性问题,而是它们的外在性问题。归根结底,正因为精神是人的内在的存在,它才拥有某些卓越的特性,而且它所产生的效果迥异于任何其他物质机制的效果。① 在这种语境下,"内在"一词本身也应该接受某种特殊词义,因为相对于其他事物而言,许多东西都是"内在的",但却并不因此而具有"内在的意向性"。在这里,内在与外在的关系只不过是旨在表达其他内容的一种空间化的意象。这里所谈论的内

---

① 参阅维特根斯坦:《蓝皮书与棕皮书》,第3页。

在性类型被用来特别界定精神的特征。于是,我们有可能陷入某种危险的循环圈:"内在"意指"精神",而"精神"又从它所享有的内在性的独特形式中接受其内在的本质特性。这种内在性的可靠特征还可以存在于下述事实,即意向性的内在状态是指人的内在状态,况且——正如洛克(Locke)的古老的经验主义所喻示的那样,他的内在性倾向不如人们通常以为的那样强烈——在"人的内在状态"这个术语中,归根结底,是"人"这个词承担了"精神"特征之"规格负荷"的大头。这样的阐释方法已经改变了问题内涵的一大部分,正如洛克理解的那样,因为人的概念只能从纯粹的精神特征去确立。

无论如何,似乎使塞尔感到难堪的是,一部分现实(音响和符号标志,广而言之,此时或彼时一切可以进入一表现系统的东西)能够表现另一部分现实。"一个语句是如何表现的?",维特根斯坦曾经提出这样的问题。① 它犹若我们放在物体上的这把双面木尺。"它并不说出物体的长度。我宁愿说它本身就是死的,并不完成思想所完成的任何任务"。② 广而言之,"现实的一个片段是如何把另一片段作为目标的?一事件何以能够成为另一事件的影子?"③我们使用这些标志以表述是或不是这种情况,以表达我们的信仰、希冀、恐惧、期待,以发号施令或诉诸要求或提出问题;我们还使用它们表达有关它们的各种意见。然而,我们也可以期待、恐惧、等待、相信、希冀等而一言不发。这就是所有这些心理术语如何映射各种状态、行为、程序、精神事件的思想,有可能设想下述情况,即观察家可能什么也没有发现,或者像人们常说的那样,没有任何东西"浮至表面"。人们可以创造一种"狭隘"的心理术语观念,使得脱离语言符号表达精神现象的做法尚可被人们接受。那么,这些术语表示的就全是严格个性化的"事件"("des événements" strictement individués)。塞尔就是这样把意指(meaning)作为"意向性的更原始形式的特殊发展",以至于"说话者的意指"("speaker's meaning")变得"完全"可以通过这些"本质上并非语言性的"形式来确定。④ 于是,即使大部分"意向"事实上已经"从语言层面获得完成"⑤,言语实现的"完整"解释意味着解释资源(explicants)中包含着"非语言性概

---

① ② 维特根斯坦:《哲学研究》,§435、430。
③ 维特根斯坦:《口述》(*Dictées*),"布伦塔诺"("Brentano"),F 24,第 219 页。
④ ⑤ 塞尔:《意向性》,VI,1,第 194、195 页。

念",换言之,即"精神"概念。这一切就是要人们相信,在精神这个"神奇的领域"①里,这些概念所表示的实体完成了一般语词不可能完成的事情。谈到这一话题时,维特根斯坦曾经说过,只有当我们事后反问自己"事情当时何以能够这样发生的?思想何以能够面对客体本身呢?"时,在我们看来,思想才好像一个"怪物",因为我们觉得,通过其手段,"我们捕捉到了现实,将其收入我们的网络"②。

塞尔认为,"捕捉"现实的能力源自意向性状态"像语言实体一样"所拥有的表现性质(nature représentative),该性质为它们增加了"逻辑性能"③。塞尔不得不写下"像语言实体一样"的字眼,不过我们对后者仅具有派生性表现性能的说法还记忆犹新。人们可以阐释语言实体,如果说语言实体可以阐释,它们也可以不阐释。反之,如果说"我阐释我的思想[我此时此地所拥有之思想(cette pensée que "j'ai" *hic et nunc*)]以确定我之所想"就没有什么意义。至于他人的思想,只要该思想未曾表达,它就不需要阐释,因为它还处于不为人知的状态,除了该思想的"拥有者"。我们说"我不知道是什么"(Je ne sais pas quoi)时同时想着"我不知道该说它什么"(Je ne sais pas quoi en dire)。"我不知道我都说些什么"(Je ne sais pas ce que je dis)一句完全可以接受。无论如何,"当时我不知道我想些什么"(Je ne savais pas ce que je pensais)可能要比显得困惑不解并带有一点宿命色彩的"我不再知道我都想些什么"(Je ne sais plus ce que je pense)更奇怪一些,但是,远不如"我不知道我想什么"(Je ne sais pas ce que je pense)那么奇怪。正如维特根斯坦所说,"当我们思考时,任何阐释都不曾发生"④。塞尔后来也指出,"探询相信下雨了之'相信'的意义是不可靠的……因为相信与意向内容之间没有间隔"⑤,相反,同一意向内容与语句"下雨了"之间则有间隔。

然而,这一切都不是自然而然的事。塞尔向我们解释说,由于它们的表现性质,意向性状态拥有了逻辑性能,像语言实体一样。但是,就其内在本质而言,这些语言实体自身(而这里也正是从自身角度观照语

---

① 参阅维特根斯坦:《蓝皮书与棕皮书》,第 3—4 页。
② 塞尔:《哲学研究》,§ 428。
③ 塞尔:《意向性》,I,3,第 31—32 页。
④ 维特根斯坦:《哲学语法》(*Philosophical Grammar*),§ 86。
⑤ 维特根斯坦:《意向性》,IV,第 46 页。

言实体的,否则它们就不可能提供比较点)却不具有表现性。因此,我们不能说思想的成分与事物之间保持着同语言实体与事物之间相同的关系,而又不废弃基础关系之设想所必要的思想成分与语言实体的区别。无疑,任何反对支持下述观点的意见都不存在,即意向性状态的逻辑结构只有通过这些状态的语言表达才能触及,但是,我们已经看过,它并不允许把后者建立在前者的基础之上。一旦涉及精神状态意向性的反映时,塞尔就不断地借用语言实体。我们可以这样设想,正是语言实体的行为性①才使它们预先具有充任范式的可能。然而,一方面,塞尔坚持"布伦塔诺"路线,那也是他自己的路线,清楚无误地表达了把作为"关涉"(d'être aboutness, d'être "à propos de")之性能的意向性(intentionnalité)与常见意义上的与行为联系在一起的动机(intention)相分离;另一方面,(正确地)拒绝把精神行为(acte mental)概念扩大到所有"状态"②,而保留给"人们的所作所为"③。一次心算或精神上幻化出屈内贡德·弗努雅尔(Cunégonde Fenouillard)的倩影是精神行为,然而渴望、相信或希望她造访您却不是精神行为。但是,我们却不敢肯定,纠正语言的这份关心有助于塞尔的根本目标,因为精神状态即物质现实,为精神状态维系上一种内在的意向性,等于用语言回答一现实如何与另一现实发生关系或一现实如何可以"关涉"另一现实的问题。只要把回答行为中止一会儿,就会发现,如果说言语的"死"标志需要能够捕捉现实的某精神事件的陪伴,那么,我们看不出,精神事件自己又以什么名义而不需要其他东西的陪伴,例如作为其成分"背后"的意指行为或意向兼动机(这里取 intention 一词的双重意义)行为的陪伴。借用言语行为的"外在"范式可以立即停止这类倒退,然而,如果把语言实体提升到把意向性状态反馈到它所代表(représenter,标志,表现)的事物状态的反馈"范式"行列,尴尬依然依稀可见。人们向我们这样解释,这些意向性状态"代表物质及事物状态时'代表'一词的意义与

---

① "语言交际的单位并非人们通常想象的那样是象征、语词或句子,而是某言语行为完成过程中象征、语词或句子的生产或扩张"(塞尔:《言语哲学》,I,4,第16页)。

② "状态"(état)一词也是一个可普遍化的词。塞尔用以拒绝把"精神行为"一语扩大化的论据与日常语言哲学家笔下常见的论据很接近,但是一旦涉及"状态"时,塞尔就放弃了这些论据。于是症结的性质就发生了变化,因为他假设任何"精神事件"归根结底都是"大脑的一种状态"。

③ 塞尔:《意向性》,I,1,第 17—18 页。

第三章　精神衬托

言语行为代表物质和事物状态时的意义相同"①。然而某种保留态度随即而至,因为言语行为仅拥有某种派生的(dérivée)意向性形式,它们的表现方式只能有别于精神状态的表现方式。② 这就是精神状态的情况,其中大部分并非行为,我们不知道它们如何表现或"反馈"现实,即如何与现实连接(塞尔似乎仅以"反馈"方式考虑与现实的"连接"问题)。为了理解这一问题,人们以"语言实体"为范式,但是,这次不再把语言实体视为标志,而是视为行为。那么,用什么区别标志序列与言语行为呢?从"反馈"视点?还是从行为视点?可是,行为本质上并无意向性,因为我们需要精神片段以解释行为的意向性。为什么不能得出这样的结论,即我们同时(à la fois)需要一个(从言语行为中吸取而来的)行为范式和(精神状态为我们提供的)一种内在性的心理条件呢?其解释如下:为了反映精神状态"反馈"现实世界的意义(sens),我们需要通过言语行为,而言语行为也应从决定其构成性规则的条件中看到表意意图(intentions de signifier)。这次,这些意图与行动动机没有明显的区别,带着这些意图,言语范式也引入了说话者,这里的说话者没有严格简化为"大脑",甚至也没有简化为严格心理学意义上的"精神"。

这些模糊之处的一大部分皆因为以为符号(或标志)本身是"死的"或具有"外在性的意向性"的思想。与"有机的"("organique")精神状态相对立的死亡的标志形象源自对某些情境中语言标志可能出现的无生气现象的扩大化。对于我们而言,我们不熟悉的某种语言的声音,我们破解不了的某种文字的符号犹如"死物"一样。即使如此,一种未破解的文字的书写符号也不能与糊涂乱抹或留在岩石上的露珠痕迹相提并论。一种不熟悉的语言的声音不是一堆杂音。标志符号并非随意的声响,这是"话语"观念之语法的构成部分,它们也不是随意的线条,这是"文字"观念之语法的构成部分。塞尔悄悄地把我们带入一个以法语为母语的说话者的情境,有人对他发出 $\bar{a}f\bar{a}$ 的音,并嘱咐他只感知两个音,不理会其他东西。当我们听人讲一种陌生的语言时,我们可以说"我不懂他们说的什么"或者"我不熟悉这种语言",但是不能说"这是一堆杂音"。让我们想想狄德罗(Diderot)在《关于聋哑人的信札》(*Lettre*

---

①②　塞尔:《意向性》,I,2,第 19 页。

sur les sourds et les muets）中是如何把声音现象转化为视觉现象的。①面对目键键盘上的色带，狄德罗的聋哑人没有说"这只是各种颜色而已"，而是说"这是我不熟悉的一种语言的字母表"。这里的全部问题乃掌握一种言语及其"技巧"的程度问题。让我们想想木板上出现的让人难以决断的装饰图案与某种天书符号的差异吧。"正是，"有人会说，"这足以证明，没有您的精神状态，这些图案只不过是一些物质存在而已，与其他物质存在毫无差异，您不会赋予它们任何熟悉或不熟悉的意义"。如果此人想以此说明，在缺乏合适的神经仪的情况下，在某种意义上这些图案对于我犹如一堆废物，就算是吧。然而，我们也同样可以说，如果我没有双腿，我就不可能走进丛林深处并揭开它们的真面目。反之，如果他想说这些标志的"成义过程"是纯粹的内在现象，其程序发生在"我的脑袋里"，那么，他忘了一个基本的事实，即这些木板都有一段历史，我也有一段历史，这些历史涉及面之广、内涵之丰富远远超过显然此时此地发生在我大脑中的程序。塞尔没有天真到无视这类情境、把它们归之于背景之假设的程度，但是，他拒绝下述看法，即由于它们的"外在性"，这些"事实"能够为符号组合的"成义过程"打开一些思路，除非最终又把它们与精神现象绑在一起。

　　从略带"匹克威克"②（Pickwickien）色彩的意义上说，我们可以谈论言语现象的"外在性"意向性，条件是"外在性"一词不表示"派生"之意，且归根结底我们不再有任何"外在性"意向性可考察。在这一意义上，语言实体仅从其安排方式及使用网络中与……"相关联"，即在构成说话者使用和理解一种语言的不同实践中以及言语介入的各种实践中，仅仅因为言语使我们有可能表达所闻所思所想，这些实践本身才成为可能并且才有可能被人们理解。从这个意义上说，一切都在"外边"，一切皆外在。然而正是在同一意义上，一切又都内在于言语（interne au langage），因为与现实的真真切切的并联发生在言语之中。这里，我们发现，内在性意向性与外在性意向性的区分是多么不合适，我们也发

---

　　① 狄德罗：《关于聋哑人的信札》，第19—20页。关于这一序列的完整分析，参阅拙作《聋子的目光：〈关于聋哑人的信札〉中主体的象形文字》（Le regard du sourd : le hiéroglyphe du sujet dans la Lettre sur les sourds et les muets），第93—97页。

　　② 英国作家狄更斯作品《匹克威克外传》中的主人公，为人宽厚憨直。——译者注

现这种区分可能误导我们的方式:主张"言语外"("hors langage")情境的不可能实现的纯语言表现,相对于"言语外"情境,于是便有言语形式外在于他物(精神)之说。

以为符号"言说某事"时其货真价实的用法伴之以某种意向性"精神进程"的想法还有另一理由,这种理由可能是符号的真正用法与诸如由鹦鹉或某种机器发布声音符号之间的区别。两者之间确有差异,这一点争议不大。该差异拥有塞尔所宣称之蕴涵一点却引起了很大的争议。维特根斯坦提出了各种各样的"实验",以证明不存在假设中的对符号的这种陪伴。

例如,假如我们做塞尔不愿做的事,把这种陪伴当做某种精神表现或某种"思想",塞尔虽然一再使用动词或名词"表现"却肯定不这样做。该表现在精神方面所扮演之角色犹如每当我发出"红色"一词时从口袋里掏出的红布样品。维特根斯坦问道,言语符号是否因此而更生动呢?确有许多机会,样品的出示可以告诉某人某词的意义。一位马拉车的收集者可以指出非常自信的粮食酒的爱好者的错误,手指一辆漂亮的二轮轻便马车,告诉他此即 wiski 的意思。在这里,样品(二轮轻便马车)不是"物"(即使它确实是物),而成了(出示例证式)定义的一个成分。集车者和我本人,我们并没有受惠于某个有力的臂膀和某个颐指气使的食指,突然被抛入言语之外的沉默世界。wiski 在出示例证式界定词义的言语游戏中发挥了它的作用,尽管用手指示这一行为是形体方面的,但它依然是一个言语行为。然而,例证式定义中使用的样品二轮轻便马车或一块红布毕竟与"阿泰米斯,围上你的红头巾!否则,坐二轮马车途中你会感冒的!"一句中的语词"二轮马车"和"红色"用途不同。这样,从内在陪伴到外在样品的改造使我们看到,前者并不比后者更多地告诉我们这个或那个用语与现实"联结"的方式。

3. 被重新心理化的弗雷格与"大脑中的意指"

塞尔拒绝了某种把精神状态作为意念—意象之新变形的精神状态观。意向性状态不是这样"表现"的。他借鉴了自己明确认定源自弗雷格(Frege)之意义(sinn)观,但是经过"修订"并延伸到一般意向性,包括感知及"其他自我参照形式"("autres formes de sui-référence")[①]的途径。

---

① 塞尔:《意向性》,VIII,导语,第 236 页。

塞尔从弗雷格那里发现了与用语和客体之关系相关的两个系列的论据。第一系列涉及专有名词之意义与参照物的区分，对他而言，等于说，只要客体"满足"用语的"配置义"（le"sens associé"）并按照用语需要而"调整"（y est "ajusté"），那么该用语就以客体为参照物。塞尔接受这组论据。反之，塞尔抛弃了第二组论据，这组论据设想存在着思想的"第三王国"①。分析塞尔抛弃第二组论据之理由及后果，便于理解塞尔接受第一组论据的解读实质。

拒绝弗雷格之"第三王国"有两个理由，其一为隐性理由，其二为显性理由，我们应该抓住两者之间的联系。隐性理由并非本体论经纬方面的考虑，亦非"捕捉"思想这一概念可能引起的困惑。塞尔更多地反对支撑思想独立论的彻底的反心理主义。显性理由认为，独立论对于反映个人思想之"认同性意向性"（"l'intentionnalité partagée"）和类似性无用。解释两个人可能"想法相同"并且可能"以同一语句寄托相同思想"之现象，并不要求我们肯定思想独立于我们的思维活动并且明显区别于表现，后者是"表现者的特性"②。塞尔没有详细解释反映思想认同现象之良方，也没有明确界定"非个人思想"（pensées "impersonnelles"）、"个人的自我反躬思想"（"personnelles réfléchies"）与"社会思想"之间的区别③，而抛弃弗雷格的本体论似乎要求作者做这样的区分。他仅满足于驳斥弗雷格说："您和我，我们共同拥有某种意义相同的抽象体（entité abstraite），这种意义司空见惯，例如，如果我到伯克利高坡踏青一次，而您如果也一丝不差地沿着同一路线走了一圈，我们即共同拥有同一抽象体：相同的踏青。"④这种貌似简单的比较据说解决了问题，那么就更值得我们略费笔墨。我们假设屈内贡德·弗努雅尔（Cunégonde Fenouillard）星期四沿着姐姐阿泰米斯（Artémise）星期二的路线做了相同的散步。何谓"相同的散步"？比如可以说，两人都从花园出发，沿克利斯朵夫街而上直至工兵营，然后沿着胜利大街而下，直到父母住处的正门。总之，她们沿着同一路线散步。现在，我们假设

---

① "应该接受第三王国。它所包含的内容与无法通过感官感知的代表内容相吻合，也与那些不需要载体、自己屈作载体之意识内容的事物相吻合。"[弗雷格：《思想》（La pensée），译文第 184 页]

② 弗雷格：《逻辑性》（Logique, 1897），见《遗著》（Ecrits posthumes），第 145 页（德文版页码）。

③ 该区别支撑着德孔布（Descombes）的论据。

④ 塞尔：《意向性》，VIII，导语，第 237 页。

第三章 精神衬托

屈内贡德稍微修改了这条路线。她可以清楚无误地告诉姐姐:"我沿着与你相同的路线散步,只不过回来时走的是科西努斯林荫大道。"而阿泰米斯可能反驳(或不反驳)说:"这根本不是一回事! 从科西努斯林荫大道回来要远得多!"在两次出走散步中我们拥有哪些材料呢? 首先是两个显然不一致的个人行为,因为它们是在不同时间由不同人士完成的。其次是弗努雅尔姐妹故镇的"物质"地形。最后是在这一空间中走过的路线。阿泰米斯与屈内贡德的散步拥有相同的地形空间和各自不同的路线。两种情况(从胜利大街返回或从科西努斯林荫大道返回)的比较中重要的是要考虑比较具体的地址体系,舍此,我们便没有散步相同或不相同的标准。在第二种情况下,阿泰米斯与屈内贡德评判散步相同或不同的依据是她们对该体系的认同,即该体系允许对各自散步之描述的认同(花园—兵营—正门这一路线足以成为"有效的"坐标系呢抑或需要更具体的描述?)。任何具体目标都需要这种认同。同样,根据我们对首次和最近一次碰面之细微末节的情感价值,"明天在同一地方见面"一语可以指同一咖啡馆或同一咖啡馆的同一餐桌。这里的关键是对标志体系及其应用标准的一致意见。正因为如此,当塞尔谈论"相同的展示方式"时,只要他没有具体规定何为相同方式,没有说明某种言语中的一致意见(或不一致意见)是什么,他的例子中的上述条件就是空洞无物的。那么现在"相同的思想"的情况又如何呢? 塞尔告诉我们,相同思想的情况与相同散步的情况相似。一旦关于相同路线之要素的不确定问题通过恰当的标志解决后,一位弗雷格的信徒可能会说,两个不同个性"捕捉"某种独立思想的"行为",与阿泰米斯和屈内贡德走过这段路线这一行为相类似。然而,他会立即补充说,关于这种捕捉行为,没有任何有趣之处可谈。须知,这正是塞尔所谴责之处,同时他认为思想的独立纯属多余,因为在他看来,思想和意指存在于"大脑之中"。要使塞尔的例子给我们以昭示,那么相同思想之情况就应该与人们要求阿泰米斯和屈内贡德在小镇地图上标出她们各自的散步路线时她们的答复情况属于同一类型。① 然而我们会立即发现,我们刚刚引入了以相同方式说明两姐妹各自情况、两姐妹应用于自身时都会据为己有之宾语关系的第三项。我们无疑可以像塞尔一样谈论"抽象",但不是"抽象体"意义上的抽象。下述意义上的抽象是存在的:使

---

① 参阅德孔布:《意义的建立》(*Institutions du sens*),第 312—313 页。德孔布以两个学生回答老师问卷的相同答复为例。

屈内贡德得以把宾语"走过了路线 A"应用于自身的东西也能使她产生阿泰米斯走过了同一路线之思想(这一思路对阿泰米斯同样有效)。①说真的,一定说明的假设甚至不必要。如若不是某种言语交流(une transaction langagière)或广而言之的象征交流它又能是什么呢?这种交流,我们在谈论阿泰米斯与屈内贡德有关她们各自的散步路线的讨论时就曾提及过。毫无疑问,把某些宾语应用于自身并设想他人能够做得同样出色的可能性,要求精神方面的某些能力。然而对于这些能力,我们一无所知,我们之所知绝不超过常见心理观念赋予我们的东西。因此,越过象征表现体系以及构成认同之经验现实的对话(les interlocutions)而直接冲向最晦涩之处的做法并未澄清思想认同问题。当然有种种充分的理由拒绝"弗雷格的第三王国"。但是,在弗雷格那里,与捕捉之不可捕捉性以及放弃对捕捉之心理行为的考察相应的,乃设想客观思想是直接投射到符号中去的(在自然语言或观念标记中的歪曲程度不同),以至于思想独立论引导我们考察某言语的符号,而非思辨精神内容之"黑匣子"的所含内容。通过伯克利高地踏青寻求答案的办法是徒劳的,因为塞尔的比较竭力绕过言语并变弗雷格的独立"思想"为"抽象体"。要知道何以如此,我们应该确定塞尔是从何种意义上提出意指存在于"大脑之中"的。

让我们重新回到塞尔断言借鉴的"弗雷格"的第一组论据。切记,对于塞尔而言,语言的参照永远只是一种特殊情况,而且只是意向参照的"派生物",意向参照"永远借助于调整和满足关系而完成"②。"永远"显然旨在禁止任何区分依据满足情况确定客体与依据关系确定客体两种界定的微弱意图。在第一种情况里,作为考察对象之思想即该客体的思想这一事实不要求思想与客体的任何"外在性"并联。思想是"描述性"的,或者还是记录性的(de dicto)。反之,在第二种情况里,思想是所谓再生的(de re),并与客体保持着一定的因果关系。③ 位于意向性"内在主义"与因果性"外在主义"之对立环境中并且反对与自己的意向性因果理论背道而驰的第二种选择的塞尔,必须反对记录性与再生性的区分,以期根据满足情况和调节情况的"描述性"方式考虑思想

---

① 参阅德孔布:《意义的建立》,第 322—333 页。
② 塞尔:《意向性》,VIII,导语,第 237 页。
③ 关于这种区分,还可参阅肯特·巴赫(Kent Bach):《思想及参照》(*Thought and Reference*)的导语部分和第 I 部分。

第三章　精神衬托

与客体的任何关系。这意味着"客体本身（应该）出现在信仰的特征化原则里"("l'objet lui-même [doive] figurer dans le principe de caractérisation de la croyance")①。问题在于昭示，"依赖存在于说话者和听者头脑中的某种精神状态"，依赖某种抽象体之捕捉或具有一定意向状态的简单事实，对话者"才能理解语言参照物"，这对个性说话者行之有效，"对他们所属之语言团体"同样有效。②

麦克道尔（McDowell）指出，塞尔运用弗雷格第一组论据的方式使人联想到主导胡塞尔确定性描述理论（théorie des descriptions définies）的论证方法之一③：确定受分析语词何以能够拥有某种意指，而不管是否有某种东西回应由分析显示出来的规定。用更具塞尔色彩的话说，即我可以拥有我所有的全部精神内容，即使没有外界物质与这些内容相对应。根据内容而"调整适应"("qui s'ajustent")的客体、表现所"参照"的客体（auxquels les représentations "réfèrent"），完全可以不存在，当其载体假设存在或拥有这样和那样特性的客体不存在或者具有不同特性时，肯定精神状态确实拥有某种内容是必要的。客体应该据以调整的条件不应该部分地由客体自身来确定，却可以由精神状态来"表示"("représentables"，表现），与客体的存在或特性无关。正因为这样，塞尔才把一个专有名词意义表达中所表示的条件解读为胡塞尔确定性描述的意指方式。

确实，把专有名词的缩略理论归诸弗雷格是比较常见的事。在《意义与参照》(Sens et référence)的一条注释里，弗雷格指出，人们"可以以不同的方式设想诸如'亚里士多德'这一真实的专有名词的意义"④〔如"柏拉图的学生及亚历山大大帝（Alexandre le Grand）的老师"或"亚历山大的老师，生于斯塔吉拉"〕，但是，他并没有明确肯定专有名词就是变相的或简缩的确定性描述。而且，当他喻示从一客体上辨认出两个不同名词之参照物的不同方式足以赋予这些名词以不同的意义时，他并未因此而支持一名词之意义永远都是确定性描述之等价物的观点，以弄清弗雷格是不是缩略理论家的问题为内容的争论不是这里的话题。反之，重要的是，塞尔的解读混淆了两个很不相同的宗旨。弗

---

①② 《意向性》，VIII，导语，第 238、239 页。

③ 参阅 J. 麦克道尔：《再生型意向性》(Intentionality De Re)。

④ 弗雷格：《关于意义与参照》(Sur le sens et la référence)，法译本第 104 页，注释 1。

雷格对意义与参照的区别以及他的专有名词意义概念旨在反映以若干不同方式确定一参照系所带来的"认识差"("gain de connaissance")①，如以不同称谓命名三角形三条中线的同一交点一例。麦克道尔谈的是这种方式带给参照内容的"颗粒的细腻性"("finesse de grain")，如果仅仅与它们的参照物单独对照，它们便不具备这种细腻性。胡塞尔的问题不同。它以处理包括个人语词在内的存在类命题(les existentielles)而不损害规则的方式为内容。该规则主张存在即具有命题功能的特性(propriété de fonction propositionnelle)，而非个人特性(propriété d'individu)，或者还主张存在的陈述赋予瞬间化(instanciation)这一二级特性。塞尔总体上主张，旨在通过增加内容之"颗粒的细腻性"而产生认识差(un gain de connaissance)的某种特征化形式，应该同时赋予内容相对于存在的独立性。弗雷格不承认类似"N存在(或不存在)"这样的表示法是好结构。当塞尔在《言语行为》一书中认为包含专有名词的语句可有助于产生诸如"埃佛勒斯峰即是珠穆朗玛峰"之类只叙事不加评论式信息陈述句(不仅提供词汇方面的信息)这一事实是对专有名词无意义观点的反驳时，记录了弗雷格的上述拒绝态度。但是，他补充说，当弗雷格拒绝承认支持专有名词有意义的同一论据也解释了专有名词在存在类陈述句中的合理使用时，表现了"典型的反常性"("perversité caractéristique")②。更加仔细地讨论这一点之前，先看看塞尔的内在主义(l'internalisme)是必要的。

塞尔借鉴弗雷格的方式建立在下述思想的基础上，即以为弗雷格的思想观"就其深层而言"是一种内容的意向观，这一事实本身(*ipso facto*)即是"把意指，广而言之，把内容置于头脑中"③的内在主义观念。塞尔一个字一个字地强调"头脑中"一语，他断言"我们的每个信念都应归诸位于短颈大口瓶中的大脑"；而我们人人都是短颈大口瓶中的大脑："大口瓶即是头颅，而输入'信息'呈现为对神经系统的冲击。"④如果某些被错误地推定从周围环境中感知的材料不存在时某些内容即无法给出或表达，我们无法支持这种论点。这种立场似乎意味着人们

---

① 阿里·班马克鲁夫(Ali Benmakhlouf):《戈特洛布·弗雷格》(*Gottlob Frege*)，第93页。
② 塞尔:《言语行为》，第165页及注释3。
③ 塞尔:《意向性》，VIII,1。
④ 塞尔:《意向性》，VIII,3,第274页。

可以接受"展示方式"("des modes de présentation")并非对客体的存在无动于衷,只要(à condition que)这些客体存在于精神之中的观点。如果语言表达方式的生产和理解建立在意向性精神状态之内容的基础上,那么,应该与各种"外在主义者"的反对意见背道而驰,证明严格的内在观拥有意向性精神状态之导向对象客体个性化所必要的所有资源。因此,塞尔强调,导向具体客体确是某些精神内容的一种面貌。如果我们试图通过背景现象和因果现象反映这种导向,如果我们"走出"精神,显然就错过了应予解释且只有以第一人称才能解释的对象。①这里可以看出,用麦克道尔的话说,拥有内容之精神状态的分配勾画了"主观性的轮廓",而在塞尔看来,以为这一任务可包含主观性之构造"以外的"材料的考察的思想从根本上就是错误的。塞尔确实声称不接受确定何为该主观性之后,还需要从主体之外寻找其精神状态导向客体之证据的思想。基于这种态度,他把网络及背景方面的全部关系"拉回"到精神内容中,使意向性因果关系成为精神状态所代表的"满足条件的内在事务",最终把"行为者(agents)与……他们的网络及背景的种种关系"②作为索引关系处理,总而言之,重新关上了瓶盖。然而,当人们把"内在性"界定为"第一人称"式表意手段并要求内容和意指形成于"大脑之中",要求它们能够由瓶中的大脑生成时,我们并非自然而然地谈论同一事物,被要求内容亦并非自然而然地应运而生,以满足特征化的需要。

在分析视觉感知时,塞尔的论证既反对现象主义,因为他对肯定存在着一个真实的"外在"世界持反对态度,也反对表象主义,因为他拒绝我们在如实感知世界的思想。相反,他不停地重复说,(视觉)感知精心设计了对感知对象的"直接接触"。当我看见一把椅子时,"出现在我精神中"的不是椅子的支撑物,而是椅子本身。塞尔把他的现实主义界定为"直接现实主义"(un réalisme "direct"),那么我们就想知道,为什么该"直接现实主义"与主观性构造之真实不能独立于现实的思想水火不容呢?让我们抓住问题的实质。塞尔用精神状态之满足条件来反映意向性内容,意向性内容乃精神状态的内容。在这方面,他明确区别了"条件"的两种词义。一种"满足条件"可以是(a)使意向性状态得以满足所要求的条件——在这种情况下,满足条件本身拥有意向性性能;或者(b)当意向性状态处于满足状态时满足意向性状态的条件——那么

---

①② 塞尔:《意向性》,II,6,第86—87页。

后者是指某种"外在条件"(来自客观世界的条件,"condition du monde")。因此,问题不在于指责塞尔没有区分,他确实进行了区分。问题在于他赋予条件(a)的地位。塞尔主张,对于任何精神状态而言,或者广而言之,对于一主观性的任何构造(包括完成言语行为的某种主观性的构造)而言,这些条件皆可以给予,即使它们是界定瓶内大脑之意向性内容的条件。因此,问题在于这里付诸实践的精神观本身,后者把我们带入"参照系之因果理论"与塞尔的内在理论的交替之中①,带入我们精神状态之满足条件的确定与第一人称和第三人称之言语行为的交替之中,等等。这些交替本身是令人恼火的,把我们以某种内在器官而思考的精神观作为基础、以为抛开我们的大量的言语实践而构建我们之语词和思想触及世界的方式的种种"理论"乃明智之举的思想本身是灾难性的。我们无法在参照即与我们所参照之物(或某些事物)保持一种因果关系的思想与意向性内容内在性地完成参照行为的神话之间做出选择。在拒绝交替的第一分支时,塞尔似乎忘记了外在性约束对我们的陈述内容中以及我们语言的某些内容中所构成的参照价值的作用,或者说他更多地把它们精神化了。同时,为了反映条件(b),他则以直接现实主义呼唤它们。

　　坚持两种要求的做法强化了普特南(Putnam)所孕育的疑惑②。据普特南说,"直接"现实主义较少注重其许诺,而满足于字面的改良,如说:我们不感知我们的视觉经验(nous ne percevons pas nos expériences visuelles),而是我们经历了视觉经验(nous les avons)。大量引入言语与世界之间的精神媒介以解释前者与后者之"参照"("renvoi",反馈)关系的塞尔告诉我们,他发现了诸如感知这样的更基本的意向性结构中正在探讨的"直接"关系。然而,富于表现(标志)本性的精神状态却是按照可作为言语行为之特征的条件"范式"复制具有"启发性的"媒介物的。"视觉经验"的地位即证明了这一点。视觉经验

---

　　① 塞尔明确谈论到交替问题。他说,如果我们主张,"为反映语词与社会的关系,应该引入……用语的陈述与作为陈述对象的世界特征之间的非观念性的、外部背景所固有的那类因果关系",那么,"(他的)意向性分析就是错误的"(《意向性》,Ⅷ,导语,第239页)。

　　② 普特南:《三重约束》,第10页。关于这一点,亦可参阅雅克·布弗雷斯(Jacques Bouveresse):《言语、感知与现实》(*Langage, perception et réalité*),第14页和桑德拉·洛吉耶(Sandra Laugier)的《从真实到日常》(*Du réel à l'ordinaire*),第67页。

是某种意向性内容的载体,它所承载的意向性内容可以以命题内容的形式进行组合。因此,这样的现实主义依然是某种简单的重组事务,因为它局限于某种封闭于我们头脑内部的精神观。

这些困难的一大部分源于内在/外在对立的暧昧性,塞尔在其关于感知意向性一章的开头,就承认这种对立"不接受任何清晰的阐释"①。然而相反,在它们最常见的日常用法中,内部、外部、内在的、外在的等语词接受完全清晰的阐释:简指空间上的关系。当人们试图通过这种对立表达第一人称与第三人称视点之区别时,模糊便开始出现。维特根斯坦指出:"我们应该阐明我们实际应用昭示(内部、外部)隐喻的方式,舍此,我们很可能从我们隐喻中的内部背后寻找内部。"②如果我们希望熊掌与鱼肉兼得,一方面试图避免二元论所孕育之困难,同时又坚持我们能够说出富有意义的话语这一现象的解释依赖于彻底心理化的精神观,转移(le glissement)几乎是不可避免的。塞尔正确地提醒我们,"如果我的躯体及其所有内在部分",包括大脑、神经系统、其中发生的电化学程序等,属于外部世界,内与外的隐喻性使用就不可避免地提出我们究竟从何处找到外部世界这一问题,同时又使这一问题变得难以解决。③然而,这种困境很大程度上是由大脑(我们把精神理解为大脑)是"我们所拥有的自我表现外部世界的全部资本"以及"凡是我们能够使用的东西都(应)位于大脑之内"的思想造成的。如果说我们深知大脑位于颅壳内,这里,我们一点都不清楚的是"我们"将安身何处。正如麦克道尔指出的那样,更糟糕的是,如果我们不"使用"某种东西以"表现",这个东西就是我们的大脑。我们的感知能力、认识能力、情感能力等依赖于有权利接触(事实上十分吝啬)科学考察之脑程序这一点,使我们用大脑或在大脑内思维的哲学思想变得十分诱人却并不包含这一思想。在"我们思考"或"我们感知"中,思考者或感知者是我们,亦即笛卡儿的二元论错误地称做的"复合体"("le composé")。"卡西欧王子的大脑以迅雷不及掩耳的速度记录了问题的资料"是一种借喻,与"弗努雅尔先生富有保护力量的胳臂护卫着他的子嗣的肩膀"的性质相同。一种哲学理论语境中"在……中"和"用"(脑袋、精神、大脑)两个关系的重叠加深了"我们"与"世界"之间的鸿沟表象,要求一系列"机

---

①③ 塞尔:《意向性》,II,1,第 56 页。

② 维特根斯坦:《个人经验与感觉资料摘记》(*Notes sur l'expérience privée et les sense-data*),TER 版,第 6 页。

制"("mécanisme")来填补。这可能产生这样的疑惑,即塞尔没有真正衡量他毅然决然标之以"直接现实主义"所意味的尺度。

我们承认,正如奥斯汀提醒的那样①,只要"直接和间接"的对立与内在和外在的对立一样,包含着不可靠的预设内容,上述尺度就很难把握。奥斯汀特别强调说,在直接感知事务中,间接感知的思想"统揽全局"("porte la culotte"),"'直接地'一词接受它所拥有的与其反义鲜明对比的全部意义",后者自己只有在非常特殊的背景中才使用。② 事实上,塞尔的"直接现实主义"最经常地表现为否认感知对象乃感觉资料(des sense data)或某些"被现代化的"相似对象。把精神与某器官相等同的思想导致两种诱惑的事实使直接现实主义的呼唤更增加了援引的色彩。塞尔竭力拒绝这两种诱惑,它们是:其一,按照多少经过修订的休谟的"印象"("impressions"humiennes)范式至少设想某些精神表现(塞尔似乎主要指责休谟印象的原子说特征),从这些印象出发,精神从事推论工作;其二,因果性地考虑,或者更多参照"自然"因果关系而非意向性因果关系之范式,考虑这些精神表现与周围世界之材料的联系。一旦大脑从其瓶子内部处理以"撞击"形式传送给它的信息的观念出现,对第二种诱惑的抵制显然就会大大减弱。

总之,除非仰仗意向性状态(特别是感知意向)领域的"直接现实主义",否则,严格的"内在主义"的个人参照观无助于澄清我们的言语行为与"外部世界"的关联方式。然而,一旦参照性陈述句的处理逐渐确立下述思想,即我们的全部信念都必须能够由瓶子中的大脑形成而且意指就在"头脑之中"时,我们就再也无法理解,所谓的"直接现实主义",除了做做词语文章之外,其意义究竟何在?这种言辞文章接受下述说法,不妨说我们感知了事物本身,但条件是把它理解为:这些事物按照与某些精神程序之进展相适应的方式进行了意向性的"调整"(调整条件是纯内在的,是精神"表现"范围内的调整)。

这个冗长的迂回有助于捕捉塞尔对弗雷格之解读所竭力排除的内容。正如我们上文提到的那样,塞尔指责弗雷格视存在类陈述句中的专有名词无意义的举措"反常",换言之,即弗雷格强调不可能像陈述某

---

① 参阅奥斯汀:《意义与感觉》(Sense and Sensibilia),第 2 章,§6—7。
② 奥斯汀:《意义与感觉》,第 2 章,§6。随后一段提出了"间接感知的思想可能或应该延伸到何等程度"的问题。

第三章 精神衬托

观念那样陈述某物①的态度"反常"。我们刚刚看过,塞尔以为,如果我们接受这种禁忌态度,它将直接引导到因果型外在主义,因为某具体的意向对象的存在位置不再可能属于我的某些意向性状态的命题内容的组成部分。然而,在弗雷格看来,完全是另一个问题。② 观念与物质的严格区分有助于确定作为完整句子之成分的用语所完成的逻辑任务。在某语句的背景中,而且只有在某语句的背景中,这种确定才能进行。在弗雷格那里,观念与物质的区分依赖于背景化原则,而与说话者陈述该用语时的表现(représentations,标记)、精神行为或状态完全无关。另外,这些表现可以与用语在语句背景中所发挥的作用不相符合。在弗雷格的例子"的里雅斯特不是维也纳"③中,说话者可能为"维也纳"一词的陈述伴之以该城的精神图景。这种做法丝毫没有把"维也纳"作为一个专有名词,这里,"维也纳"与"皇城"一样,是一个观念词。我们很想说"维也纳"是个专有名词,因为它"意指"奥地利的首都,然而,弗雷格建议道,我们应该抵制这种诱惑,因为这样说无异于回答诸如"'维也纳'意味着什么?"这样的问题,而对于一个孤立的名词提出这样的问题是没有意义的。更准确地说,如果提出这样的问题,唯一可能的答案是心理方面的,而非逻辑方面的。我们首先把"维也纳"从任何可能使我们断定"维也纳"一词所出现的整个陈述句的内容取决于该词以物质、观念或关系为内容的背景中抽出来。当然,"维也纳"一词出现的机遇可以是专有名词的机遇,但也可以是观念词的机遇。如果我们一定要坚持"维也纳"处于非此即彼的单独状态,就只能转向"心理"考虑,以期从中揭示出该词的此种用法与它表示一具体城市之可能之间的关系。④ 总之,对于弗雷格而言,当"维也纳"以专有名词之单独状态出现时,它仅与我说出该词时想着城市一事相关。这一现象绝对与逻辑无关,也与有无意义要表达无关。我们不难看出,弗雷格的意见把观念/物质之区分、背景性原则和反心理主义三者紧密地联系在一起。塞尔则极力打碎这种联结关系,其理由我们已经说过。

---

① "我不认为像陈述某观念那样陈述某物是错误的。我以为根本不可能,因为没有意义。"[弗雷格:《观念与物质》(*Concept et objet*),法译本,第 135 页]

② 关于这一点,参阅科拉·戴蒙德(Cora Diamond)在《弗雷格与无意义》(*Frege and Nonsense*)一文中的分析。

③ 弗雷格:《观念与物质》,法译本,第 136 页。科拉·戴蒙德以很长的篇幅分析了这一例子和其他相关例子。

④ 科拉·戴蒙德:《弗雷格与无意义》,第 79 页。

Ⅱ. 内容、满足与调整

1. 内容的术语学

说话者是在完成言语行为的过程中把言语与现实联结起来的。由于精神的内在的意向性，他们才能完成（并理解）言语行为。在这种范围内，语言的参照只不过是意向参照的一种特殊情况，而意向的参照全部是由意向内容决定的。意向内容部分地是由调节关系或满足关系决定的。截至现在，我们一直使用了塞尔分析流程中呈现的这种术语学。现在应该把它作为考察的对象了。

让我们从某种浅显的平庸道理开始：要鉴别一个信念、一种欲望、一种期盼、一种思想等，首先要规定信念、欲望、期盼或思想的内容。我期盼屈内贡德（Cunégonde）的到来。在鉴别我之期盼中发挥鉴别作用的，即它是对屈内贡德的期盼。事情的性质变化很快。显然，屈内贡德不在我等待之地，而且她很可能不来。我相信屈内贡德在听卡西欧王子做演讲，她也可能在其他地方。我想，她一定戴着她那顶漂亮的草帽；不过，这也可能不是真的；如此等等。这就是我的期盼、信念、思想、欲望以及我之期盼、信念、思想或欲望的内容，不过后者有可能发生或不发生：

> 苏格拉底：当我们思索时，是指思索某种事情吗？
> 泰阿泰德：肯定是。
> 苏格拉底：而思考者思考该事情，说明它有可能发生，对吗？
> 泰阿泰德：同意你的意见。
> 苏格拉底：这么说，如果被思索的事情未实现，说明思考者根本就没有思考该事情吗？
> 泰阿泰德：与其相似之事情。
> 苏格拉底：那么，如果什么也没想，说明思考行为根本就不存在。

第三章 精神衬托

泰阿泰德：这一点显然很清楚。①

那么，我们很自然就会想到，我的期盼、欲望、信念包含某种"支撑"、某种代表，代表屈内贡德的到来，代表她出席卡西欧王子的演讲会或者她戴着草帽这件事，人们把它称做"内容"或"代表性内容"②。

"内容"（"contenu"）一词又推论出"包容物"（"contenant"）的意象，似乎内容就在期盼、欲望、信念、思念"之内"，与可能发生或不发生或尚未发生的某"事"相对立，如果后者发生了或即将发生，也一定位于"之外"。因此，罗素区分了信念中的三个因素③：内容，即相信的对象（what is believed）；内容与其"目标"的关系，亦即使信念真实或谬误的事实；最后，不同于怀疑或欲望的"成分信念本身"，塞尔把后者称做"心理方式"④。目标可以实现或不实现，但是内容却必须以某种方式"存在"。无内容之信念不是信念，无对象之欲望乃欲望的缺失，什么也未期盼等于不期盼。⑤ 这里的问题如下：一方面，某信念或任何"意向性状态"的内容不可能等于人们相信的实际对象，因为信念（欲望、思念、期盼）不能包含一件真实事情或事情的一种状态，自然更不能包含未来未发生或可能不发生的事情；然而，另一方面，如果意向状态的内容不等于"意向"对象，那么如何解释实际发生之事（当事情发生时）就是我们思念、期盼、相信或希望发生之事呢？

我们不妨这样说，例如，我的期盼内容仅仅是某种相似之物，并不等于实际发生之事（如果我所期盼之事发生时）。我预料会看到一个"小小的黄色墙面"，它出现了。难道我们应该说我所想象之黄色墙面仅与我在《代尔夫特风貌》（*Vue de Delft*）中看到的黄色墙面"相似而已"？毫无疑问，"当"我预料时有可能想象的黄色墙面不等于弗米尔的

---

① 柏拉图：《泰阿泰德篇》（*Théétète*），189 a 6—14。"那么画家呢，他不应该画点东西吗？——而画点东西的画家难道不应该画一点实物吗？——同意你的问题。绘画的对象是什么呢？例如，是人的肖像，还是肖像所代表之人呢？"（维特根斯坦：《哲学研究》，§518）。

②④ 塞尔：《意向性》，I，2，第21页。

③ 罗素：《论命题》（*On Propositions*），见《逻辑与知识》（*Logic and Knowledge*），第305页。

⑤ 其实，我们平常的心理学术语（和文学术语）要比一般提出这类哲学问题之方式给人的印象丰富得多，然而，这里，正是哲学问题所（必然？）拥有的经常重复的处境使我们感兴趣。

黄色墙面。那么我何以能说这就是我想象的黄色墙面呢?

> ……我们的情况不是与"这里有一片红色痕迹"和"这里没有红色痕迹"两个命题相类似吗?"红色"一词出现在两个句子里,因此,语词本身不能标志红色物的出现。①

一方面,我所期盼之事确实只能与实际情况相似而已(希望看到红色,想象中的颜色是朱红,实际看到的是脂红);然而,另一方面,后来发生之事也完全符合我的期盼。我看见某人准备射击,估计会听到枪声。他打了枪,枪声响起,而这正是我所预料之事。

> 那么这声枪响就以这种或那种方式在你的预料之中了?抑或你的预料与后来发生的事之间仅有另一种形式的契合,而枪声不包含在你的预料之内,只是当预料获得完满之后发生的某种意外的多余之举呢?②

当然,如果枪声未响,我的预料就未曾"完满",是枪声使我的预料完满了。它不是预料完成之后的"多余"之举。那么"预料"的内容到底是什么呢?

> 事件中不在预料之中的事是否就是意外,就是命运"之外"的事呢?——然而这里还有一个问题:什么不是命运"之外"的事呢?某种枪响是否在你的预料中已经发生了?——那么,什么是"额外"发生的事呢?难道我没有预料到全部枪声吗?"枪声没有我预料的那么强烈。"——"那么说你预料中的砰声更响亮了?"③

维特根斯坦这段"苏格拉底式"的对话线条同时昭示了我们常犯的"把逻辑与心理相混淆"的毛病以及"区分我之等待未满足与某预料之

---

① ② ③ 维特根斯坦:《哲学研究》,§ 443、442。

第三章　精神衬托　　　　　　　　　　　　　　　　　　91

事未完成"的重要性。①

　　我可以把我的期盼演绎为一种精神表现。如果这是一幅精神上的图像，相比于后来看到之实际情况，就有可能幻想出更强烈的黄色色调这种可能性（或至少宣称可能如此幻想的可能性），激发我们把幻想"内容"视做事实的某种影子。只要从图像过渡到声音，就足以理解这种做法可能把我们引入何等的荒诞性：我可以"在头脑中歌唱"圣·德·夏庞蒂埃(saint de Charpentier)第三周四《教程》(la troisième Leçon du Jeudi)的"耶路萨冷之歌"，但是，我不可能唱得更洪亮……对"我"的期盼的精神考察没有向我提供一丝一毫关于期盼与期盼内容之完成或未完成情况之间的共同之处。尽管我之失望或满足（取其常见词义）是心理上的，期盼与完满之间的关系却不是心理上的。这是一种"内在的"语法方面的关系，调节某种期盼、思念或欲望用语可能转化为使其完满或失望、验证或篡改该精神意向、满足或使其受挫方面的用语的方式。它不是一种内在状态与一种外部形势之间的和谐，而是一陈述句与另一陈述句之间的和谐关系。正因为如此，我的"主观"期待与事件之间确实可以有某种差距，然而，同时，枪声的预料与枪声本身也确实有着事实方面的一致。精神内容不可能使我们接近现实一丝一毫。"期待与实现是在言语中发生接触的"，而如果"我没有料到如此强烈的枪声"，那是陈述我的预料的陈述句的追溯性重组形式。因为事实本身具有偶然性，因为需要某种经验，从"正是这样"到"不（完全）是这样"的过渡是一陈述句对另一陈述句的代替。

　　"内容"术语学中存在着某种肯定令人迷惘的东西，这种迷惘源自哲学界通过考察某些言语形式而排除另一些言语形式以确定我们的某些精神意象之举。由 S V que p 形式派生出来的名词化做法即是哲学中的常见现象。当 V 是个"意向"动词时，它可以接受一系列不同的宾语。某些宾语事实上还假设一客体的存在。在

　　　　M. Fenouillard a cru Cunégonde(弗努亚尔先生相信屈内贡德)

---

①　安东尼娅·苏莱(Antonia Soulez)：《从一阐释批评的某些材料看维特根斯坦之言语中的意向性观》(L'intentionnalité dans le langage chez Wittgenstein à partir de quelques éléments d'une critique de l'interprétation)，第 89 页。亦可参阅费尔南多·吉尔(Fernando Gil)思路不同的一篇文章《维特根斯坦心目中的期待与完满》(Attente et remplissement chez Wittgenstein)。

一句中,屈内贡德必须存在,弗努亚尔先生才能相信她。然而,显而易见,"相信某人"并非相信此人确实存在,而是相信诸如他所叙述之内容。同样,在

> M. Fenouillard a cru cette histoire de promenade que lui a racontée Cunégonde
> (弗努亚尔先生相信屈内贡德向他叙述的这段散步故事)

一句中,屈内贡德必须确实叙述过一段故事,弗努亚尔才有可能相信她。但是,显然,"相信一段故事"并非相信有人讲述过这段故事,而是相信故事所叙述之内容。在

> Je crois en Cunégonde(我相信屈内贡德)

一句中,en① 的属性和 croire 的属性为我们带来了暧昧性②。如果屈内贡德确有其人,那么我所相信的就不是她之存在与否。croire 的属性之一即它所构成的句子是相对于谓语"croire"所提供之资料系统的一个"主观"参数③而定位的,而作为陈述行为之源的陈述者表示对某种价值的偏爱却并不因此而排除事情之状态有相异的可能性(即另一

---

① 初看上去,en 似乎发挥了"聚焦"的作用:Cet appareil, j'aimerais qu'on m'en explique l'usage, En voilà un qui n'a pas froid aux yeux! Cet automne, j'irai en Irlande, C'est une table en marbre, Moi, des galères comme la tienne, j'en ai connu de bien pires,当然还包括:Je crois en Cunégonde, c'est une vraie Fenouillard,等。

② 另一文句可以解除这种暧昧性。例如:Je crois en Cunégonde, elle a de la ressource(我相信屈内贡德,她的故事有来源)。或者交替形式:Je crois en Cunégonde, les Fenouillard ont vraiment existé(我相信屈内贡德,弗努亚尔一家确实存在)。

③ voir(看)提供一个空间参数,laisser(让)提供一个人物间参数(un paramètre interagentif)等。

价值的可能性)①。从说话者的角度看②,如果没有任何迹象说明屈内贡德可能是虚构人物,那么,Je crois en Cunégonde 即说明我相信她之真诚、品质和能力等。同样,Je crois en Dieu(我相信上帝)一句根据某现代傻瓜回答下述此问题或彼问题之选择,其语义可能有很大的不同:

Et après tous les malheurs qui te sont arrivés, tu crois toujours qu'il y a quelqu'un là-haut?
(经过所有那些不幸之后,你依然坚信上天有灵吗?)
Et après tous les malheurs qui te sont arrivés, tu crois toujours qu'Il va t'en sortir?
(经过所有那些不幸之后,你依然坚信他将救你出火海吗?)

至于经典句:

M. Fenouillard croyait que si l'on dépassait les bornes, il y avait encore des limites.
(弗努亚尔先生相信过了界限之后,还会有其他限制。)

没有必要证实界限之后确实还存在着其他限制,才使弗努亚尔先生相信这一点。

关于 croire 的这几点过于简略的见解还应通过其他表示"命题态度"的动词细致化并予以补充。上述见解的目的仅在于引起大家对两点的注意。第一,在"意向性精神状态"方面,不管您宣扬什么论点,却只能通过言语形式进入精神状态。第二,包括塞尔在内的许多人既忽视奥斯汀或维特根斯坦等哲学家的忠告,又无视语言学家的分析,一味用螺丝刀拧紧螺丝钉。诚然,大部分命题性表态动词(verbes d'attitudes propositionnelles)都可以同 que,that 或 daß 一起建构句

---

① 关于这方面内容,参阅安托万·屈利奥里(Antoine Culioli):《表现、参照程序与调节。作为生产及认识形式的言语活动》(*Representation, Referential Processes, and Regulation. Language Activity as Form Production and Recognition*),第 177—213 页。

② 必要的说明:如果写弗努亚尔家史的克里斯托夫(Christophe)让弗努亚尔父亲说出这句话,从虚构的说话者的角度看,屈内贡德确有其人。但是从陈述者克里斯托夫的视角出发,屈内贡德只是他的叙事中的一个人物。

子，但是，孤立这一功能性性能（语言性能而非玄学性能）并忽视它们的其他性能则有失谨慎，后者并不容易从某些语言转换到另一些语言，特别是英语与法语之间的相互转换。仅举一例：我们可以说

  I believe the story to be true.（我相信这个故事是真实的。）

但却不能说

  *Je crois l'histoire être vraie. ①

  如果有人反驳说，我们似应建立命题态度理论（théorie des attitudes propositionnelles）或意向性精神状态理论之言语的健康的语体建设应该突出由 que（that－clause）引出的补充句（la complétive），那么，就应该思考一下这类形式中 que 之使用与其他形式中 que 之使用可能建立的关系，如下面这种形式：

  Her hat was so fanciful that it offended.
  Elle avait un chapeau si extravagant que cela choquait.
  （她的帽子太奇异，有伤风化。）

  由此我们可以看出，"心理方式"（"mode psychologique"）与"内容"（"contenu"）的区别以及塞尔所钟爱的借助 $S(r)$（其中 S 表示"心理方式"，而 r 则表示"表现内容"）②神奇公式所表达之上述区别的伪形式化，不管是在一定语言范围内所谓"民众心理"的语言表达方式方面，还是"实际发生在精神－大脑里的情况"方面，所能告知我们的东西是何等可怜。曾几何时，人们宣称，语言的加工和行为的提炼是由精神和大脑完成的，然而时至今日，我们对其详情依然一无所知。

  自 $SV\ que\ p$ 始，意向动词本身被一概名词化。于是，人们谈论信念 p、欲望 p、思想 p、期待 p 等。只有一小步之遥，就可以通过动词"$avoir$"、介词 de 或同类介词，把上述名词化与主语 S 组合在一起。于是，S 产生疑虑（il nourrit des soupçons）、保持思考状态（il entretient

---

① 带 * 号的句子属错误句子，因此无法译成汉语。下同。——译者注
② 参阅塞尔：《意向性》，I，2，第 21 页。

第三章 精神衬托

une pensée)、提出种种假设(il fait des suppositions)、处于期待状态(il est dans l'attente)和拥有欲望(il a le désir)等等,这一切形式最终都可以寿终正寝了。常见的另一形式是,把 que 或 that—clause 引导的补充句与表示意向状态的名词化形式联系起来:que p est une croyance (un désir, un soupçon, une pensée,等)。这是一种危险的实践,因为可作相信、希望、预测或思虑之个性的宾项,理论上不能作他所相信、希望、预测或思虑之内容的宾项。见下述对话:

——那么,在您看来,卡西欧在大学的地位彻底受影响了?
——是的。
——这是一个危险的预测
(— Donc, pour vous, la position de Cosinus au sein de l'Université sera définitivement compromise?
—Oui.
—C'est un pronostic hasardeux)

在这段对话里,难道我们能推论说,相关事情的状态是一种预测(危险或不危险)吗? 在我们对语言的日常使用中,很显然,这里的预测与陈述句(l'énoncé)相关联。反之,如果我们把"预测"(pronostic)作为内容的"心理方式",而内容本身又是某种心理状态的组成部分,我们就把一句话乔装改扮成本章开始所提问题的答案,而这句话很快也将不可理解。这样,我们就将通过一系列名词化做法而创立了新的实体单位。须知,一方面,"思念"、"期待"、"欲望"、"信念"等不表示事物类型,当然更不表示涵盖物,另一方面,通常由"que p"型补充句表达的"内容"也不能随意包含在什么东西之内,因为"que p"不是某物的名称。

让我们回到上边已经喻示的观点上来。能够鉴定某思想或到底是"la pensée que p"或"la pensée que q"之任意"意向状态"①的,既非现实世界之事物的状态,也非"包含"在相关状态中的任何其他东西,很简单,而是表达思想的用语的内容(ce que dit l'expression de la pensée)。只要我们局限在言语表达的范围内(因为意向状态也有非言

---

① 从论据需要出发,我们坚持使用了这一术语,然而它本身已构成言语的滥用,除非如塞尔所建议的那样,把心理"状态"等同于大脑的状态。

语表达形式),精神状态的鉴定标准就是这些状态在言语①即这种或那种语言中的表达形式的鉴定标准。谈论"命题内容"("contenu propositionnel")可能有下述优点,即强调许多表示命题态度的动词(verbes dits d'attitudes propositionnelles)经常有助于发现某种预先建构的谓宾关系(如在 S V que p 句型中),但始终存在这样的缺点,即激发我们把陈述句与其内容相分离,冒险把语言形式作为"某种精神物"的无活力的"代表"。因此,当回答"一言语行为何以能够涉及它之外的某事物?"这一问题时,主张一象征符号"自身"不能参照"它以外"的事物、因为它"从内在本质上并不具有意向",反之,一"精神状态"却具备这种能力因为它拥有此种性能等立论属于由内容的术语学所支撑的一套意象,这套意象模糊了与其使用者同为世界之物的语言"言说世界"之方式的细腻性和多样性。

2. 满足与调整

"满足条件"("conditions de satisfaction")和"调整方向"("direction d'ajustement")概念为塞尔提供了一意向状态之"表现内容"的定义的基本要素。这些概念源自言语行为理论,而言语行为理论本身又部分地从形式化言语之语义理论、部分地从行为理论中找到了这些概念,它们被转让给精神状态。按照一幅如今已经被人们所熟知的图式,精神状态是上述行为的基础。

精神表现不再被视为一套意象,也不再被视为一种投放方法,塞尔特意说明了后一点。② 面对"精神状态(包括衍生的言语行为)表示什么?"的问题,塞尔回答说,它们表示它们遵循调整方向的满足条件,精神状态的心理方式赋予它们这种调整方向。调整方向的存在甚至堪当满足条件之存在的标准,因为"满足条件概念既应用于所有言语行为,也应用于拥有某种调整方向的所有意向性状态"③。说某种断定是真是假、某命令是否被执行、某许诺是否兑现等,即规定"成功或失败的非言辞行为按照该行为所固有的独特的调整方向(从语词到世界或从世

---

① 关于这一点,参阅 P. T. 吉奇(P. T. Geach):《精神行为》(*Mental Acts*),第 80 页及樊尚・德孔布(Vincent Descombes):《意义的建制》(*Les institutions du sens*),第 309—311 页。

②③ 塞尔:《意向性》,I,2,第 27、25 页。

第三章 精神衬托

界到语词)①与真实相符合"②。因此,一非言辞行为的满足条件(如一意向状态的满足条件一样)即该行为成功符合真实所应履行之条件,而非言辞行为(外在性地)所代表的,正是这些条件。

塞尔本人亦曾指出,只有做事,才有"行为"可言。那么我们能够毫不含糊地说一行为("言语"行为或其他行为)可以符合或不符合现实吗?塞尔回答说,如果论断属实,该论断行为即符合现实;如果许诺得到信守,该许诺即符合现实;如果一命令有人服从,一请求得到同意等等,即符合现实。而满足和调整概念恰恰反映了行为现实"参照"另一现实的可能性。我们被重新引到意向性精神状态那里,因为如果确实是语句使我们有可能规定满足条件的话,这些语句只"不过"是些"句法玩意"③。如果不拥有源自精神状态的某种意向性,它们并不表示言语行为。这样,一论断之"目的"(le"but", point, purpose)即表现事物的某种状态,只有当它表达某种信念时才有这种可能;一命令之目的在于让某人做某事,只是因为表达了让某人做某事的愿望,该目的才在部分意义上④有可能成立。在这里,信念或欲望是与世界之关系的内在的本质上的载体。

如果我相信 p,而 p 又是真实情况,那么我的信念就是真实的;如果我希望 p,而 p 又确实发生了,那么我的希望如愿以偿;如果我渴望 p,而 p 又成为真实个例,那么我的渴望得到了满足。由此似乎可以推论如下:当我保持某种信念、酝酿某种意愿或希望时,我所保持或酝酿的念头本身可能是不曾得到满足之物。依此类推,一论断行为、一项命令、一项许诺、一个请求本身也都有这种可能。状态与行为有点类似等待建筑的方案:

"作为方案的方案本身,乃未满足之物"(如同希冀、期盼、疑惑等一样)。

我想以此说明,期盼乃未满足之物,因为它是对某种事物的期盼;信念、意见(meinem)也是未满足之物,因为它是有关某事如

---

① 参阅塞尔:《非言辞行为的分类》(*A Taxonomy of Illocutionary Acts*),见《表达与意义》(*Expression and Meaning*),第1章。
② 塞尔:《意向性》,I,2,第25页。
③ 塞尔:《意向性》,引论,第10页。
④ 这里,我们把约定问题搁置一旁。

何、某事真实、某种意见程序之外的事物的意见（auβerhalb dem vorgang des meinem）。①

该表现源自另一表现，据后者之意，"希冀似乎已经知道行将实现它或可能实现它之事物，命题、思想似乎也已知道行将使它们变为真实之事物，即使后者绝对不在场！"②而我们不禁要问，希冀和思想何以能够完成上述程序，除非它们"包含着"实现前者并使后者成为真实的某物的支撑物。一切似乎说明，我之思想、意见、渴望构成某种"模具"，某种凹陷空间，现实行将提供或不提供其填充物，或者世界和现实尚未达到高度"流体"状态，即被"调整"入瓮。这里，我们竟相玩弄着满足和未满足的两种"原型"：罗素（Russell）思想中的心理生理雏形（prototype psychophysiologique），把"满足"与欲望或需要平息之后的同态调节型"宁静"（"quiétude" homéostatique）联结起来③；由维特根斯坦开发的空心圆柱体的机械原型，活塞运行其间。④ 我们稍后再回到机械原型上来；与罗素的原型相反，机械原型从调整中抽象出满足概念。

假设我以为明天会下雨。如果明天下了雨，是否可以说直到明天我的信念处于"未满足"状态，如果不下雨就一直处于"未满足"状态呢？诚然，"满足条件"论的任何理论家都不会支持这种荒诞说法的。然而，如果宣称一信念在某种条件下才得到"满足"，同样，一欲望在某种条件下才得到"满足"（调整方向当然除外），上述说法难道不是很自然的事吗？有人可能会反驳说，在两种情况中，"满足"一词都取其特殊的"技术"意义，那么，"欲望"与"满足"之间的联系就变得有些神秘了。这样，按照该词最常见的意义，"满足"表示某种感觉、情感或状态〔"瞧着自己的几个女儿，弗努亚尔先生感到了极大的满足"（感觉或情感），"费尔马（Fermat）猜想终于成了一项定理！这一荣耀使科西努斯老人沉浸在

---

①② 维特根斯坦：《哲学研究》，§438、437。

③ 伯特兰·罗素（Bertrand Russell）：《精神分析》（*The Analysis of Mind*），第75—76页。

④ "……我们的未满足的原型是什么呢？是凹陷的空间吗？人们会说它未满足吗？这里难道不也是一种隐喻吗？——我们所谓的'未满足'难道不是一种情感、一种饥饿感吗？在一种特殊的表达体系里，我们可以借助'满足'和'未满足'等语词描述某客体。例如，如果我们规定空心的圆柱体叫做'未满足圆柱体'，那么填补其空间的实心圆柱体就可以称做'前者的满足'"（维特根斯坦：《哲学研究》，§439）。亦可参阅维特根斯坦：《哲学语法》，第87页。

第三章　精神衬托

莫大的满足之中"]。但是，penser, croire, avoir l'intention de ... 或 vouloir 不是感觉①，况且某些情感或感觉只是因为预设了信念或欲望才有满足条件一说，因此，"满足"一词可以较少从这一角度去理解。

还剩下"满足"的技术用法。该用法在《意向性》里并不清楚，但是在范德维肯（Vanderveken）那儿和塞尔自己的《社会现实之建构》（La construction de la réalité sociale）里就变得很明朗了，该用法是作为他捍卫对应性真实理论的附件。② 范德维肯解释说："一言语行为的满足概念建立在对应真实概念的基础之上。"只要我们像范德维肯那样，不谨慎地把这类观念赋予塔尔斯基（Tarski）③，我们就应该用真实之语义理论的术语，把"满足"概念理解为客体与命题功能之间的某种关系。于是我们可以说，它所派生的意向性使每个非言辞行为"导向由其命题内容所表现的事物状态"。使一言语行为得以满足的一项必要条件（但尚且不充分）即"命题内容准确表现某些事物在现实中的方式"。截至现在所指出的它的暧昧性因此而消失了吗？一点也没有。因为这里仅涉及言语行为的命题内容，言语行为也拥有某种语力，非言辞目的（illocutionary point）即是这种语力的主要成分。④ 非言辞目的与行为之"诚恳条件"（la "condition de sincérité" de l'acte），换言之，与意向状态之心理方式保持着复杂的关系：从言语行为的严格视角出发，目的决定着诚恳条件；然而，从言语行为之意向性的派生特征考虑，该目的至少部分是由所表达的精神状态决定的。而最终属于心理因素的非言辞目的决定着言语行为的调整方向。因此，塞尔宣称，在确定非言辞力量的特征时，目的、调整方向和诚恳条件是最重要的因素。⑤ 因此，这里，

---

① 关于 vouloir 一词，该说明可与对作为因果机制的 Je lève mon bras 一句的批评联系起来。关于这些问题，参阅安东尼娅·苏莱（Antonia Soulez）：《论意志的自由游戏》（Essai sur le libre jeu de la volonté）。

② 丹尼尔·范德维肯：《言说的行为》（Les actes de discours），第 134 页；塞尔：《现实的建构》，第 9 章。

③ 塔尔斯基表示接受亚里士多德式的公式，并认为关于真实的对应性的现代阐释导致"各种误解"，未能建构起"令人满意的真实定义"[艾尔弗雷德·塔尔斯基（Alfred Tarski）：《真实的语义观与语义基础》（The Semantic Conception of Truth and the Foundations of Semantics），第 55、71 页]。

④ 塞尔：《非言辞行为的分类》，见《表达与意义》，第 2—5 页；范德维肯：《言说的行为》，第 108—113 页。

⑤ 塞尔：《非言辞行为的分类》，见《表达与意义》，第 5 页。

归根结底,我们不可能把满足概念的逻辑用法与其心理用法隔离开来。

如果可以借用一句熟语来表达,塞尔似乎想鱼与熊掌兼得。他需要拥有一个语义学概念,使他能够同时反映言语行为的意向结构和支撑该结构的精神状态的结构。精神理论把精神等同于大脑的同时,"并不否认精神现象之独特的精神风貌的实际存在及因果方面的有效性"①。言说此种精神理论经常使塞尔最近距离地面对常用心理学词汇。但是,与奥斯汀和维特根斯坦不同的是,他没有认真迂回一下、研究一下心理学词汇,哪怕是为了得出精神理论在心理学中无用武之地的结论,或者承认,总而言之,这是我们所拥有的区分最细、最有使用价值的体系,条件是能够描述其语法。结果是,远未驱逐某些意象,相反,此处用法与背景、彼处背景与用法的不吻合更强化了它们的完整倾向。布弗雷斯(Bouveresse)指出,"由于无任何意外性的理由,这些理由甚至仅属于应予解释的性质",心理学理论,包括调动能够使其最大限度"坚挺"之种种工具(顺便说明,这不是塞尔的情况)的理论,远远超过它们自己的希望,更多地依赖我们日常的心理表达形式。当它们迫使日常心理表达形式发生偏移,脱离背景或进入新的背景建构时,"它们自以为有权忘记这一问题,即主导日常心理用语之用法的准则","在它们需要使用它们的情境下"是否还适用,"并且以为可以继续如此使用"②。

此类模糊性的另一根源在于用"满足"修饰一真实信念。它可能使人以为,一信念自身是未满足的,亦即"虚的"("fausse"),而信念、思想或意见自身既非真实的又非虚假的,而是真实的或虚假的(还有其他可能)。有人会回答说,我们根本没想表达这种意思。信念或意见仅"等待"肯定或否定其价值,它们自身不能提供这种肯定或否定。它们只是构成了,由内容来鉴定它们——这种预先把内容与"方式"断然分开的做法在心理学上是有问题的——由条件之表现使它们变得真实或虚假。实际填补(或不填补)这种等待状态的,是"客观世界的条件"、是精神状态或言语行为之外的外部现实。这里的问题到底何在呢?设想可

---

① 塞尔:《意向性》,跋,第 312 页。
② 雅克·布弗雷斯(Jacques Bouveresse):《言语、感知与现实》,第 229—230 页。同时参阅克里斯蒂亚娜·肖维雷(Christiane Chauviré)的文章《哲学可融于科学吗?受质疑的认识论》(*La philosophie est-elle soluble dans la science? Le cognitivisme en question*)。

第三章 精神衬托

以这样言说信念和意见而不应用极粗糙的心理学，这种表达方式可能使人以为，信念与世界条件之间的对应关系犹如两个"物"或两件"事"之间的关系一样。当"调整"意象前来补充"满足"意象之时，我们的猜测得到证实；调整意象把我们带回维特根斯坦的机械原型、圆柱体和活塞学说。

在一定的表达体系中，我们可以规定①，"未满足的圆柱体"表示等待其活塞的圆柱体，活塞表示其"满足"，但是，这种方式在描述诸如表示某人以为如此与表示事情本来如此之间的内在关系和语法关系时，很可能是一种误人子弟的方式。事实上，活塞与圆柱体配套（s'ajuste）与机械师是否把活塞嵌入圆柱体无关。然而，如果我以为屈内贡德欺骗了我，她对我不忠这件事（如果这是"事实"的话）如果不与表达我的信念的言辞"关联"（"être ajusté"）起来（以这种或那种符号体系），其自身是不能"存在"的（即使该事实可能"存在"）。这里的某种东西似乎很奇怪。让我们更仔细地考察一下两种情况。在活塞个例中，术语与圆柱体"配套"（s'ajuster au cylindre，"保罗，把与圆柱体配套的活塞给我拿来！"）和术语与圆柱体"装配"在一起（être ajusté au cylindre，"好啦，活塞总算装进圆柱体了！你瞧，保罗，事情并不难。"）之间，是有差距的。不管机械师是否把活塞嵌入圆柱体，活塞与圆柱体配套（"va avec"）是无可置疑的。我们不妨这样说，"配套"（"aller avec"）是一种潜能（une potentialité），而"装入"（"être ajusté à"）则是一种现实（une actualité）。然而，在"我以为屈内贡德欺骗了我"这一个例中，没有任何可能区分潜能与现实，除非我们以这种或那种方式把符合信念的东西视为可能世界中可能发生的一种事物状态。但是，即使我们接受这种区别，它也根本不是我们所探讨的对象，因为"配套"是事件的实际面貌、事物的实际状态或行为的完成。调整不是这种面貌，也不是活塞本身，而是活塞进入圆柱体这一过程。圆柱体与活塞隐喻所提问题之一即境遇引入相互独立、完全互为外在之物的两个物质，它们之间的关系是一种可能。而这恰恰是我们在信念与一事物状态之间、期待与事件之间、意图与行为之间、命令与执行该命令之间的关系个例中所没有的。我们可以说，在圆柱体与活塞个例中，一种方程式描述或"表示"圆柱体的内壁形式及活塞的外壁形式②，如同某意向性精神状态"表示"其满足条件一样，并因此而论证如下：在意向性精神理论中，言语行为

---

①② 维特根斯坦：《哲学研究》，§439、134。

堪作典范,因为同一言语形式既描述事实又描述精神状态。真的如此肯定吗? 如果我相信屈内贡德欺骗了我,那么肯定不是"屈内贡德欺骗了我"(命题内容)来描述我的信念这一精神事件的。"我相信"是必不可少的,拥有一定数量的运作性能,拥有一种"语法",我们不可能把它们浓缩为指出某种"心理方式"和某种调整方向而已。

　　上述情况可能为我们指出了这些困难的一个来源。调整关系借自最经常表示物质之间的经验关系,人们把它应用于思想与现实之间的关系。然而,"如同一切形而上学范围的事一样,思想与现实之间的和谐应该从语言的语法中寻找"①,满足条件和调整方向的术语学不表示精神与现实关系的经验学说,而是人们为使用某些符号而规定的一种规则,例如:"(希望 p 成为现实)=(希望被 p 事件所满足)。"这样,在最佳情况下,精神事件的插入也是多余的。我们在现实中应有尽有,在语言中也应有尽有。

　　两个配套物质,其中之一永远可以独立于另一个而予以描述的意象引导我们如是想,即等待现在是精神中的某种事物,其对象是随后出现(如果出现的话)的另一事物,在等待与满足等待的事物之间,是一种配合关系。而精神中的某种事物诸如我期盼屈内贡德之到来究为何物呢? 对这种期盼,人们可以提供各种各样的描述,但是,这些描述中没有任何东西"标志"("représente")屈内贡德到来这一事件本身或与该事件相匹配(s'ajuste à)。更有甚者,我们用行为术语和精神程序术语所能描述的任何东西中,都非必然需要包括任何与屈内贡德到来这一事件相"匹配"("d'ajusté")的东西。

　　其实,当我们说该期盼是对屈内贡德之到来的期盼,或者该信念是相信将要下雨的信念,或者该欲望是希望度假的欲望时,我们既没有描述期盼,也没有描述信念和欲望[尽管我们可以描述(取其常用意义和文学意义)相信、等待或希望这事或那事时的情景],而是借用一种言语形式,指出等待的对象,规定等待的内容或把它个性化。我们亦可以使用这种言语形式的第一人称来表达期盼:"我期待屈内贡德的到来。"

　　由此可以清楚地看出,我们应该走出精神状态的"内在性",从而正视我们面前的经验和言语。相互"配合"的,是说明事件的一定言语形式与表示期待、欲望、信念的一定言语形式之间的配合。那么现实、"经

---

　　①　维特根斯坦:《卡片集》(*Zettel*),§55。参阅维特根斯坦:《哲学语法》,§112。

验"呢？正如奥斯汀提醒的那样，没有任何理由，或者设想"只有陈述句本身是真实的，它不与任何事物相对应"，或者"居心叵测地让世界充斥着语言幽灵（Doppelgänger linguistiques）"①。经验在其偶然性中行将决定是否满足我的欲望，结束或继续我的期待，决定我的信念是真是假，但并未因此而填补一方与另一方的"根本间隙"（"hiatus fondamental"）②。间隙而非不可公度性（incommensurabilité），因为除了言语之外，其他地方皆无公度性可言。因此，我们还可以看出，配合术语学与内容术语学同样不恰当。说屈内贡德的到来满足了我期待她到来的愿望，这是语法造句。在"屈内贡德到来这一事件"与"满足了我之愿望的事件（屈内贡德的到来）"之间，陈述情境的定位方式不同，在一种语言中，正是这些标志规定语词与现实的配合，使"言说现实"成为可能。

总之，如果"根据一定配合方向表示满足条件"仅指陈述句之间的某些语法关系，例如在一语言中作为真实人的我们③与我们之外的现实或与我们这一真实的某些层面所保持的关系，那么该公式不啻徒劳的欺人之谈。但是，如果其用意在于挖掘言语之精神衬托层面，它即是灾难性的欺人之谈，因为既然旨在建立言语与世界之关系，它最终却逃避了前者。

Ⅲ．signifier（意指），vouloir dire（想说、意味）

1."vouloir dire"的习惯及滥用

想象精神进程与符号的生产和理解"同步"还有另一理由。确实，言语之"合理的"（"sensé"，明智的）或"深思熟虑"的使用促使说话者通过他所发出之语词"意味"此事或彼理，但是，这个显而易见的道理并不肯定我们归诸说话者或其语言社团的潜藏着意义的意向必然达到使陈述句表意的结果。只要我们把"意指"（"signifier"）、"意味"（"vouloir dire"）、"深知"（"savoir"）、"期望"（"désirer"）等想象成"状态"，意向性或思想就好像隐藏在表达它的符号轮廓背后的某种怪物，不同于表达

---

① 奥斯汀：《真实》（*Truth*），见《哲学论文集》，第123页。
② 参阅安东尼娅·苏来：《维特根斯坦论言语的意向性》（*L'intentionnalité dans le langage chez Wittgenstein*），第91页。
③ 而非"作为头颅中之大脑的我们"。

方式本身。这里,我们回到一种岂止错误,而是十足欺人之谈的古老观念。按照这种观念,言语的目的就是表述思想,而思想乃说话者说话时"想说"并说出的"披着"言语包装的东西。1919 年的罗素提供了这一观念的非常明确的版本。他写道,"假如我相信将要下雨了,但是未用语词表示这一信念(即未用'语象',而用单纯的意象)",那么有三个程序发生。首先,我构建一系列精神意象,组成"一个由意象组成的复杂事物,其结构类似于使信念成为真实的客观事物的结构"。其次,期待发生,"这种信念形式以未来为参照"。最后,复杂意象物与期待之间有一种关系,使我们得出复杂意象物"就是我们期待的对象"①。重要的是,一个语句、一个复杂的象征,意指它所表达的思想,并且拥有客观参照系,后者取决于"构成型精神意象"的意指。用一系列满足条件代替精神意象,如果这些条件得到满足的话,信念即成为真实,塞尔肯定"意指存在于头脑之中"这种做法简直就是上述图式的翻版。② 其结果是,说话者传达给听者的这些意指要求后者对说话者陈述的东西进行"阐释"。

我们必须设想这样一套建构以反映意指吗?假如弗努亚尔父亲先生突然走进我与屈内贡小姐交谈的房间,他向我做出某种手势。我问他想以此向我表达什么意义,他回答我说:"我想以此向您表示,先生,我命令您离开这间屋子!"维特根斯坦指出,"我想以手势向您表示的,正是我想以语句'我命令您离开这间屋子'所表达的意思"这个答案并非高明一些。他评论说,我们可以说"意指(das meinen)落到了言语之外,因为一个语句的意指(meint)是由另一语句说出的"③。维特根斯坦在此提醒我们,关于"您此话怎讲?"("Comment l'entendez-vous?")或"您想以此说明什么?"("Que voulez-vous dire par là?")之类问题的答案经常以迂回方式(une paraphrase)或以注释方式(une glose)给出。关于该话题的调查对象不是可陪伴陈述句的精神状态,而是一定程度上有控制的和可预见的、相互之间保持某种亲缘性、某种

---

① 罗素:《论命题》(On Propositions),见《逻辑与知识》,第 309 页。
② 当然有区别,但其区别之处对于我们这里关注的话题无重要意义。
③ 维特根斯坦:《哲学语法》,I,3,第 41 页。

"家族相似性"的陈述句的变化。① 这些变化意味着陈述句的某种变形（déformalité），它是说话者在其话语中的在场的见证，这种在场直接（à même）表现在形式的安排上（不是在"背后"或"下面"），犹如置身语言制约内部的某种"艺术"（jeu，取"领导中有艺术"中的"技艺"之义）。②

言语哲学家们关注说话者在他们的陈述句中的直接在场这种"形态学"③的困难，部分源自意指位于"某处"④思想对哲学的影响。

让我们首先回顾一下下述情况，当有人要求我们澄清自己的意思时，如果没有任何模糊或暧昧之处支持上述要求，我们可以回答如下："我想说的正是我所说的"（"J'ai voulu dire exactement ce que j'ai dit"），它与"我准确地表达了我想说的内容"（"J'ai dit exactement ce que je voulais dire"）一句的意思绝不相同，后者可以回答"他们真地让您说话了？"一类问题。诸如"你真的像你说的那样想吗？"或者"你真的想说这吗？"等问题的目的并非抽取我们关于自己精神状态之优越"知识"的一个片段，而在于肯定我们的严肃态度或我们对刚刚说过的话的后果承担责任的心理准备（但并不因此而否定诸如"精神上的保留"概念的中肯性或"我心里想的不亚于此"等答法的恰当性）。至于诸如"我想说的，其实就是……"一类重复方式，目的在于纠正某种口误、错误、缺陷或未被理解的表述方式。它并不标志对某内在状态的更细腻的观察，恰恰相反，说话者所说的并非他"真正"有意想表述的内容，或者说话者试图取消他刚刚有意表述之内容。这种情况下的歉意与遗憾地屠杀一头毛驴的歉意同样值得奥斯汀为之辩护。这里所发生的不是"内省"，而是货真价实的言说层面。同样，当我"寻找正确的用词"而仁慈

---

① 诚然，在维特根斯坦那里，"家族相似性概念"（"concepts de ressemblances de famille"）是指观念（概念）而言。但是，我们以为，如果只有在观察用法时，这些相似性才会出现，那么应该考察"陈述句家族"（"familles d'énoncés"）。

② 当两个陈述句被视为同义句时，它意味着在实践中，它们之间的差异被取消或搁置，而突出它们的相似性。参阅卡特琳·弗克斯（Cathrine Fuchs）:《迂回形式与陈述行为，兼及其他》（*Paraphrase et énonciation*，*passim*）。

③ 该术语当然未取其词内在结构研究的词义。由于没有更好的术语，我们用它表示言语形式即言语安排的研究。

④ 我们承认，英语的"meaning"、"to mean"或德语的"meinen"、"das meinen"、"meinung"比法语的"signification"、"signifier"更能助长意指整体化（entifier）和心理化的倾向。但是，在哲学领域，人们经常无视目标语言的特殊性。

的灵魂向我提供了令我满意的语词时,灵魂和我,我们拥有判断这正是"我之所想"的标准所需要的所有要素。

我们还可以把这些零散的见解说得更具体一些。我们不妨指出,在法语中,"vouloir dire"既可以分解为一个动词加前边的模态动词(语式动词,或近乎模态动词),也可以上升为一个语词形式的意群整体。试比较:

  Ça ne veut rien dire.
  Je ne veux rien dire.

与

  Tu veux vraiment dire par là qu'Artémise est venue à la place de Cunégonde et que tu ne t'es aperçu de rien?
  Tu veux vraiment tout dire à Cunégonde?

"说"与"做"一样,是一种"实现性谓语"("prédicat d'effectuation"),意味着某种事物的生产或建构。从无到有的(间断性)过渡可以在诸如"我将全部告诉他"(Je vais tout lui dire)的预建构基础上实现,后者表示有话要说这样一个完整的旅程。从无到有之间的间断性使"说一个词吧"("Dis un mot")的说法完全正确(试想想组词游戏的背景吧),因为我命令你从无过渡到有(一个词),但是,"＊Dis le moindre mot"①的说法却不能接受,因为 moindre 已经意味着某种事物情形。反之,我们完全可以有下述说法:Rapporte-moi le moindre mot qu'il aura prononcé(把他讲的一字一句都给我带回来),因为 rapporter(与 noter、observer 等一样)可视为"记录性谓语"("prédicat d'enregistrement"),意味着记录对象是一种预建构。但是,Dis le moindre mot...加上威胁的手势,却是成立的,因为这个陈述句可以理解为 Dis le moindre mot et je t'en mets une! 或者 Si tu dis le moindre mot, je t'en mets une! (你若吭一声,我就揍你!)。这里,假设预建构着可能的实现行为,其行程被一个令人遗憾的暴力行为立即打断(moindre)。这里,dire 与 faire 一样,我们可以说"Fais le moindre geste et je t'abats,

---

① 带＊号的句子属错误句子,因此无法译成汉语。下同。——译者注

第三章　精神衬托　　　　　　　　　　　　　　　107

crapule!"("混蛋,动一下,我就把你撂倒在这!")但是不能孤零零地说 "*Fais le moindre geste!",后边什么也没有。

因为 dire, prononcer 等词与 faire 有相似之处,我们才可以"想说" ("vouloir dire",其中的"dire"模态化)某事,然后说或不说,全说或只说一半,等等。相反,即使在词汇史上,"vouloir dire"(可理解为"意指"或"意味"的复合词)是从近乎模态化的"dire""凝固"而成一个词的形式的意群整体,我们刚才上边的说明对它的表现没有必然的影响。我们确实拥有修饰该整体程度的一些短语,例如 à peu près, en gros, plus ou moins, à peu de choses près, approximativement, plutôt, vraiment, réellement, précisément, exactement 等(其中某些短语的意群尚未完全凝固,中间可以插入其他成分),但是,我们不可能碰到仅修饰"vouloir"或仅修饰"dire"的短语。在陈述行为的背景中,我们刚刚提到的这些短语勾画一个接近或远离"意指"领域某种"中心"或(理想程度不同的)极值的行程,或进入该领域的行程(当被纠正或说话者表示"歉意"的陈述句确实未被理解或者难于理解时)。其实,在复合词情形中,我们不能像实现性谓语那样从无过渡到有,而是对某种已存事物(这里指业已存在的陈述句)进行认同或鉴别。在"想说"(vouloir dire, dire 几近模态词)结构中,"想"是个"表示目标和意图的谓语" ("prédicat de visée"),意味着"从某种状态出发,幻想一种满意的状态"。"位于事物某种幻想状态"的情形(想的对象的情形)需要建构,因此,在两个状态之间存在着间隙和增值(这里指好价值)。被如此超越的,是在背景中可说或应该说这一完整行程,很有点类似 Je veux vous raconter une histoire(我想给您讲述一个故事)或 Je veux repeindre le plafond(我想把房顶重新粉刷一下)等句子。间隙意味着因从无到有过渡行为的搁置或实现有之行为的中断而失败的可能,例如:

　　(1) Je voulais dire au Pr Cosinus qu'il s'était probablement trompé d'éprouvette quand le mélange a explosé.
　　(我想告诉科西努斯王子,合剂爆炸说明他可能把试管弄错了。)

而在复合词情况下,下述对话中的答句似乎很奇怪,词不达意:

　　(2) A：Que vouliez-vous dire quand vous avez lancé：

Cosinus, votre distraction vous perdra?

（当您说"科西努斯，您的心不在焉终将毁掉您"时，您想说明什么意思呢？）

B：* Je voulais dire qu'un jour il allait se tromper d'éprouvette quand tout a explosé.①

如果我们可以想（意图）说（实现）某事，那么也就可以决定某事，拒绝某事，命令某人做某事，正在做某事时被打断，重新开始做某事等。我们可以回忆有话要说、忘记正要说的话、只说了一半或违心地说某事、因乐意而快人快语等情景。但是，这些修饰语都不能应用于用作"意指"意义的"vouloir dire"一词。

某些背景下可以把"vouloir dire"（"意味"）理解为"penser à"（"想到"、"想的是"）的可能性，因为我们说话时被各种各样的表象、回忆和情感等所俘获而更容易促使我们把说话者的意指设想为一个精神程序。然而，正如维特根斯坦指出的那样，"与其说'c'est lui que je voulais dire'，我们有时当然可以说成'c'est à lui que je pensais'，有时甚至可以说成'oui, c'est de lui qu'on parlait'。Demandez-vous en quoi consiste'parler de lui'!"②在一次谈论迦太基的陷落（la chute de

---

① 这些例子的更完整的分析应该考虑到受话者在(1)句而非在(2)句所表示的内容。如果 B 的答句如下：Je voulais lui dire qu'un jour il allait se tromper d'éprouvette，那么提到合剂爆炸的事就不会有问题，但是，那样一来，A 句的问题就显得奇怪了。我们更等待 Qu'alliez-vous dire(下同)...这样的问话。

② 维特根斯坦：《哲学研究》，§687。

Carthage)①时,我发现我的对话者把两个西匹阿(Scipion)②弄混了。我可以以下述三种方式告诉他:

> Je voulais dire Scipion l'Africain, pas Scipon Emilien.
> （我的意思是指大西匹阿,而非小西匹阿。）
> Je parlais de Scipion l'Africain, pas de Scipion Emilien.
> （我说的是大西匹阿,而非小西匹阿。）
> C'est à Scipion l'Africain que je pensais, pas à Scipion Emilien.
> （我心里想的是大西匹阿,而非小西匹阿。）

如果说"我心里想的是大西匹阿"可能把我们带向精神活动一边,"我说的是大西匹阿"则使我们远离精神活动。但是,我在三个陈述句中的作为仅仅是把"大西匹阿"引入一个解释或一个说明。我投入某种以言语为对象的活动(activité épilinguistique),该活动没有设置下述内容,即如果我想谈论的是小西匹阿,那么我想到的也应该是小西匹阿,而是,既然我想到了大西匹阿,那么"西匹阿"意指"大西匹阿"。当然,在说"西匹阿"这个名子时,我的拉丁文集中那张迦太基城旧址的令人沮丧的黑白照片有可能浮上我的脑际;但是,"图像仅以一段历史中的插图形式出现。单就图片而言,不可能做出任何结论;我们只有了解

---

① 迦太基(Cartago 或 Carthage),非洲北部(今突尼斯)的古国。约公元前814年由腓尼基城邦推罗的移民所建。前7世纪—前4世纪发展成为西地中海的强国。首都迦太基(腓尼基语意为"新城")。领有科西嘉、撒丁岛、西西里西部、巴里阿利群岛及西班牙东部沿海一带,与希腊人的海上势力相抗衡。文化多受腓尼基及希腊、埃及影响。前3世纪开始与罗马争夺地中海西部的霸权,从而导致三次布匿战争。战败,沦为罗马属地。——译者注

② 大西匹阿(Publius Cornelius Scipio Africanus,约前236—前184),古罗马统帅。第二次布匿战争中占领西班牙东南沿海地区(公元前209年),切断汉尼拔的后路。前205年任执政官,次年进军迦太基本土。扎马战役败汉尼拔,从而结束第二次布匿战争,获"阿非利加的西匹阿"之称。后又任检察官、执政官等职。
小西匹阿(Publius Cornelius Scipio Aemilianus Africanus,约前185—前129),古罗马统帅。大西匹阿长子的养子。公元前147年当选执政官。次年攻陷并破坏迦太基城,从而结束第三次布匿战争,获"阿非利加的西匹阿"之称。前133年再任执政官,征略西班牙,毁努曼提亚城。——译者注

这段历史,才能知道图片的意义所在"①。说"我心里想的是大西匹阿"这句话并非提供可能伴随"西匹阿"名字而发生的一段精神插曲。在可以叫做"具体说明刚刚发出之话语"这一言语活动的背景中,它的目的在于标志应该说出之话语以期更清楚与实际说出的话语之间的差别。这里没有发生任何"超越"陈述句的事,如果我的受话者一下子就理解了我谈论的是某个西匹阿,关于我可能想什么或不想什么的任何暗示都是不合时宜的。维特根斯坦建议说,假设我命令某人从零开始写出 $x+2$ 的序列数字,我可能有说出下边这句话的冲动:"当我发出指令时,'我已经知道'("Je savais déjà"),继 2000 之后,他应该写出 2002!"②同样,在上述例子中,我也完全可以肯定意在说明(voulais dire)他应该在 2000 之后写出 2002。这里,"知道"("savoir")和"意指"("vouloir dire")两词可能使我们误入迷津。宣称发指令时我就想到了"2000,2002"这一阶段有什么意义吗? 也许。在说"写出 $x+2$ 序列数字"这句话时,"2000,2002"的精神意象有可能出现在我的脑际。那么序列的其他阶段该当何论呢? 正如维特根斯坦对话虚构的受话者所表达的那样,"你的'我已经知道'所表示的,类似于'如果有人问我 2000 之后应该写出什么数字时,我会(毫不犹豫地)回答说 2002'"。"我已经知道"不表示一次精神事件的情形,而表示代数技术的掌握。

如果"vouloir dire"或"signifier"表示状态或程序,那么后者就应该拥有"真正的延续时段":开始、结束和可描述的发展经过。然而,我们并不说 * J'avais commencé à vouloir dire x quand le téléphone a sonné,也不说 * Voilà, j'ai enfin fini de vouloir dire x,而说 Je voulais dire ce que j'avais sur le coeur mais le téléphone a sonné(我想把心里的话掏出来,然而,电话铃响了。),或者 Voilà, j'ai enfin fini de dire tout ce que je voulais dire(好啦,我终于把想说的话都说了出来。)。我们不妨再申明一次,电话铃声并未打断一精神程序(不管是语义方面的还是意志方面的精神程序),而发生在前瞻性意图与语言所标志的目标事物完整状态的间隙中(可从 vouloir、dire、动词形态等价值、mais 的价值出发进行语言方面的分析)。

询问某人他如何意指此和彼也没有意义,尽管询问他如何使用自己的语言以言说此和彼是有意义的。用自己发出的话语意指某事不是可以成功或失败的行为,而我们却可以把自己想说的事说好或说坏,成

---

①② 维特根斯坦:《哲学研究》,§ 663、187。

功地让人理解自己的意图或不成功。由于语法上不存在我们意指此或彼的失败问题，那么从中推论出我们的成功也是一种幻想。由于我不可能对我使用"西匹阿"即指"大西匹阿"产生怀疑，那么就没有理由推论出我对此十分肯定并寻求使这种肯定态度成为可能之条件的下文。这里，肯定之说无从谈起，因为怀疑之说也无从谈起。

可能引导我们支持或反对"位于大脑"论的这类意指神话的一大部分源自下述思想，即通过话语"意味"某事或"意指"某事，我们才能把我们所说的话语与它们所代表之物联系起来，似乎意指这一精神行为赋予句子以生命。然而我们的每个词、每个语法形态、每个词组、整个语句之间都有意指呢，还是一句话结束后才有意指呢？在伴随性精神程序情况下所有这些问题都是荒诞不经的，而在要求解释情况下每个问题都不荒诞〔人们可以对我使用某种语法形态提出下述问题：Qu'est-ce que tu veux dire"avait l'intention de partir en vacances avec toi"？Tu ne veux plus partir avec moi, maintenant？（你说'曾有意与你一起去度假'是什么意思？你现在不想和我一起去了？）〕。但是，当然，Je ne pensais qu'à moitié ce que je disais（我所说的话只有一半是认真的）与 Je n'ai épluché que la moitié des carottes（我只削了一半胡萝卜的皮）两句没有对应关系。当我字斟句酌地说出一句话，肯定我的每个词"意指"此或彼时，仅意味着如果有人问我每个词是何意思时我将这样或那样解释，还意味着我说话的态度是认真的。它并不意味着我投入一系列意指行为，既未投入连续的意指活动，也不说明我用整个句子所表达的意思是由该句子每个成分的意指组合而成的〔顺便说明，塞尔认为言语行为是言语活动的"单位"（les actes de langage sont les "unités" de l'activité linguistique），这是我们可以赋予塞尔论点大体上合理的唯一意义〕。

这里也一样，询问某人他是否真的相信自己的话，是有意义的。①但是大部分情况下，我们也不会预计到他会以报告自己的精神活动来回答我们。我们的对话者更多地会思考他说那番话有何承诺。如果问题是 Pensiez-vous à ce que vous disiez?，显然，他有可能向我们承认他的分心，他在"想其他事情"，他"心不在焉"。当然，这里重要的是承诺概念，著名的"诚恳条件"只能近似地反映承诺概念。回答 Pensez-vous

---

① 下面两个问题当然区别很大：Pensez-vous ce que vous dites? 与 Pensez-vous à ce que vous dites?

ce que vous dites 的典型答案不是"Oui, je suis absolument certain de mes intentions de signification (de communication)"("是的,我绝对肯定自己的意图"),而是诸如"Oui, et je suis prêt à en assumer les conséquences"("是,我准备承担其后果"),或者"Non, pas vraiment, c'était juste une façon de parler"("不,并不真正相信,只不过是一种说话方式而已"),或者还可以回答如下:"Je plaisantais, bien sûr"("我开玩笑哩,当然了")。在任何背景下都不会发生提这类问题和提供这类答案的事,因此,也不会为建构庞大的精神机器、以期为语言实体提供它们本质上所缺少的意向性而制造借口。

2. 言说语词之意指

让我们从另一假说出发,该假说开始只能不完善地表述如下:在我们对语词或用语的使用中,我们想(典型地)用我们所用之语词或用语表述这些语词或用语的意指。自此开始,知道一术语的意指,即掌握其使用技巧就意味着:能够准确使用该术语,对其他说话者的用法做出恰当的反应,能够解释使用者使用该词的含意所在,能够变换形式以表达同样的意思并注解该语词等。当然,说话者掌握使用技巧的程度因人而异。换言之,伴随我们发出之语词或进入与这些语词的关系的,是其他语词、其他用语,或者如使用样品那样,是进入我们的言语游戏的世界的物质。如果说我们不能意指某种无意义(尽管我们可能犯这样的错误),不是因为发出"burubu"之音而"意指""我一定好好阅读《弗努亚尔一家旅行纪》(Voyages de la famille Fenouillard)之续集"的精神活动太难,很简单,而是因为我只能通过一种语言表意。我可以一边幻想阅读克利斯托夫(Christophe)的作品,一边发出"burubu"的声音,然而,"幻想"与"表意"毕竟是两件差异很大的事情。当然,有一种言说"burubu"而意指"我一定好好阅读《弗努亚尔一家旅行纪》之续集"的办法,那就是自己编造一套表意系统(idiolecte),其中规定"burubu"表达上述意义。① 然而,如果有这样的表意系统,就有一套使用"burubu"的技术,就有学习其意义、学习何种背景下有意义和无意义的可能性,就可以提供种种解释等等。

---

① 有必要做下述说明吗? 即哪怕是一个人实际使用的表意体系,它也不是维特根斯坦在《哲学研究》中所说的"私人言语"("langage privé")。

第三章 精神衬托

塞尔并不否认这一点。他甚至引用《哲学研究》的§510① 不无保留地得出下述结论,即"我们所能意指的东西至少有时取决于我们的言说内容",而"意指不光是意向事务,至少有时也是约定事务"。在《言语行为》的 2、6 节(标题为"意指")中,这一见解被融入格赖斯(Grice)之超言辞范式的非言辞重组之中。作者还把这一见解作为指责日常言语哲学家们之种种"诡辩"(fallacies)的论据。② 塞尔以为这些诡辩的共同根源在于"意指即习惯用法"③的思想。塞尔赋予该思想以一个更具体的公式,该公式要求"一个词(或一个形态)之意指的任何分析都应该与同一词(或形态)在它可能出现的语法方面相异的各类语句中可以意指同一东西这一事实相吻合"④。这里有两类问题:第一类问题涉及"意指存在于头脑之中"的心理论与刚刚陈述的语义要求之间的关系。如果这类关系真的能够澄清的话,在塞尔那里,它们的解决方案属于意向与约定的关系范畴。这里,我们暂且搁置这个层面以探讨第二类问题,第二类问题涉及语义要求本身。

准确地说,什么是"语法方面相异的各类语句"呢?塞尔解释说,"语句句法的改变并不必然引发出现在这些句子成分中的语词或形态的意指的变化"。"句法改变"似应理解为允许在直陈式、疑问式、条件式、否定式、肯定式、更替式、祈愿式等语句类型之间进行各种转换的句法改变。"如果'真的'一词因疑问句或直陈句的缘故而改变了意指,那么'这是真的'就将不是对问题'这是真的吗?'的回答"⑤。塞尔从中推论说,如果我们想分析一个语词的意指,分析"应该符合该语词拥有其忠实意义的所有忠实语形,否则,分析即不恰当"⑥。因此,句法改变问题或语法相异问题以忠实性问题为基础。如果说句法之改变并不必然

---

① 塞尔:《言语行为》,第 2、6 节,第 45 页。提示原文如下:"做一实验:口说'这里很冷'并用这句话实际表示'这里很热'。你能做到吗?——那么你怎么做呢?是否只有一种做的方法呢?"这里的迹象是,塞尔顺便说明维特根斯坦正在讨论"另一问题"。然而那是什么问题呢?维特根斯坦正在讨论同一问题……以昭示塞尔坚持的心理化机制所引发的困难。

② 塞尔:《自然主义诡辩论之诡辩》(Le sophisme du sophisme naturaliste,《言语行为》,第 6、1 节),《言语行为之诡辩》(le sophisme de l'acte de langage,《言语行为》,第 6、2 节)及《论断之诡辩》(le sophisme de l'assertion,《言语行为》,第 6、3 节)。

③ 塞尔:《言语行为》,第 6、4 节。

④⑤⑥ 塞尔:《言语行为》,第 6、2 节,第 137、140 页。

导致成分的语义变化,但是它可能导致成分的语义变化,以至于使我们得以决定保持某意指或改变该意指的标准不可能寄托在无"忠实原则"支持之句法改变的单一证据上。确实,无此支持时,我们何以确定句法变化没有改变相关形态的意指呢? 一个词之"忠实的意指"概念保证论据的重量,而"句法变化"标准服从于前者。遗憾的是,我们从塞尔那里未能找到如何理解一个词之"忠实意指"的任何说明。忠实意指问题是在《忠实意指》(Literal Meaning)①一文和《意向性》②一书中讨论句子的理解问题时谈到的,旨在说明,如果说区别句子的意指(sentence meaning)与陈述句(陈述段、陈述文)的意指(utterance meaning)是正确的,"句子之忠实意指概念的运用却始终相对于一堆背景假设而言"的现象却并不因此而有所逊色③,即使是在最水乳交融(immortel félin sur son inusable paillasson)的情况下。然而,由于作者在其他地方昭示说,我们不能把"背景作为语义内容的一部分",尽管后者只能在前者的基础上发挥作用④,我们不能不发现,所谓一个词或一个词素的忠实意指概念是神秘莫测的。这里当然是有原因的。只有在反对形形色色的哲学分析的论战中——塞尔还算恰当地把它们囊括在"作为用法之意指"(Meaning as Use)的共同口号下——他才对词素之忠实意指问题感兴趣。至于"句法改造",它们实际上被限制在 $F(p)$ 格式里非言辞语力标志的变化范围内。至少,对于诸如"善"、"真"、"知"、"问题"等关键的哲学词素,塞尔则坚持保持命题内容的不变性,换言之,即保持参照行为和/或宣示行为的稳定性,反对所谓哲学家们的下述思想,即这些词素的分析限于证实"语词 M 之(典型化)使用就是为了完成行为 A"。不管我们准备赋予该批评以何等坚实性和中肯性,它对我们所探讨的问题未能提供任何信息。言语重构方面的某种努力似乎是必要的。⑤

如果我们把词汇分为词素和语法形态,前者通过各种句子结构构

---

① 塞尔:《表达与意义》(Expression and Meaning),第 5 章。
②④ 塞尔:《意向性》,V,2,1,第 176—180 页。
③ 塞尔:《忠实意指》,见《表达与意义》,第 120 页。
⑤ 他广泛吸取了两篇文章的思想,其一是萨拉·德·沃格(Sarah de Voguë)的《Si,运行句法和视点》(Si, la syntaxe et le point de vue des opérations);另一篇是让-雅克·弗兰克尔(Jean-Jacques Franckel)和达尼埃尔·勒博(Daniel Lebaud)合写的《词汇与运行。任性词"le lit"》(Lexique et opérations. "Le lit" de l'arbitraire)。

成语义的稳定因素,稳定因素是由于这些词素可能拥有某种"忠实意指"。把稳定性与忠实性相等同的做法被认为是"恰当分析之条件",却远未拥有塞尔赋予它的那种显而易见性。① 主张在影响书写标志之安排的有节制的变形中稳定因素应从词汇层面寻找的意见,既不意味着应该用忠实性解释稳定性,也不意味着我们应该把忠实性视为语义之根本,与近乎完全属于"说者意指"的引申义和喻说义相对立②,更不意味着我们要把自然语言严格区分为语义层面和句法层面。

如何概括一个词素的稳定性呢?我们首先可以把它与某种语义类型联系起来;其次,可以让它进入一个或强或弱的"近义词"系列或者进入一个或浓或淡的"亲缘词"系列;最后,还可以把它与一个分支或多或少、广度或大或小的性能网联系起来,使人们领会并把握可以从理论上建立的它的"概念领域"。我们可以把所谓的"忠实"意指想象为刚刚提及的语义特征、用语和性能之罗列或组合的结果,这种罗列或组合当然与陈述情境["当(如果)我们言说某事时"的"当"或"如果"]无关,也与该词素在这种或那种组合中有时可能出现的运行性能无关。③ 然而,某些事实与忠实性的这种概括相对立。

首先,一个语词属于某一语义类型这一事实本身并不能有助于理解它的各种使用情形的组织方式,除非预先假定,一个语义单位之意指问题的解决应该完全独立于组合安排之变化,即假设语义单位不对塞尔所谓的"语法改变或句法改变"产生任何语义上成立的限制④。塞尔假装读不懂"其他见解"("other minds"),以肯定知与信(know et believe)之分析的根本等于说 I know 的使用就在于给予某种担保。⑤ 如果我们把奥斯汀用于英语的一些见解转移到法语中来,那么重要性

---

① 塞尔肯定地说,"这是一个显而易见的恰当条件"。

② 这是塞尔在讨论隐喻问题时所采纳的原则。见《隐喻》(*Metaphore*),《表达与意义》,第 4 章,第 77 页。

③ 例如参阅下例:Il est au lit, Il est à la table, * Il est au fauteuil. 见弗兰克尔和勒博合写的文章《词汇与运行……》,第 102 页。

④ 塞尔当然没有采纳如此极端的立场。他只须说在某些情况下确实如此就足够了。然而,即使我们把这种不幸的选择搁置一旁,从他的某些例子中也可以看出,他甚至不曾提出为什么某些情况下确实如此而其他情况下却不是这样的问题,亦即是说,他并不关心这些差异的"概括"。这里,$F(p)$ 公式再次阻止了某些问题的提出。

⑤ 见塞尔:《表达与意义》,6.2,第 137 页。

更多的在于，在法语中，可以说 Comment le sais-tu?, D'où tu sais ça?, Qui te l'a fait savoir?, 而不说 * Qu'est-ce qui te le fait savoir?, 可以说 Qu'est-ce qui te fait croire ça?, 也可以说 Qui t'a fait croire ça?, 但是既不说 * Comment le crois-tu?, 也不说 * D'où le crois-tu?①。

其次，一个词属于一个"近义词"系列或"关系远近不一的亲缘词"系列的属性基本上是建立在局部接近的基础上，这类接近受某些组合的制约。例如，如果我们挖掘弗兰克尔和勒博的分析，可以看出，lit 与 couche 在前两种形式中可以互换，在后两种形式中则不能互换：

> Cunégonde reposait sur son lit.
> Cunégonde reposait sur sa couche.
> Cunégonde était au lit.
> * Cunégonde était à la couche.

正如作为维特根斯坦之"家族相似性"例证的绳段意象一样②，一个词之近义词系列里的其他语词之间相互并不拥有同样的近义性质。

第三，虽然我们可以通过性能网理解概念领域，但性能网并不构成一个可以完整打开的清单。该网络也不稳定。一个概念领域是可变化的，性能网络是开放的，为说话者的创造性留有空间。

从上述简略说明中可吸取的教训是，我们不能满足于指出例如 croire 有其忠实意指，以反映该词在 Tu crois qu'il va pleuvoir? 和 Oui, je (le) crois 两句中保持着同一意指这一事实，而不考虑我们上边提到的种种变化来反驳"意指即用法"的思想。我们不能脱离可观察到的安排现象而讨论相同词汇因素的意指问题，组合安排的确定有两种方式。

首先由某种句法确定，即不考虑词汇材料的因素，把序列安排到句子形式中去。我们几乎可以说，当塞尔把自己的改造标准置于首位时，

---

① 另一个例：在动词 tenir 的用法中，我们看不出塞尔的适合条件（conditions d'adéquation）能够解决下述句子提出的问题：Tu en tiens une sévère!, * Est-ce que tu en tiens une sévère?（谈及一醉汉）, Tu tiens un bon rhume !, Est-ce que tu tiens un bon rhume?, Est-ce que tu ne tiendrais pas un bon rhume (par hasard)? 塞尔可能会回答说，这里用的是"引申义"，然而他如此肯定的基础是什么？

② 维特根斯坦：《蓝皮书与棕皮书》，第 87 页。

他颠倒了独立顺序。并非词素以其忠实意指独立于句子的变化,而是已经预先确定的句子形式独立于词汇材料,句法可以反映句子的预确定状态。其次,组合安排服从于局部规则,萨拉·德·沃格(Sarah de Voguë)非常合理地建议把这些规则称做"语法"。这些局部规则依赖所调动的词汇材料。每个词汇材料都拥有自己的"使用说明"和运行性能,它们与句法形式发生关联关系。

因此,问题不在于分离出词汇的忠实意指,然后把其引入句子变化的有序游戏之中,以期借助交际意向的分享,从中派生出各种陈述意义。问题在于弄清是否可以把词汇分割为纯粹的运行单位与拥有稳定价值的语义单位,前者的任何性能都不能直接考虑为意义(如头韵重复),而后者则独立于它们作为支撑物的运行程序〔诸如二甲苯(xylène)或 zynthon 等纯指称性技术词汇〕;或者两个极端之间是否有冗长的意义阶梯,大部分词素都有其中间地位,包括明显拥有很高稳定性的词汇,如弗兰克尔和勒博为之献上一篇论文的名不见经传的 lit 一词。我们似乎就面对着这种阶梯。在这种假设下,援引"忠实意指"概念以反映如果不言说词汇本身想说之意我们就不能言说内心想表达之意的做法就不仅变得徒劳无益,而且具有欺骗作用,因为它掩盖了"语法作用"。调动起来的词汇单位的运行功能提供了局部组合的游戏,后者服从于对使用产生影响的约束,"约束帮助产生的各种价值即反映了这些约束"①。语词不是死"材料",它们并非随意运行。奥斯汀抢先重复语词是我们的"工具"的用意,正是想让我们明白这一点。

恢复词汇"标志"之运行维度,拒绝把意义置于他处而置于陈述句(陈述文、陈述段)之参照价值的建构上面的做法,要求我们扭转塞尔《意向性》开头的建议,而让位于奥斯汀在《真实》(Truth)一文中的建议,后者貌似前者,其意义却完全相反:

> 要实现诸如我们通过言语而达到的那样的交际,要有供"说话者""自由"生产并使"听者"看得见的象征库。我们不妨把它们叫做"语词"……还应该拥有语词之外、我们借助语词以其为内容而交际的东西,我们不妨把它称做"世界"。从世界一词的所有意

---

① J.-J. 弗兰克尔和 D. 勒博:《词汇与运行。任性词"le lit"》,第 105 页。

义上讲,它没有理由不包含语词。①

正因为语词"属于世界",因为它们是经验的产物,是我们的非比寻常的工具,我们才"使用语词以了解我们所谈论的事物"。当我们使用语词时,只能从言语中寻找语词与世界之关系的建立方式,舍此别无他途。

---

① 奥斯汀:《真实》,见《哲学论文集》,第 121 页。桑德拉·洛吉耶(Sandra Laugier):《从真实到日常》(*Du réel à l'ordinaire*),第 93 页有关于这段文字的一段精彩评论。

第四章　$F(p)$

I. 论弗雷格一种也许无用的标记法的错误的发生学观点

继塞尔之后,丹尼尔·范德维肯(Daniel Vanderveken)重申,以反映"言语用法天然类型"[①]为目的的普通语义学的基本立论主张"非言辞行为是自然语言使用和理解中忠实意指的主要单位"[②]。然而,这些语言中并不存在非言辞语力与句法标记或词汇化标记之间的双向对应。此外,当非言辞语力词汇化或从句法方面实现之后,标记的"表面"表现"淡化"了单位的"逻辑形式"。只要我们全盘接受这些初步成果,那么,"在普通语义学范围内",就必须继承"弗雷格在其表意文字学(idéographie)领域所建立的逻辑传统"[③]并开始建构一种"没有歧义的理想的言语实体",其中陈述句的逻辑形式可能明显地显现出来。[④] 既然语力(force)与命题内容(contenu propositionnel)的区分〔在已经成为经典的标记法中表示为 $F(p)$〕乃整个举措的试金石,那么对上述理由的任何批评性检视之前,似乎有必要从范德维肯宣称所继承的方案内部即弗雷格的表意文字(Begriffschrift)中探讨其建立的若干理由。

[①②④]　丹尼尔·范德维肯:《言说的行为》(*Les actes de discours*),第 44、45 页。

[③]　这里,"继承弗雷格在其表意文字学领域所建立的逻辑传统"可以省却科拉·戴蒙德(Cora Diamond)提出的(很好的)问题:"一种观念文字做什么?"。参阅科拉·戴蒙德的文章《一种观念文字做什么?》(《*What does a Concept-Script do?*》)。

1. 弗雷格与断定符:从"断定语力"到"意义"和"思想"

因此,语用学概念"语力"以及因塞尔而广为传播的经典标记法 F(p)的源头应该先到弗雷格,再到罗素那儿去找。① 一切从观念标记法中引入"判断符"或"断定符"(⊢)开始,(|)被置于"内容符"(—)的左侧,内容符(—)把其后边的符号组合为一个整体或"可判断内容,两者一起(⊢)"构成一个"判断符",出现在表示"判断内容的符号或符号组合"的左侧。弗雷格解释说:

> 如果把位于横线左侧的竖线取掉,其结果等于把判断变成了简单的意义组合。关于该意义组合,写作者未表示他是否肯定其真实性。②

弗雷格所谈论的"简单组合"可以迂回表达为"下述命题……"("la proposition que...")或"下述情境……"("la circonstance que...")。稍后,弗雷格谈论"断定语力"和"句子的意义",强调在关于"真实"一词及其没有能力表示"逻辑之本质"的思考中两个因素的独立性。③

弗雷格解释说,承认某思想是真实的,即对该思想做出判断。但是,要使承认行为得以发生,需要"捕捉"住上述思想(实现"捕捉行为"中的心理"捕捉",逻辑家并不关心"捕捉行为")。重要的是能够维持或接受某种思想而不对其真实性做出判断,能够表达该思想而不对其真伪做出决断。没有因判断而发生变味的思想④永远可以从判断整体中抽出来。它的表达也因此永远可以从对它的断定行为中分离出来。这

---

① 见弗雷格:《表意文字学》,§2—3,"功能与观念",第 94 页;罗素:《数学原理》(*Principia Mathematica*),法译本第 231 页。

② 弗雷格:《表意文字学》,§2。罗素亦说:"在我们的象征体系中,如果前边没有断定符,即说明相关命题未得到肯定,其提出仅作为考察对象,或作为某肯定命题的附属部分。"(《数学原理》,第 1 章,法译本第 231 页)我们发现,罗素不再坚持《表意文字学》对"判断符"与"内容符"的区分。

③ 弗雷格:《我的基本的逻辑意图》(*Mes intentions logiques fondamentales*),见《遗著》(*Ecrits posthumes*),第 271—272 页(德文版页码,法译本为德法双语本)。

④ 思想不可能发生质变,因为在弗雷格看来,思想不是心理内容。这一问题的本体论面貌与这里受质疑的内容无关。

一认识导致弗雷格的下述观点,即我们不能认定一性能的"真假",如"咸海水"的"咸"性。我们其实只能通过建构句子表达一种思想,把表语"咸"与"海水"联结起来。为了更好地显示思想相对于判断的独立性,弗雷格建议把句子改造为无任何"断定语力"的补充句:"海水是咸的。"弗雷格试图突出说明,从逻辑角度出发,如果说谓语"咸的"对句子意义、思想的贡献必不可少,那么语词"真的""对思想却并未带来任何实质性贡献"①。断定"海水真的是咸的"等于断定"海水是咸的"。这并未剥夺"真的"一词的意义,因为"海水真的是咸的"一说并非不成立,而是剥夺了"真的"一词对它担任谓语的句子意义的任何贡献意义。然而,弗雷格继续说,正是在这一点上,语词"真实"甚至可以说通过其"挫折",显示它"似乎适合担任指示逻辑本质的任务"②。语词"真的"似乎应该昭示类似对思想有所贡献的断定形式的某种东西。须知,思想与断定行为毫无共同之处[否则,逻辑学将变成(或重新变成)心理学的一个分支]。因此,"真的"无法完成自己的任务。表意文字中的一竖毫不迟疑地立即显示了这种区别。只不过标记法省略了弗雷格这里所强调的挫折,弗雷格通过使用自然语言而把语词"真"从"美、善、真"的传统系列中抽出来:

> 语词"美"千真万确地表示了美学之本质,犹如"善"表示了伦理学的本质一样,而语词"真"在表示逻辑学的本质时其实却仅进行了一次不幸的尝试,因为问题的实质与语词"真"没有任何关系,而是与发出句子的断定语力相关。③

究竟从何处寻觅逻辑本质的标志呢?只能"从发出一个语句的断定语力中"寻觅,舍此别无他处。弗雷格强调说,尽管"没有任何语词、句子的任何部分等于(相当于)该语力,因为同一语句的说出可以有断定语力,也可以没有断定语力。

简言之,在任何肯定句中,都应该小心翼翼地区分思想之捕捉、承

---

①② 弗雷格:《我的基本的逻辑意图》,第 271、272 页。
③ 同上。我们难以抑制指出下述事实的乐趣:在 1929 年的文本《莱昂纳尔与哲学家们》(*Léonard et les philosophes*)中,瓦莱里(Valéry)不知不觉地回答了弗雷格的说法。他说,"美"与"善"表示美学和伦理学之本质的程度并不比"真"表示逻辑学的程度强多少。参阅保尔·瓦莱里:《莱昂纳尔与哲学家们》,第 1238 页。

认思想之真实性的判断和判断之表现的肯定本身。①

所有上述内容可能喻示说,在弗雷格那里,语力与思想或句子意义的区别②仅涉及断定语式。是的,然而事情似乎比这要复杂一点。在"思想"一节里,弗雷格其实引入了下述意见,即完整的疑问句(呼唤"是"或"不是"答案的疑问句)与肯定句包容同样的思想,但是,在表达思想之外,肯定句另外表达了肯定,而疑问句则另外表达了请求。③ 即使这样,弗雷格还是没有把这一区别扩大到所有句式。这样,尽管一个命令句拥有一定的意义,我们却不能考察其真实性。这正是我们不能说一个命令句的"意思"是一种"思想",例如也不能说一个选择句或一个祈使句的"意思"是一种"思想"的原因。④ 关于这一点,我们上边提到的说明中包含了一个深层理由,即"最能彰显逻辑本质的标志,(是)发出一个句子的断定语力"。

在其 1915 年的《我的基本的逻辑意图》一文的末尾,弗雷格宣称,在语言中,即在自然语言这种不完善的语言中,"断定语力与谓语相关"⑤(与句子的谓语部分相关),等于坚持视动词的直陈式为断定行为之表达的古老幻想。那么,在表意文字中引入断定符号的基本作用,就是把"不完善"的自然语言永远不可能清楚显示出来的断定行为(属于语力范畴)与命题(属于思想或意义范畴)相分离。在弗雷格看来,这就有可能驱除某些与演绎相关的问题或错误。如果说断定确实属于语力而不属于意义或思想,那么,在不考虑 A 之真实性或虚假性、结论 B 已经被 $A \supset B$ 的前提所断定时,作为判断式(modus ponens)的推论(inférence)建立在预期理由(pétition de principe)之上的幻想就破灭了。弗雷格的区分以及在公式中引入断定符号的做法消除了这类混淆,而推论说是弗雷格体系的基础。然而,我们不妨以为,以功能和论据为结构的命题的基本形式足以满足他的意见,因为系词的传统作用消失了。但是,除了思想的独立性以及上面提到的捕捉、判断和判断之表达的区别,弗雷格还支持另一论点,即"只有真实思想才可以成为各

---

① 见弗雷格:《思想》(*La pensée*),第 175—176 页。
② "意义"与"思想"并非同义词。弗雷格仅把"语力"与前者或后者相对立,当不可能出现任何歧义时,有时甚至不作任何区别。
③④ 参阅弗雷格:《思想》,第 175、174—175 页。
⑤ 弗雷格:《我的基本的逻辑意图》,第 272 页。

种推论之前提"①的论点。因此,表意文字这种语言的判断符乃"所有判断之共同谓语"②并出现在每行推论文字的句首,从某种意义上说,似乎符号用法中的"语力"概念保留着其"机械"用法的痕迹。③ 这样,假如一方面功能和论据结构排除旧的主-谓结构④,而另一方面,如果断言只有"真实思想"才可能成为前提的说法是错误的,那么,引入判断标志的理由就消失了。正因为如此,维特根斯坦才在《逻辑哲学论》中指出:一方面,我们可以从假命题得出种种推论⑤,弗雷格赋予证明以优越地位的做法掩盖了这一点;另一方面,"一个命题的动词并非'是真'或'是假'……而是'是真'的东西里本来就应该包含动词"⑥。不管是"是真"还是"是事实"都不是所有命题共同的形式谓语,正如维特根斯坦所说,因为这些"动词"所断定之内容就应该是一个命题,"任何命题应该已经拥有一定的意义",断定无法赋予它这一意义,因为断定行为肯定或否定的"正是这一意义本身"⑦。

不管多余与否,弗雷格之所以区分"语力"与"思想"或"意义",其功能不是要把一个完整句子表示断定行为的情形与使用该句子或另一语句以完成我们今天称之曰另一"言语行为"的情形区别开来,尽管"增加"疑问与"增加"肯定的相似现象似乎说明了这一点。这种表象是错误的,上文已经提到的对肯定之外的任何"行为"的排除以及完整问题都证明了这一点。弗雷格1919年在用于回顾自己学术历程的一篇文章里揭示了完整问题的地位:

> 数学是我的起点。当时,我觉得这一学科最紧迫的任务就是为其提供更坚实的基础……言语的不完善是这类研究的一大障碍。我试图借助我的观念文字以改善这种现象。这样,我就从数学过渡到了逻辑学。
>
> 我的独特的逻辑学观念体现如下:我赋予词语"真实"之内容以首要地位,并论述了"这是真的吗?"这一问题继思想之后原则上

---

① 弗雷格:《关于舍恩弗立叶》(*Sur Schoenfliers*),第 195 页。
② 弗雷格:《表意文字学》(*Begriffschrift*),§3。
③ 我们以为这是该概念向语用学转移的一个重要标志。
④ 另外,促使弗雷格肯定表意文字这种语言里单一谓语适用于所有判断"是既定事实"且"主语包含全部内容"的因素,与"通常意义上的主-谓问题"无关。见《表意文字学》,§3。
⑤⑥⑦ 维特根斯坦:《逻辑哲学论》,4,023、063、064。

的适用范围。①

如果我们把这篇文章与似乎引入了某种独特"疑问语力"的"思想"一文相比较,就会发现,一个完整的问题清楚地向我们显示,观念文字只能与断定行为发生关系,而且从弗雷格的角度看,问题不在于因为已经存在某种"疑问语力",需要为标记注入若干新"语力",因为弗雷格所考察的问题的唯一方式仅提问"这是真的吗?"正如科拉·戴蒙德指出的那样,"弗雷格所建立的观念文字与他对'思想'一词的用法之间的关系"②具有决定性的意义。没有必要增加语力与语力标记,因为判断符的目的就是区分已被认为真实的判断内容与简单的可判断内容(思想),亦即区分作为完整句子表示断定行为的某用语的使用情形与该用语作为一个类似条件句或选择句那样更复杂之语句成分的使用情形。简言之,如下述三种句型:

(1) 屈内贡德戴一顶草帽。
(2) 屈内贡德戴一顶草帽吗?
(3) 如果屈内贡德戴一顶草帽,那么阿泰米斯也戴一顶草帽。

在(2)与(3)句型中,"屈内贡德戴一顶草帽"不是断定行为,而是另有意义。句型(1)与(2)的区别是断定行为(这里,我们假设该句的形式为⊢Fa)与(完整)问题的区别;而(1)与(3)里相关用语的区别则是拥有断定语力与没有任何语力之间的区别(这里,我们不能采用标记"—Fa"③,相反,只能采用标记⊢$Fa \supset Fb$)。这些区别在标记里表述了下述思想,即一思想可以作为另一被断定之思想的部分内容得到表述,且自身并未得到断定。这些区别说明,弗雷格暗示说,补充句完全可以由演员的台词代替④,因为"舞台上的肯定是一种虚假肯定",甚至不必"征求听众的判断和同意"⑤。

---

① 弗雷格:《为路德维格·达姆斯塔特尔所写注释》(*Notes pour Ludwig Darmstaedter*),第273页(法文译文稍做改动)。
② 科拉·戴蒙德:《一种观念文字做什么?》,第117页。
③ 我们不能采用这种标记的理由考虑了背景性原则:并非因为用语"屈内贡德戴一顶草帽"可以扮演它在该语境下所扮演的供断定的完整命题的角色。它可以扮演这种角色,但也可以扮演另一角色。我们关于这一主题的倾向是一种心理因素,逻辑学无法介入。
④ 弗雷格:《我的基本的逻辑意图》,第271页。
⑤ 弗雷格:《思想》,法文译文,第176页。

2. 维特根斯坦的批评：《哲学研究》，§ 22

在《逻辑哲学论》一书中，维特根斯坦剥去了弗雷格判断符的任何逻辑意义。归根结底，由弗雷格发明并被罗素接受的"⊢"符号所揭示的，是"这些作者以为真实并被冠以真实命题"的这种"心理"现象。因此，断定符"并不比诸如序号更多地属于命题建构。一个命题不可能自诩真实"①。在《哲学研究》一书中，维特根斯坦再次回到这一问题②，但是，这次，批评的意义超出了《表意文字学》所引入的单纯的标记问题：在断定式陈述句分解为接受[annahme，假定（assumption）：接受思想为内容]和断定的思想之外，维特根斯坦抛弃了不同"言语行为"可以分享同一命题内容以及所有命题都包含描述的思想本身的观点。我们不难看出，这一批评从根基上动摇了此后被大家一致接受的意义与语力的区分，其后果威胁着自然语言中真实条件式语义学（sémantique vériconditionnelle）的应用。确实，这种语义学绝对应该有能力分离出非断定式言语行为中的描述成分或可能有真假之分的命题内容。如果不惧怕夸张之嫌，我们乐意断言，哲学语用学所发挥的普通语义学的方案，就其心理学根基而言或者（尤其）包含其心理学根基部分，较少是对弗雷格之发明的发展。我们刚刚看过，弗雷格的发明与这一计划毫无关系，而更多地是与维氏这部艰涩文本的对立，后者值得我们花费很长的篇幅。③

1. 第一阶段
维特根斯坦首先发现：

> 弗雷格以为，在一断定行为中有某种假设，这种假设即被断定的内容本身。他的思想其实建立在我们的言语所提供的每句断定语句都可以以下述方式书写的可能性："Il est asserté que tel et tel

---

① 维特根斯坦：《逻辑哲学论》，4，442。
② 维特根斯坦：《哲学研究》，§ 22 及第 11 页的注释。
③ 下面阶段的区分基本上遵循了戈登·贝克（Gordon Baker）和彼得·哈克（Peter Hacker）合著《维特根斯坦：意义与解读》（Wittgenstein: Meaning and Understanding）第二卷（平装版）第 51 页的注解图式。

est le cas."①

如果仅从表面上看,维特根斯坦这里只不过重复了由判断符号和内容符号构成的判断符的结构。但是,"其实"(eigentlich)一词的使用已经在一定程度上偏移了弗雷格的话。如果引用 1915 年的文本的话,相对于从"某种基本的逻辑直觉"到(⊢)标记的过渡,后者随后无疑能够从我们自然"不完美"的共同语言中找到某种相似性,维特根斯坦代之以相反的过渡:从"我们的"语言(这里指的是德语,弗雷格本人曾强调过它的某些"优势"②)到"思想"(ansicht)的过渡——这里的"思想"不是基本直觉,它的词义要弱得多,一如意见、见解、观点等③——省略了标记⊢,自《逻辑哲学论》起,他就认为该标记不发挥任何逻辑功能。

卷首的发现之后紧随着一段批评论据:

然而,"Que tel et tel est le cas"在我们的言语中恰恰不是一句话——眼下,它还不是言语游戏中的一种出击。如果不写成"Il est asserté que...",而代之以"Il est asserté: tel et tel est le cas",那么,语词"Il est asserté"在这里就纯粹变得多余了。

维特根斯坦试图把弗雷格围困在句子中负责表达假设甚或思想的宣示部分所固有的自相矛盾的要求游戏之中。一方面,这一部分不应该是一个完整的语句,因为从定义上讲,它缺乏断定语力。补充句(la

---

① 原文如下:"Freges Ansicht, daβ in einer Behauptung eine Annahme steckt, die dasjenige ist, was behaupter wird, basiert eignentlich auf der Möglichkeit, die es in unserer Sprache gibt, jeden Behauptungssatz in der Form zu schreiben: 'Es wird behaupter, daβ das und das der Fall ist.'"

② 参阅弗雷格:《思想》,法译本第 175 页,注释 2。

③ 我们借此机会强调一下动词 stecken 的常用语语气:stecken in... 大约相当于"être fourré dans"("插入")。安斯孔布(Anscombe)的英译"every assertion contains an assumption"以及我们的直译尝试都未能反映其神韵。乔治-阿瑟·戈德斯密特(Georges-Arthur Goldschmidt)强调,维特根斯坦简洁有时甚至亲切的语调是对德语语言一再"提炼"反复加工的结果。奥斯汀原著的言语锋芒部分地发挥了同样作用,但是风格差异很大。参阅乔治-阿瑟·戈德斯密特:《弗洛伊德与德语》(*Freud et la langue allemande*)第 2 卷《当弗洛伊德等待言辞时》(*Quand Freud attend le verbe*)。

complètive)即反映了这一情形。然而,另一方面,如果我们希望假设部分表示一个句子的意义而非句子一部分(补充句)的意义时,它便应该是一个完整的句子。有一种方法可以摆脱这种窘境,即接受维特根斯坦建议的替换法。然而,这种替换立即显示了前缀"Il est asserté que"的多余性。为什么多余呢?因为"tel et tel est le cas"这种完整句形式已经拥有所有用以产生断定语力的因素。但是,这种可能的断定式用法绝不意味着它是必不可少的。人们完全可以把它用于另一宗旨,例如用于条件式的前置分句,而在这种情况下,断定前缀应该消失。或者说我们应该取消它,或者说我们可以这样做而不会引起任何变化。

就弗雷格的角度而言,他拥有足以回答这一批评的所有论据。让我们简而述之。补充句(que p)不表达思想,仅说出思想的内容。表达思想的,是"$\vdash p$"这种形式(一种思想只能由一个完整的语句表达)。同时,"Il est asserté que"只不过是一个残缺不全的描述,与我们的自然语言之逻辑不完善相关,与给"$\vdash p$"加上前缀语"|"这一行为之逻辑的不完善相关。"$\vdash$"的观念文字与其"自然文字"之间不存在相互表达性关系(relation d'inter-traductibilité)①。如果情况真是这样,自然语言就成了观念文字(la Begriffschrift)的言语,很简单,那样也就不再需要逻辑,因为自然语言自己就会清楚显示出思想的特征本身。

当然,这些论据的预设内容是维特根斯坦自《逻辑哲学论》起所一直反对的,即断定符号和内容符号清晰可解。其实,只有当我们接受弗雷格关于表达思想之材料的必要的联结观时,它们才是清晰可解的。如果我们接受科拉·戴蒙德的阐释②,弗雷格认为一个句子、思想之表达与诸如"亚历山大大帝的老师"这样的复合名词有着同样的联结类型。上述那样的复合名词拥有一个专有名词,亦即一个无逻辑联结的用语可能拥有的同类意义。由此可以看出,一个语句所拥有的意义类型"并不要求所有拥有这类意义的材料联结在一起"。换言之,一个语句所拥有的意义类型可以是一个专有名词所拥有的意义类型。这样,凡是可以由语句承担的论据地位也都可以由一个专有名词或一个复合名词承担,反之亦然。概言之,句子即是专有名词。反之,在《逻辑哲学论》的作者维特根斯坦看来,只有当以逻辑联结的用语被排除出非逻辑

---

① 我们借用这个奇怪用语指称维特根斯坦所说的"如果不用……,而代之以……"这一现象。

② 科拉·戴蒙德:《一种观念文字做什么?》,第 120—121 页。

联结用语可能承担的用处,同时,简单用语和非界定用语被排除出逻辑关系复杂之用语或被其他符号所界定之符号所占据的位置时,一种观念文字才能清楚显示思想性。

这里,我们又碰到了这种评价的差异。在弗雷格那里,内容符号(—)其实是一个功能项。"—A"表示一项功能,其价值是一种表示真理的价值,而不管你用什么专有名词去充实它。如果论据"A"表示真实,"—A"的价值即是"真实"值;而如果论据 A 表示虚假,"—A"的价值则是"虚假"值。这即是说,一个句子自身就是一种真理值的专有名词,而且其意义就是一种思想。因此,如果 p 是一个具有真理值的句子,—p 就将与 p 拥有相同的参照值。但是,在这种情况下,因为意义决定参照值,又以 p 具有真理值为条件,—p 的意义就与 p 的意义完全同一了。因此才有可能以复杂用语"Il est vrai que p"表达—p。p 和—p 也应该拥有相同的意义,才能用—p 表达我们使用句子 p 表示某种断定时所断定的思想。我们已经看过,弗雷格规定得很清楚,表达一种思想、命名一种真理值的—p 不能通过自身被用来产生断定效果。作为真理值的简单名词,—p 需要附加上另一象征符号"|"才能成为命题⊢p。单独的"⊢"包含断定行为,而不包括—p,以至于我们总能清晰地分辨出某内容是被断定还是像假说那样仅仅被提出或被考虑。弗雷格一再要求我们区别断定语力与宣示行为(la prédication)。

在我们所引《哲学研究》§22 里,维特根斯坦主要批评了弗雷格思考什么是句子的方式。维特根斯坦再次从下述原则出发,即一个拥有意义的句子(用弗雷格的话说,即表达一定思想的句子),可以用来表示断定行为,然而亦可以用在其他各种用途上。弗雷格绝不否定这一点。但是,从他认为句子乃真理值之名词,并且规定—p 不能单独用来表示断定行为时①,在维特根斯坦看来,他就陷入了混乱的句子观。这种句子观把"我们需要某种特殊符号以便能够断定某事"的一定程度上的机

---

① "当人们表示某种相等或不相等关系时,例如 5＞4,人们通常都想以此同时表达一种判断。在上例中,人们都想断定 5 比 4 更大。在(我的)观念里,'5＞4'或'1＋3＝5'仅仅是真理值的表达形式,任何东西都不应因此而得到断定。判断行为(urteilens)与判断内容的这种分离似乎不可避免,否则,单纯的检视(eine bloβe Annahme)情况、展示某现象而不做判断的情形就无法表达了。因此,我们需要一个特殊的符号以期能够断定某事(Wir bedürfen also besonderen Zeichens, um etwas behaupten zu können)。"[弗雷格:《功能与观念》(*Fonction et concept*),法译本第 94 页(译文略做修改)]

第四章 F(p)

械思想与句子即真理值之名词的思想结合在一起,而任何孤立的专有名词都不能产生断定效果,加之当符号用于拥有真理值的句子时,"—A"只是一种功能项。维特根斯坦以为,这一切都得出下述结论,即一个完整句子 p 自身不能单独表示断定行为。

我们现在可以把他的论据概述如下:

原则:(a)只有一个句子才能表达一种思想;(b)任何表达一种思想的句子自身都可以用来产生断定效果。

由此得出:(1)如果 p 是一个具有真理值的句子,那么—p 表达一种思想。既然表达一定思想的即句子,那么—p 就是一个语句。既然—p 是一个句子,那么人们理应可以单独用它产生断定效果。(2)如果—p 不能单独表示断定行为,那么—p 就不是一个句子,因此也不能表达一种思想。最后,(3)如果放弃—p 不能独立表示断定行为的思想,那么,内容符号和判断符号就成了多余的。

2. 第二阶段

本分析伊始,我们就曾指出,维特根斯坦针对弗雷格之判断符号和内容符号的标记的批评,采用了一种讽刺性的策略,即把弗雷格有关建立判断符号和内容符号等形式化文字符的意见(ansicht)直接与自然语言的某些可能性联系起来,亦即从某种程度上绕过了形式化行为,当然不是形式化或观念文字"自身"。在最佳情况下,这种做法没有任何意义(或者是对"后期维特根斯坦"的背反),而在最糟情况下,它体现了塞尔指责"意义即用法"("meaning as use")这一口号的那种印象主义的释义学类型。塞尔之所以得出这种结论,恰恰因为他把另一种从哲学角度考察言语的方式的第一步——批评——当做一个"理论口号"。我们喻之为讽喻性的回避态度恰恰为我们提出以下形式化问题提供了契机:为完成自我确定之目的,形式化理应采纳的建构方式;形式化与非形式化因素之间的关系;它能够或不能够彰显的内容;能否排除——如果能,在何种条件下——某些已被人们默认的或尚未发现的预设,在言语方面,通常它们早就把某种计算工具改造成了颇具魔力的公式;某种形式化类型可以离开行业的独特目标从一领域转移到另一领域这一看法的可靠性;最后还有与不同领域相关联的不同的形式化之间可能保持的关系类型。乔治·拉科夫(George Lakoff)谈到"逻辑形式"概念

时就曾指出:

> 只有和一定的逻辑体系联系起来,谈论句子的逻辑形式才有意义。而当人们建立各种逻辑体系时,脑子里总有一些目标——他们需要表达某些观念,昭示某些推论方法,解释某些神秘现象或摆脱它们,避免某些烦琐公式,澄清某些哲学问题等。①

论及弗雷格以为不可或缺的一种标记时,维特根斯坦把一项逻辑方案与某种自然语言相关联的做法打开了这类问题的大门(而未能解决它们),这种关联起来的做法继续发生在我们现在讨论的阶段:

> 我们完全可以把每个断定行为写成问题加恰当肯定的形式,例如下面这样的形式,"下雨了吗?下了!"这是否意味着每个断定形式的背后都隐藏着一个问题呢?

这里,维特根斯坦指责了著名的补充句(que p, daβ p, that p,)形式。说每个断定形式其实"插入"了一个补充成分,因为断定语力与命题内容的区分允许这样分析的观点,在这里无异于说——当然颇为滑稽——每个断定形式"插入"了一个完整问题,因为我们也可以以这种形式分析断定行为。截至现在,如果说断定符引起的种种困难已经部分罗列出来,而标志(représentations)所引起的困难还处于模糊状态之中,下一阶段即旨在澄清这些问题。

3. 第三阶段

> 我们完全有权把断定符与诸如问号相对立,或者把断定形式与某虚构或假设相区别。

使用断定符以区别"⊢p"和"⊢$p \supset q$"里的"p"情形符合弗雷格的思想,但是,把这一用法等同于问号的做法却有悖弗雷格的思想。维特根斯坦投入了 behauptungszeichen("断定符",被认定为逻辑文字不可缺

---

① 乔治·拉科夫:《语言学与自然逻辑》(*Linguistics and Natural Logic*),第 588—589 页。

少的组成部分)和 fragezeichen 两词词尾"-zeichen"的某种文字游戏,后者意指司空见惯的"问号",问号无疑是某些自然语言书写形式之独特技巧的成分,特别是这些语言之"表面形式"的成分,但是被抛入共性领域。重要的是不要漠视这里 behauptungszeichen 和 fragezeichen 两词接近的方向。不是后者(问号)被拉向前者(断定符),而是相反。这意味着我们不能把这部文本视为弗雷格标记法与诸如安东尼·肯尼(Anthony Kenny)①或塞尔②等人的实践之间的某种驿站;他们建议(众多建议之一!)把 $F(p)$ 形式变通为(décliner la forme $F(p)$ en)"⊢ p"以表示断定行为,变通为"! p"以表示命令,"? p"以表示完整问题等。恰恰相反,形象地说,一旦浮到表面③,并被混同于一个简单的标点符号时,断定符就不再享有保留自己用法的近乎神奇的特性。我们需要使用它,而使用它则意味着规则、正确或不正确使用这些规则的准则,等等。

此后,我们处于弗雷格观念的对立面,即作为被断定语句之分析构成部分的断定符被认为彰显了一个行为这一观念的对立面。一旦当断定符失去赋予它的这种逻辑功能,就有可能展示支撑弗雷格意见(l'*Ansicht de Frege*)的错误标志:

> 只有当我们把这种做法(把符号作为标点使用)理解(wenn man meint)如下时,即断定行为由检视(dem erwägen)和断定(指出真理值或类似物)两个行为构成,而我们有点像照着乐谱唱歌那样根据命题符号完成这些行为时,它才是错误的。高声或低声朗读书面语句确实类似于照着乐谱唱歌,但是,思考(meinen)句子却与照着乐谱唱歌没有相似之处。

使人误入歧途的,是下面一点,即以为断定行为是判断一个命题真实这一精神行为的外在表达。判断行为又分解为思想的检视行为,维特根斯坦谓之曰"das erwägen",相当于标记法中的内容符号("—"),

---

① 参阅 A. J. P. 肯尼:《应用推论法》(*Practical Inference*),第 72 页及《意愿、自由与力量》(*Will, Freedom and Power*),第 70 页。

② 塞尔:《言语行为》,2.4,第 31—32 页。

③ 维特根斯坦确曾谈论过"表面语法"("grammaire de surface"),但其用意不在于关注某种"深层结构"。"表面语法"之所以可能使人误入歧途,那时因为表面不曾得到足够的挖掘,或者说我们不曾懂得或不曾探知表面中的奥秘。

和断定行为本身("⊢"),后者对应的精神活动为指出真理价值。这样,被断定的命题就拥有一层精神活动,后者本身又可分为两部分。因此,书写被断定命题之逻辑文字的人应该完成这些精神行为,因为断定符的书写要求首先断定相关命题,须知断定符是相关命题的前缀。可是应该考虑下述思路,即这样书写的符号的阅读本身应该具有完成这些精神行为的价值。把符号之阅读与歌曲之吟唱(乐谱在手)相比较的目的,在于再次排除下述意义观和理解观,它们都主张借助来自精神内部的某种有机生命,赋予死符号以活力。如果坚持说(这只是诸多言说方式之一),理解一个句子即"捕捉它的内容",那么理应补充道,"句子的内容就在句子之中"①。这样做并非为了"简化"事物,而是为了清楚无误地确定复杂性之所在。

Ⅱ. 一种道德发生学

桑德拉·洛吉耶(Sandra Laugier)强烈强调了奥斯汀的完成行为式理论(théorie des performatifs)以及把它推广到某种言语行为理论之举的"道德赌注色彩"("enjeu moral",我们也许还可以加上"司法赌注色彩")②,即在这方面一开始就把道德判断从第一代分析哲学所理解的"言语场"("champ du langage")排除出去的重要性。③ 洛吉耶此举继承了斯坦利·卡维尔(Stanley Cavell)的重大关注之一。

确实,从发生学的角度看,逻辑实证主义首批支持者对真实条件语义学的发展,对意义与语力的现代区分的建立,构成了一个真正的原动力。这里,重现排除某些陈述句的历史情况可能是徒劳的。只要提示

---

① 维特根斯坦:《蓝皮书与棕皮书》,第167页。
② 这其实取决于人们在权力和道德之间所建立的联系,霍布斯(Hobbes)和普芬道夫(Pufendorf)等自然权的某些经典理论家们,在我们可以称之曰"哲学语用学"范围内,围绕这一主题进行了激烈的争论[参阅米哈伊尔·A. 苏波特尼克:《这属于我》(*Ceci est à moi*)和《自然权理论与语用学》(*Théories du droit naturel et pragmatique*)]。关于现代理论较全面的概貌,参阅乔治·A. 勒戈 (Georges A. Legault):《司法言语的完成行为式结构》(*La structure performative du langage juridique*)。奥斯汀著作中的司法源泉毋庸置疑。他曾与哈特(Hart)合办过一期研究型课程。
③ 参阅桑德拉·洛吉耶的《说与意味:奥斯汀与哲学》(*Dire et vouloir dire*: *Austin et la philosophie*),特别是第4—11页的内容。

第四章 F(p)   133

一下卡纳普（Carnap）在《超越形上论》（*Le dépassement de la métaphysique*）一文中所阐明的某些基本原则①，就足以昭示下面的内容。卡纳普 1931 年捍卫的逻辑经验主义的两个首要原则，一是对逻辑命题和数学命题之分析性的肯定，二是主张经验科学命题所涵盖的领域里"一陈述句之意指即其验证方法"的思想。因为一陈述句"仅言说从它自身可以验证的内容……即使它确实肯定了某事，也只能肯定一件经验事实"②。概言之，如果把这些原则的所有雕饰、争论和（庞大的）整理工作搁置一旁，在一种经验科学里，我们只能找到两种具有意指的表达类型：逻辑用语和经验上可验证的描述用语。重要的是，在对可能使哲学家感兴趣的陈述句分析结束时，有关形上论领域——"包括价值哲学和规范科学"——的陈述句的裁决是负面的。在其论文的开头，卡纳普就小心翼翼地用斜体字突出了这一结论："这一领域的所谓陈述句完全没有意义。"③

这一裁决的后果是把道德类陈述句排除出逻辑场以及被错误称做"实践思维"（"raisonnement pratique"）的理性思辨场，因为没有任何道德类陈述句是分析型的，然而同时也排除出经验的验证性范围，因为它们所描述（或自诩描述）的内容与任何可验证的经验无关。

桑德拉·洛吉耶重新勾画了把伦理和道德再次纳入分析哲学场的某些方法。其中，语力与命题的区分与我们相关联。这方面，理查德·黑尔（Richard Hare）自 1949 年开始提出的分析④构成一个特别重要的阶段。

1. 黑尔：言说我们所未说

在《命令式格言》（*Imperative Sentences*）一书中，黑尔表达了他在接触来自逻辑实证主义、用以确定一个语句是否"可以进入逻辑范围"的标准时所产生的疑虑。⑤ 黑尔把它们浓缩为唯一的格式："直陈句是逻辑学讨论的唯一句式。"⑥术语"直陈句"指以断定某事是事实为功能

---

① 鲁道夫·卡纳夫（Rudolf Carnap）：《通过言语的逻辑分析超越形上论》（*Le dépassement de la métaphysique par l'analyse logique du langage*），见《维也纳团体的声明及其他文字》（*Maniteste du Cercle de Vienne et autres écrits*）。

②③ 同上，第 172、155 页。

④ 参阅 R. M. 黑尔：《命令式格言》。

⑤⑥ 同上，第 1、2 页。

的句子原则上采用直陈式这一现象①,黑尔视之为语法现象。与卡纳普的情况相反,我们不太明白,在黑尔的格式里,直陈式原则到底表达了自然语言的一种语法规则抑或某种元言语的一种建构规则,后者通过提取某种自然语言的若干部分,谈论客体言语,亦即属于一定逻辑体系的这种或那种象征言语。后边我们还将看到,涉及命令式时,这种模糊性呈加剧之势。

黑尔反对直陈式准则的策略即确定一类陈述句,这类句子明显不以断定某事属实为宗旨,以证实它们的逻辑行为与直陈句的逻辑行为有着同样的"典范"作用,因为它们亦能够立足于一种逻辑体系内。②但是,问题不在于能够建立非认识性句子的某种逻辑分析,而是继赖尔(Ryle)之后,区分"connaître que"与"connaître comment"③。这意味着,在黑尔的版本里,他决定把 comment 一方的所有规则局限于命令句中。这段话应该全文引述如下:

> 伦理类语句并非我们所怀疑的唯一的改头换面的命令式句子类型。它们在这方面不乏盟友。有些人认为定义即规则,另有一些人甚至断言所有分析类语句皆规则;而一条规则就是一种普遍的命令。④

既然所有规则包含命令句,包括逻辑规则,那么,在这种方案中,命令句之逻辑学的最终任务可以确定为"为'逻辑学谈论什么?'这一问题投放些许光明"就是顺理成章的了。⑤逻辑学所谈论的,主要不是命题的真实性,而是推论的有效性,这种有效性并不取决于前提和结论的真伪。

然而,黑尔也有更浅近的动机,即澄清伦理类语句的情况。正如我

---

① 这里,黑尔建议采纳隶属于卡纳普拟订之逻辑领域的准则格式。卡纳普引入了"指示语"("désignateur")这一术语,并解释说他把"可应用意指语义学分析的所有表达形式"都称做"指示语";他还立即说明,"这里,'意指'一词始终用其'指示性意指'('signification désignative')的意思,有时也称做'认识性'('cognitive')、'理论性'('théorique')、'参照性'('référentielle')或'信息性'('informative')意指,以期与意指的其他成分相对立,例如情感类意指(signification émotive)或论证类意指(signification motivative)"[卡纳普:《意指与必然性》(*Meaning and Necessity*),§1,第 6 页]。

②④⑤ 见 R. M. 黑尔:《命令式格言》,第 2—3、4、1 页。

③ 参阅吉尔伯特·赖尔(Gilbert Ryle):*Knowing How and Knowing That*。

们刚刚看到的,他并未就命令成分或多或少隐藏于这类句子一点而指责卡纳普和史蒂文森(Stevenson)。他指责的是,"发现"伦理类语句未向我们提供任何有关命题真实性的内容理应导致把它们排除出逻辑学之应用领域的意见。在这种情况下,我们更应该关注它们的言述内容,把它们调整到"没有歧义和矛盾"的程度。① 这种态度与某种日常言语哲学的动机是背道而驰的,后者在弄清建立某种伦理学"理论"之尝试有无意义这一问题之前,就试图把人们有时过快地称做"道德思维"("raisonnement moral")的东西再次置于人类确实可能碰到的(真实的或虚幻的——无论如何,想象是人类精神关注能力的一个重要组成部分)各种情形的决断之中,而日常言语(当然也包括文学言语)②之细腻足以使我们领会这些情形。黑尔抨击与一项和谐的认识论计划(后者将显示其此路不通的真相)相关联的限定行为时,采用了另一种限定行为,而没有真正关注提出 knowing how 之伦理问题的语言是后者的重大缺陷。可以说,黑尔所投入的预备性"语法"调查以对语言现象的漠视,回答因把"伦理类语句表述了什么?"这一问题与"制造这类陈述句时我们想表述什么?"的另一问题相隔绝而导致的脱离背景现象。

如何确定命令句这一类型呢?黑尔从把传统的断定(直陈式语句)、命令(命令式)和问题的三分法重新组合为直陈句和命令句两个部分、把疑问句演绎为命令句入手。这样,"谁在敲门?"就变成了"告诉我敲门人的姓名",而"您结婚了吗?"则被"我已婚/未婚+划去无关内容"所代替。这类变通的一般原则即肯定一个问题"可演绎为一个命令,其途径有二,或者赋予某命题功能的变化部分一种价值,或者断定供选择的语句之一"③。然后,黑尔投入一项小小的语法调查,旨在突出命令"一般"都发给现在时或未来时的第二人称这一点。但是导致他得出这一结论的论据,却仅涉及"命令式"的某些被视为"正常的"特征。这里的命令式明显与作为"逻辑形式"、可以容纳所有问题的"命令式"不是

---

① R. M. 黑尔:《命令式格言》,第 3—4 页。

② 布赖恩·穆尔(Brian Moore)在给他的女编辑的信中写道:"我一直希望赋予我的人物以更多的差异性……某种出于陀思妥耶夫斯基式获得意外效果之奇异能力的东西,细察之下,甚至正是他们的行为逻辑和真实性之所在。"[转引自丹尼斯·桑普森(Denis Sampson)著《布赖恩·穆尔:长于变化的小说家》(The Chameleon Novelist),都柏林,马里诺出版社,1998]

③ R. M. 黑尔:《命令式格言》,第 5 页。黑尔顺便指出,祁愿句(les souhaits)不能归并,但在该文中把它们搁置一旁。

一回事。黑尔这里考察的显然是传统语法中憨态可掬的古老语式。他的见解因之而更加惊人。他当然是从英语出发,指出,"我们感到颇为奇异"的是法语复数第一人称、希腊语单数和复数第三人称以及印度斯坦语单数第一人称的出现(他理解为"请您下命令吧,让我……")。"奇异"情感的表白说明他一直无视语言差异这一简单事实,正是对语言差异的无知才使伦理类语句中的"我们"(当然也包括"我")产生了很大的问题。但是,涉及动词时态时(涉及命令式过去时的缺失时),第一人称再次出现在解释之中:一个命令式"是对 What is to be the case? 或 What am I to make the case? 这一问题的回答"①。如果说第一个问题意味着要断定一个"不变事实",那么相反,第二个问题则"意味着要从若干事实即不同的行为线索上做出选择"②,换言之,意味着一种思考。"如果问题涉及我们的行动",答案即是一种决定;如果涉及他人的行动,答案则是一项命令。由于我们无法慎重考虑过去之事,无法决定过去怎么做,也无法命令一项已完成的行动,因此,不可能有"真正的命令式过去时"。请注意,如果伦理类陈述句固有的语式想表示这种意见,我们就不能满足于了解这些陈述句想表述之内容,还应该问问我们发出这些语句时自己想表述什么。这时,如果还有可能解释语言中可能存在的某些形式的表现,则不允许无视它们在一定语言内以及语言间的多样性。因此,黑尔的方法立即就变成一种"为着逻辑目的"的排斥方法:排斥时态,排斥人称,总之,排斥从前允许分离出命令句类型的语法特征。③ 剩下的问题就是直陈句和命令句与事实的关系:"一个直陈句告诉我们某事属实。一个命令句要求我们行动起来使某事成为事实"④,而两种句子都包括一个描述部分。区分一个句子里表达已言述内容(黑尔在其文章里称之为"描述元")与表达"要求句子完成之内容(命令,断定)"的大门从此打开了。⑤

《道德类言语》(*The Language of Morals*)以其"浮标"("neustiques")和"语句元"("phrastiques")概念⑥,开发了一套新的观念,这

---

① 这里翻译是件很微妙的事。很不典雅的近似译文如下:"怎样才能使它成为现实?"和"我需要做什么才能使其成为现实?"。两种情况下,falloir 一词当仁不让,而非 devoir。

②③④ R. M. 黑尔:《命令式格言》,第 5、6—7 页。

⑤ R. M. 黑尔:《命令式格言》,第 8—11 页,这里可特别参阅第 9 页。

⑥ R. M. 黑尔:《道德类言语》,第 9 页。

套观念不同于"描述元"("descripteurs")和"记述元"("dicteurs")的观念体系。大的纲要没有变化,只是1949年有关直陈句与命令句的区分的大环境有助于诸如"好"、"应该"(ought)、"正确"(right)等词的分析,分析它们赋予陈述句的推荐语力、规定语力或评判语力。于是,黑尔宣称,"好"具有一种评判意义,该意义"对于用它来意指的一系列物质皆适用","相对于它的评判意义","好"字在某些陈述句中可能出现的描述意义则退居"次要位置"①。他的这一观点恰好构成塞尔的批判对象。② 其实,很有必要把诸如"好"这样一个词的意指与其应用标准相区分:后者决定其描述内容的变化情况,而前者则确定其稳定性语力(推荐语力)。③其余部分,推荐语力、规定语力或评判语力与命令式推论的一般逻辑融为一体,后者是与断定式推论的逻辑相并列而存在的。"浮标"与"语句元"的区分在这一并列建构中占有位置。命令做 p 与断定 p 两种形式共享相同的"语句元"。例如"Ferme la porte"("关上门吧")与"Tu fermes la porte"("你在关门")拥有相同的语句元"Toi fermer la porte",并且分别暗含着"Toi fermer la porte —oui"形式和"Toi fermer la porte —s. v. p."形式。这里处于后置位置的"oui"("是的")和"s. v. p."("请")构成"浮标",表示言语行为分别由尚未分析的语句完成。只要已经规定一种推论或"思维实践"的前提之一应该使用出现于结论中的"浮标",那么一旦构成恰当象征的后置词或前置词,就有助于把命令句逻辑引回到语句元逻辑。总之,关于语句元的计算方法是相同的,这一方法随后再应用于直陈句和命令句。④

《道德类言语》一书并未因此而寻求从语力与命题内容之区分的这种新形式中,依托各种言语行为的系统分析而衍生出一种一般性意指理论。但是,当《言语行为》面世后,为了回答塞尔对错误的言语行为的种种批评,黑尔在《意义与言语行为》(Meaning and Speech Acts)一文中,努力向这一方向迈进了一步,补充了"回折"("tropique")概念,并相应修正了"浮标"概念。《意义与言语行为》的总体论证分两步。第一步,黑尔努力证明,通过一个语词的各种境遇维持它在不同句法结构(表达不同言语行为)的句子中的意指,并非像塞尔鼓吹的那样,有损一个语词之意指源自通常在包含该语词的明确的肯定式陈述句中完成的

---

①③④　R. M. 黑尔:《道德类言语》,第 118、102、26 页。
②　塞尔:《言语行为》,6.2,第 137 页。黑尔在《意义与言语行为》(Meaning and Speech Acts)一文中对此做了回答。

言语行为的论点。然后,黑尔调整了自己的分析,以期说明,一旦我们深刻理解了这种基础形式上的句法变化之后,便也有可能理解下述情况,即使解释某语词意指的言语行为不再有可能完成,这些变化所包含的某语词是如何保持它的意指的。① 这种演示要求修正"浮标"的作用。在《道德类言语》中,"浮标"扮演着双重角色:弗雷格的断定符角色和语式(直陈式或命令式)的指示角色。很遗憾,这正是歧义的源泉之一。此后,语式的表示交给了一个明确的标记形式("回折"符),而"浮标"则变成了一种"署名符号"。我们可以通过最简单又最基本的问题现象,简略解释黑尔的意图。塞尔自己亦断言,提问题不啻要求获取某种信息的一种形式,或者要求表达某种认识的一种形式(问卷类问题)②。黑尔依然忠实于他在1949年的论文中所阐发的观念,并把多选择形式作为问卷式问题的普遍结构。这意味着诸如"婚否?"这一问题乃请求或命令答卷者在问题本身之语句元所提供的若干断定式答案(这里包括已婚和未婚两个答案)之一上"打勾"。由疑问词"谁?""什么内容?""如何?""何地?""何时?"等引导的问题接受类似的处理方式,它们要求回答者以一个定量代替某命题功能中的一个变量,并在正确方格(这回由答者提供)上"打勾"。"回答者在合适方格上打的勾或小叉,与他在整个文件下方的签名一起,构成一个十分重要的言语材料"③,以"浮标"或"署名符号"为标记,相当于弗雷格断定符中的竖线。④

归根结底,黑尔赋予这种通过重新阐释语力与意义之区分、并进而重新阐释旨在处理言语行为的普通语义学之(慎重)方法而把伦理类陈述句重新纳入逻辑领域之努力以何种意义呢?在《道德思维》(*Moral Thinking*)的引言部分,其方案是明确的,方案的构成中似乎重新引入了我们上文中提到的处于缺失状态的"我们"。黑尔从"我们经常面对道德问题"⑤这一现实出发。这是第一个明显的限定。我们把这视做一种限定,因为我们的道德生活显然不仅仅是由引发问题的情形构成的,即使我们仅考虑那些引发选择、行动或深思的情形。该限定不仅是要人们看到这一显而易见的事实,即道德哲学所关注并视为典型的我们生活中的大量上述现象一般情况下并未引发任何问题。它更多地是

---

① ③　R. M. 黑尔:《意义与言语行为》,第 89、81—82 页。

② 　参阅《言语行为》,3.4,第 69 页。

④ 　另外黑尔明确批评维特根斯坦放弃了这一记号。

⑤ 　R. M. 黑尔:《道德思维》。

第四章 F(p)

想提醒我们,在很多可能(或本应)引发问题的情形中,问题并未提出,其原因并非缺乏道德关注或缺乏理性。另外,当一个问题确实提出时,这个问题不乏下边这种形式:"到底应该提什么问题?为什么呢?"梅尔维尔(Melville)的童话《贝尼托·塞尔诺》(*Benito Cereno*)里的船长德拉诺(Delano)毫不犹豫地完成一项行动时的那些思考就是一个突出的例证。他不断地质疑道德上应该提出的那些问题的主要原因,就是因为他面对着一些似乎没有来由的话语(des "dits" apparemment sans "dire"),没有明确陈述者的陈述行为,面对种种沉默,这些沉默使关于说给他听的那些话语的任何阐释都飘忽不定。黑尔所设计的道德哲学不是探讨这类问题的。它似乎限于下述情形:某些"或多或少纠缠我们"的问题确实已经提出(这些问题是我们自己向自己提出的还是别人向我们提出的,这一问题也未涉及),而我们多少也在思考这些问题。然而,我们前边介绍的全部内容喻示着这种限定仅仅是表面文章,因为我们前边已经看到,概言之,受制于问题形式的,是同时应用于以断定为起点之推论和以拥有不同语力(这里指命令类语力)的前提为起点之推论的逻辑整体。这样,谈论道德问题,无异于从整体上谈论"道德思想"。这种思想活动能否正确进行,道德哲学之任务恰恰就是帮助我们更好地投入上述活动。

黑尔承认,这并非达到上述目的的唯一途径,换言之,"正确推进"的道德思想拥有多种形态。道德哲学带来的属于理性收益。这句话显然意味着——这次没有限定——存在着一种理性方法,以期成功回答道德问题,即哲学应该展示道德思想的规则或经典。然而,这句话还意味着——只要视其为顺理成章之事,这种预设就是隐性的——一个道德问题必然是一种评价、一种判断或一种义务和责任等,后者均可以归入导致诸如某事是否可爱、是否正确、是一种责任或错误、是不是一种原则以及何种原则等结论类型的道德思维之中。如此界定的道德哲学显然以为人们可以分析考狄利娅(Cordelia)的旁白:"考狄利娅该怎么做呢?爱还是保持沉默"(What shall Cordelia do ? Love, and be silent)①,而不必关心沉默本身;或者伏伦妮娅(Volumnia)唱段的 50 句诗②以及科利奥兰纳斯(Coriolan)的决定,而视后者的缄默为可以忽

---

① 《李尔王》(*King Lear*),I,1,第 64 诗句。
② 《科利奥兰纳斯》,V,3,第 132—182 诗句。

视的解说词。① 失败较少源自这样的道德理性主义,而更多地归咎于所倡导的"道德言语"中语言被剥夺了任何经验厚度。②

这样一种道德哲学怎样才能完成它为自己制定的任务呢?在揭示我们的道德思维的逻辑经典中,第一步即研究我们所谓的"道德类"问题以确定问题的准确性质。我们再申明一次,这里并不是要人们弄清楚使一个问题成为道德问题或非道德问题的原因。霍布斯(Hobbes)或洛克(Locke)在一定程度上默认了实验方法问题也可以是道德问题(或伦理政治问题)的观点③;但是,他们关注一定语境下语词的滥用,并且认为(同时又从中得出截然不同的结论),是否伦理问题的确定要通过对语言伦理学的考问。④ 这一古典理性经验主义的教训似乎丢失了。如果说命令式标准具有把道德哲学非心理化的巨大优点,它的巨大缺点则是回避了赖以确定一问题何以成为道德问题而非其他问题的语境类型和情境类型的考察。黑尔以为道德哲学更应建立问题的理解条件:它表达了什么内容?

理解问题等于理解提问题时的言辞,亦即这些言辞的用法。根据《道德类言语》所阐发的理论⑤,规定一个语词的意指(用法),可以揭示包含该语词之问题的逻辑思想的部分"经典",因为任何语词至少都部分地从其逻辑性能中吸取其意指,对于有些语词而言,这些逻辑性能甚

---

① 洛朗斯·奥利维耶(Laurence Olivier)在阐释听他人叙述时沉默不语这一现象的作用时,足足沉默了漫长的两分钟。我们趁此机会说明,卡维尔(Cavell)以为阅读莎士比亚对道德哲学非常重要。它将揭示相关领域很大一部分传统竭力掩饰的语言应用现象和人类生活中的情境事实。沉默即是一种,动作与话语的关系是第二种,这里用来作为最远离"道德思维"之规范的例子。参阅斯坦利·卡维尔著《莎士比亚六部剧作中的否定知识》(*Disowning Knowledge in Six Plays of Shakespeare*)。

② 相反情况,见 E. 奥兰迪(E. Orlandi):《沉默的形式》(*Les formes du silence*)一书。

③ 关于这一点,参阅史蒂文·夏潘(Steven Shapin)和西蒙·谢弗(Simon Schaffer)合著的《利维坦与抽气机。霍布斯、博伊尔与实验生活》(*Leviathan and the Air-Pump. Hobbes, Boyle and the Experimental Life*)一书。

④ 西尔万·奥鲁(Sylvain Auroux)在《言语哲学》(*La philosophie du langage*)中论述语言伦理学的一章肯定了洛克观点的正确性(但是,很遗憾,没有还霍布斯以公正),然而,在我们看来,他对该领域盎格鲁—撒克逊哲学的评价却过于简单化。正因为如此,我们有必要表明,同意该文本中表述的一大部分观点。

⑤ R. M. 黑尔:《道德类言语》,第 2 章第 4 部分。

第四章 F(p)

至构成它们的全部意指。① 后一种情况以诸如 all 或 some 和其他"逻辑语词"为例。已经提到的黑尔对自然语言中用语表现的无动于衷② 在这里再次得到了证实。宣称在类似 All men are mortal（人固有一死）等语句中，如果 all 的意指与其用法密切地联系在一起，那么它的逻辑性能"穷尽"了该语词的意指，这种做法是荒诞的。我们没有必要寻找在道德方面仍有一定重要性的一个句子的复杂成分，例如 Leopold loved Molly all the more for her faults（利奥波德格外喜欢莫利的缺点）这样一个句子，只需意识到，在 All men are mortal 旁边，还有 All the men were killed or wounded during the skirmish（任何人都有可能在战斗中牺牲或负伤）等语句的存在。逻辑学家有理由认为（我们在谈及卡纳普时已经提到这一点），如果他使用自然语言的碎片建构他的元言语，一套适当的规定就足够了。这时，自然语言的这些碎片（此时或彼时应该用到这些材料）所发挥的功能与它们在该语言的日常用法中截然不同。这里没有任何疑义。然而，黑尔的话语却完全不同，因为伦理学的思维对象是"出现在我们身边的道德问题"，而我们并不觉得这些问题有机会出现在计量理论的言语之中。另外，黑尔本人亦心照不宣地承认，他所建立的怪圈最终排空了自然语言的用语，从中排除了我们伦理思维方面的任何"成义过程"（"signifiance"）：

> 如果我们熟悉包含 all 一词的命题所引起的有效推论，我们就能知道我们可能知道的它的全部意指；而了解 all 的意指至少是向认识我们能够做出的有效推论方面迈出了第一步。③

随后，他又奇怪地补充道：

> 我们当然没有全部了解计量理论的义务，后者把 all 和 some 的逻辑系统化，使我们有可能自诩熟悉 all 的意指；但是，如果我们了解 all 的意指，我们至少有能力开发一种计量理论。

---

①③ R. M. 黑尔：《道德思维》，第 2—3 页。
② 我们列举了若干英语语词，理由是，它们在计量理论元言语中使用起来似乎比法语中相对应的语词少一点"阻力"。这样做也许还有助于保持某种对应幻觉，但是肯定不会影响论据。

如果我们不需要了解全部计量理论,那么我们对 all 意指的掌握还体现在下述事实上:我们知道何时和如何使用 I was too late, it was all over(我来得太晚了,已经结束了)和 I have traveled all over the world(我曾周游世界),与使用 All men are mortal 和 All the men were killed 两个句子同样得心应手。可是,这也不是黑尔想表达的意思,肯定不是他准备考虑的因素。循环圈一般没有出口。在黑尔那里,日常用法已经是逻辑用法,且对某些语词而言,只有逻辑用法,其中"最常见者都用在道德言语中"。这一论点纯粹是错误的。

还有一个问题,这个问题被黑尔正确地称为"关键"问题,它从反论方面把我们直接引向奥斯汀:"从我们的道德思维的什么阶段开始,我们应该考虑到那些涉及人们在这个世界上的存在方式和行为方式的事实呢?"

> 我……所喻示的答案是,仅拥有逻辑手段,我们已经可以走得很远……但在立足于我们这个世界、选择应该引导我们的原则方面,与世界以及生活在这个世界上的人们相关的事实无疑是中肯的。因此,一个完整的道德体系既取决于逻辑论点,也取决于经验论点。①

这种不提出有关问题之问题的方式——这类问题如:道德问题最初以什么言语提出?谁来提出(我们还是他人)?什么时候提出呢(它们是否总是很适时呢)?——以道德领域里最传统的方式(我们看不出眼下的再心理化做法在很大程度上改变了事情),颠覆了逻辑性与经验性的关系。更具体地说,正如我们试图昭示的那样,这种颠覆建立在对自然语言及其日常习惯和滥用的深刻怀疑的基础上。须知,如果应该从哲学上不信任这种哲学怀疑论,特别是在上文所说的"道德哲学"领域,那么肯定不是因为"日常言语"最后说了算(在这一点上,奥斯汀的态度始终非常明确②),或者在某些情况下,我们没有"正确地"思考发生在我们身边的道德问题。应该不给予哲学信任的哲学怀疑论与它对澄清由怀疑言语而引起的问题没有兴趣,与它拒绝正视科拉·戴蒙德

---

① R. M. 黑尔:《道德思维》,第 5 页。
② 奥斯汀:《为例外辩护》(A Plea for Excuses),见《哲学论文集》,第 185 页。

第四章　F(p)　　　　　　　　　　　　　　　　　　　　143

提到的下述问题的态度有关,这些问题包括:

　　由用得好、回答得好、接受得好、(不愿)正视错误使用带来的失败类型等引发的所有问题。我们的语词、思想、描述、哲学风格是如何让我们失败并使他人失足的?①

而在道德言语和道德问题本身的排列中尽最大努力,直至为建立可作为前提的"原则"而必须建构有关世界及其生存者的"可靠的经验论点",这等于从哲学上(以典型的方式)预测人类度过其道德生活(从多方面看,后者即生活本身)的世界类型。然而,正如奥斯汀不断地以或明或暗的言语提醒的那样,这种哲学预测扼杀了选择和描述"可靠事实"所要求的想象力和细腻精神的道德意义。这里,"论点"一词的使用足以说明这一点。似乎"言说"什么是世界事实和人间事实并不对何谓道德哲学做出预先界定一样,尤其当它试图建立在言语行为的理论基础之上时,而它建构言语行为理论正出于此种目的。斯坦利·卡维尔指出②,奥斯汀式举措的一个最突出的特征,恰恰就是让哲学家的语词和经验直接面对我们想象中人们有可能发出这类言辞并想着它们的意义、有可能实际拥有这类经验的种种情境。约翰·洛克(John Locke)自《人类理解力论》(*An Essay Concerning Human Understanding*)卷三开始的转折起,就一直坚持这样做。

2. 奥斯汀:言说我们之所说,做什么呢?

1. 言说如何真正说我们之所说

How to Do Things With Words:一个奇怪的(神秘)起点,它同时又想突然终结却无法如愿(日常言语首先发言,可是,说不出话来的弥留之际拥有最后的发言权)。这个书名直译为《如何以言行事》。法文此后的经典译法一直是《说即做》(*Quand dire c'est faire*)。从原著到译文,发生了哪些哲学上站得住脚的事情呢? 首先,译者忘记了"如何",忘记了支撑始终存在的"失败"、"不幸"可能性的某种"使用说明"的讽喻意义,遗忘了困扰经典主义者的关于言语交流脆弱性的意识。

---

　　① 科拉·戴蒙德:《关于道德哲学的一段简述》(*Having a Rough Story about What Moral Philosophy Is*),第380页。
　　② 斯坦利·卡维尔:《爱的回避》(*The Avoidance of Love*),第42页。

这样，与《为例外辩护》中的种种例外的联系就被中断了，而该文包含了奥斯汀以书面文字阐述方法论这一形式中最长的发挥部分。这些例外不光是一些简单的研究对象，也是以一种"更恰当的"哲学，对构成传统哲学舞台的自由意志或行动的重大装备进行重组的一种幸运的批评途径。"如何"及其所包含的失败可能，以任何处世教材同时又是一部无法弥补类过失之目录的方式，直接引入了语词的使用与滥用观点。其次，经典型译文丢掉了"事情"(things)。这里指的不是通过哲学"问卷"的幸运机会被大写在各个栏目中的事情，而是囊括从动物（奥斯汀的著作是一个真正的动物园，论及金翅鸟、驴、大象、蜗牛等）到轮船、中经所有层次、包括最高贵的场面（如结婚）到最粗俗不堪之作为（出入赌场）等玩意、家伙、东西的地地道道的大杂烩。失去物也意味着失去语词。有人可能反驳说，没有言说的语词将特立独行，因为"言"已在。然而，如果我们有言而无语词和物，有"做"而无做的事，这毕竟不是一回事。最后，继丢掉"如何"之后，又丢掉"与"(with)，丢掉与"与"相配合的事与词，代替它们的是单纯的对等关系："说即做"("dire c'est faire")。幸亏保存了"quand"("当……的时候")这个词，喻示着依然有可能发生说并非（总）等于做的情形，也不至于使漂亮的南方熟语"Tout ça, c'est des paroles verbales"("这一切都是空话")丧失其存在的意义。从另一角度看，书名的翻译虽不忠实，却很漂亮，并不完全缺乏对应性(à-propos)。遗憾的是，所选时机并不一定是最佳时机，除了贴题性以外，我们还希望往术语"对应性"里渗入对恰当时机及其失败的考虑，如同当我们说一个见解尽管正确却"不合时宜"、因为作者乃事后聪明那样的意思。法文译本的面世比原作不可避免地晚了 8 年。以 *Quand dire c'est faire* 翻译 *How To Do Things With Words* 使我们听到了黄昏时翱翔在空中的猫头鹰的展翅声，似乎"言语行为"理论已

第四章　F(p)　　　　　　　　　　　　　　　　　　　　　145

经有了,包含在奥斯汀最初的问题中。① 学者们经常指出,从完成行为式表述(performatif)到言辞行为、超言辞行为和非言辞行为学说的过渡,经历了若即若离的若干阶段。从回溯的角度看,说即做涵盖了这一旅程的最后时刻。然而,"如何以言行事?"的问题(如果这是一个问题的话)也许并不像作者宣称的那样,适合于建立一个新的学科或者标志作者以为它无愧于其名称的"发现"类型。反之,它使说与做之间也许可能存在的同一性假设,特别是这种同一性的意义(取该词的所有含义)的假设处于悬念的位置。

卡维尔指出②,奥斯汀针对日常言语的"方法"涵盖了我们的若干言说类型。使用他的分类我们岂不更方便一些? 第一种言说类型诉诸一种语言可说或不可说的情况。例如:

> 下述两种形式存在着一种独特的差异(……):"Comment le savez-vous?"与"Qu'est-ce qui vous le fait croire?"我们似乎从来不这样提问:"Qu'est-ce qui vous le fait savoir?""Comment le croyez-vous?"③

第二种言说类型是对第一类陈述句的表现形式的解释或论证。这里所解释和论证的,是我们何以这样说或不这样说等这些实例的表现形式本身,以及关于接受性的这类判断。例如:

---

① 我们从卡德纳(Gardiner)的著作 *Theory of Speech and Language* 的法文译名中发现了译文中恰到好处的上溯型视点的又一突出例证。弗郎索瓦·雷卡纳蒂(François Récanati)曾经提醒我们注意这一现象[见《完成行为式陈述句》(*Les énoncés performatifs*),§9—11]。法文书名变成了 *Langage et acte de langage*。这种译法没有丝毫不便之处,因为卡德纳使用了 act of speech 概念,但是留下了似乎有"什么事情"等待人们去发现这一暗示的大缺点,而先驱者们的"雕虫小技"把这一时刻推得愈来愈遥远。关于这一认识论问题和科学史问题,参阅乔治·康吉扬(Georges Canguilhem)著《有关科学的历史研究和哲学研究》(*Etudes d'histoire et de philosophie des sciences*),引论部分,第 20 页,和马德莱娜·巴泰莱米-马多勒(Madeleine Barthélémy-Madaule)著《拉马克或先驱神话》(*Lamarck ou le mythe du précurseur*)的前言部分。

② 见斯坦利·卡维尔:《我们说话时的必然意指》(*Must we mean what we say*),第 3—17 页。

③ 奥斯汀:《其他见解》,见《哲学论文集》,第 78 页。

如果您问我"Comment savez-vous que c'est un chardonneret?"("您怎么知道这是一只金翅鸟？")，我可以回答说："par son comportement"，"aux marques sur son plumage"（"根据它的行为"，"根据它羽毛上的标志"），或者更详细一些，"par sa tête rouge"，"parce qu'il mange des chardons"（"根据它的红脑袋"，"因为它吃蓟类植物"）。这就是说，我在一定程度上比较具体地指出或展示使我能够辨认它的情势特征，作为一种可以像我描述的那样去描述的情势。①

如果您说"这还不够"，那么您头脑里应该拥有比较具体的不够的轮廓。"要是金翅鸟的话，除了红脑袋之外，它的眼睛周围还应该有一些很有特征的斑点"，或者"您怎么就知道它不是绿色的啄木鸟呢？啄木鸟的脑袋也是红的"。如果您不能最低限度地准备按要求具体确定不足的内容，那么继续坚持说"这还不够"就是愚蠢之举（令人不快的举动）。②

最后，第三种言说类型由概括构成。例如：

足以即足以，足以并不等于全部和随心所欲。足以（在合理并考虑到现时需要和宗旨的范围内）意味着这是此而"不能"是彼，意味着没有不同描述或相反描述的空间。③

让我们一个一个考察一下这些言说类型和陈述句类型，从中悟出奥斯汀的目的，以及他何以能够首先分离出完成行为式表述形式，然后又是怎样引入言语行为和"语力"的一般概念的。这样做可以使我们在浅近层面上，指出作为某种程度"形式化"结晶的种种普通语义学理论之所失，这里指的是哲学意义上的"所失"。

先从例句开始。它们的准确身份是什么？以什么手段获得它们？为什么要选择它们？上述"我们"的言说例句首先具有一种自然语言之陈述句的身份，它们是由一个其母语是这种语言的说话者根据自己对这种语言的"直觉"引以为例的。这一现象本身不提出任何特殊问题，因为一个日常言语的哲学家可以同任何一个同母语的言说者一样，发表自己对接受性方面的判断。这样也部分回答了第二个问题（如何获

---

①②③　奥斯汀：《其他见解》，见《哲学论文集》，第 83、84 页。

得这些系列的?),但仅仅是部分回答,因为奥斯汀还建议引用其他言说者的例子,建议考察相关形式亦存在其中的某些特殊的言语习惯,建议查阅常用词典和语法书。① 所有这些观察绝不像它们表面上那样平庸,首先因为它们提出了哲学问题之本质方面的一个关键问题。其次,以我们之见,因为它们包含着关于语言能力之本质方面的一个论点,至少是相当明确的一种立场。第一点涉及对我们开始提到的其他两种言说类型的考察,暂且搁置一旁,让我们先集中于第二点。奥斯汀有一点非常清楚,即他从不考察一个"理想说话者"的能力。② 人们之所以说话,并非因为他们拥有某种类似于"语法在胸"的东西,拥有我们可以像乔姆斯基(Chomsky)那样界定为认识状态的东西:

> 认识状态包括形式、意指以及两者相互关系的所有风貌,还包括进入这种关系的种种隐型结构。认识状态可以恰如其分地归入人的精神的一个特殊的子体系,这里指的是让形式表象与意指表象发生关系的子体系。③

这样一种观念(其格式不管是上边这种还是另一种更老一些的,丝毫不改变事情的本质)被排除,并非由于这是一种被归诸奥斯汀名下的"语用"方法,因为在一群扑面而来的方法论中,完全可以设想一种"以头脑中拥有一定构成性规则体系为特征的语用能力"④。其实,对这种语言能力范式的排除与奥斯汀的方法论设置了另一种范式相关,西尔万·奥鲁从认识论以及与日常言语哲学之检视毫无关系的宗旨出发,建议把后者命名为"超语言"("hyperlangue")范式。⑤ 如果追随奥鲁的思路,其主要特征可以描述如下。我们面对一些个性,不妨说面对一些以自己的语言能力为基础、或好或坏马马虎虎地相互交流的个人(他们甚至谈不上有什么"思想"),他们的语言能力不是别的,而是实践证明的使用语言和接受语言的能力。自然,这些语言能力参差不齐。反

---

① 奥斯汀:《为例外辩护》,《哲学论文集》,第 186 页。
② 主要参阅奥斯汀:《为例外辩护》,见《哲学论文集》,第 183—185 页。
③④ 诺姆·乔姆斯基(Noam Chomsky):《角色与表象》(Rules and Representations),第 59 页。
⑤ "一种真实话语"("Quite a mouthful"),正如奥斯汀说到他自己的某些新词时那样。参阅西尔万·奥鲁:《超语言的真相》(La réalité de l'hyperlangue)和《思维、言语及规范》(La raison, le language et les normes),第 113—123 页。

之，正如奥斯汀一再重复的那样，这些个人接触各种各样的语言工具（例如奥斯汀钟爱的《牛津英语词典》，还包括语法书等）。他们自然参与了各种强制性和非强制性的社会活动和关系，我们不应该忘记这些活动和关系的时间维度和历史维度。总之，他们的语言交际关系完全投入一个非常真实的（自然也包括虚幻的）背景之中。这种空间结构和时间结构的总体自然被语言活动所修正，但是也赋予后者某种稳定性。因之，正如奥斯汀一再强调的那样，"语言现象"的差异很大，说话者所拥有的语言工具以及他们的语言创造力的差异很大。但是，个人历史之外，个人间和集体间的交际历史之外，诸如说话者以他们的语言言说现实这种与现实（真实）交往的空间之外，"语言本身"的差异并不比"语法能力"本身的差异大。我们知道，奥斯汀以某种稍许早熟的（或幼稚的）"达尔文主义"的语汇，异乎寻常地强调一种颇具哲学重要性的言语现象，即

> 我们共同的词汇库包括人们祖祖辈辈以为有必要建立并保持的所有区别和关系，因为它们经受了自然淘汰的长期考验。我敢肯定，它们一定比您和我一起——这是两种方法中最好的一种——整整一下午挖空心思闭门造车所能发明的区别和关系更多、更牢靠、更灵活，至少在我们日常生活实践中的全部合理关注方面是这样。①

这里，我们对这部文本涉及语词与世界之著名关系的方方面面不予置评，仅强调一点，即奥斯汀明确把言语投放在被理解为"厚重的"、经验性的时空构筑的语言之中，正是这些时空构筑在不幻想某种"大同语法"和塞尔式不确定"背景"的情况下，消耗着我们可以归于"能力"名下的东西。如果这里存在什么"精神哲学"，那么，其中的精神并不存在于心理活动丰富的主体内部，而全部是"外在的"，存在于说话者个人之间。正是在有着个性差异的这种能力的基础上，一个日常言语的哲学家才有权（他是否有过错，这是另一回事）生产卡维尔指出的第一类陈述句。

下面还剩下第三个问题，即这些例句的选择问题。没有问题的建构，换言之，没有总体观察的建构，就不可能有例句的选择。如果奥斯

---

① 奥斯汀：《为例外辩护》，见《哲学论文集》，第182页。

汀的目的是建构语言学问题,他在其文字中向我们建议的第一类陈述句的大部分则不能满足这一宗旨,由此,具有哲学家或语言学家身份的批评家们常有撒胡椒面或置身某种形式的言语印象主义之感。我们更倾向于坚信,奥斯汀向我们提出的那些建议中(至少《如何以言行事》第七次演讲结尾以前的建议中),没有任何东西排除下述意见,即以第一陈述句某标记为基准,相对于它建构其他陈述句,以此类推,这样建构起来的更严谨的近义句家族①,不可能对建议中的分析②的细腻化有大的补益,恰恰相反。也没有任何东西反对下述观点,即建构并尝试解决纯粹的语言学问题,也将对奥斯汀的方法论增加一些哲学方面的清晰度。然而,奥斯汀提出的问题不是语言学问题,而是哲学问题,况且他不是通过元语言学建构研究共同语言,而是瞄准"传统哲学家们"提出并试图解决他们自认为是自己的问题(实践证明,这些问题通常也确是他们的问题,在这一点上,奥斯汀与维特根斯坦存在着分歧)时使用共同语言的特殊用法(甚至习惯用法)。

这一点就把我们直接带到位于哲学问题核心的第二种言说类型。③ 如果我们接受这样的看法,即弄清导致哲学家们以这种或那种方式建构哲学问题从而产生这类和那类效果(例如幻想拥有某种方案,其建构不得不漏掉我们人类的经验网络的一大部分,不得不经常碰到科学知识的无情抨击;例如等待后者提供它无法提供的东西,或者冠冕堂皇地无视它所提供的东西)的原因也是一个哲学问题的话,那么,第二类陈述句或言说形式当仁不让地建构着哲学问题。

让我们再回到上面的例子。奥斯汀把"Comment savez-vous que X?"这一问题和人们可能赋予它的回答类型以及"Ce n'est pas assez"这一语汇投放到某种背景或背景类型中去,从中抽取出人们可以在"语用实践"中言说的若干关联形式,如果真像卡维尔喻示的那样,语用与语义的严格界限在这里并非天方夜谭的话。事实上,它可能使我们产生下述想法,即第二类言说或针对语言的陈述句与第一类的涉猎内容

---

① 在我们上边提出的例子中,这样就有必要增加下述句子:*Comment avez-vous pu croire ça*!(?)和 *Qui vous a fait savoir ça*? (还有其他形式)。

② 还要考虑到奥斯汀的发表文字与集体研讨会的内容之间的巨大差异,而奥斯汀是定期召开集体研讨会的。他在该领域的格言另有所寄:请系统些。

③ 卡维尔在《我们说话时的必然意指》(*Must we mean what we say*)一文中对这类言说做了卓越的分析,我们大量采用并参照了他的观点。我们意在突出某些其他形态。

不同,后者限于句法和语义范围的评判。但愿事情不是这样,第二类陈述句揭示了这一点。奥斯汀之所以粗暴地说,继续重复"Ce n'est pas assez"而未能框定缺乏的内容乃"愚蠢"之举,那是因为存在着某种形式的哲学上的"迟钝性",这种迟钝性属于对"适应性"(和不适应性)或者"相符性"(和不相符性)问题的盲视。这种盲目既产生了对语言的迷失,也产生了对世界的迷失。我们迷失了方向,因为我们忘记了或掩饰了这一事实,即人类不能建构一种"语法"语言(取乔姆斯基而非维特根斯坦谈论"语法"时的意义),因为不管是否哲学家,我们讲述的语言是我们讲述这种语言的经验结果。与认识和信仰相关的问题是在一种语言中提出的,与一个陈述句中动词 croire 或 savoir 以及某些标记符号的共同出现所引起的至少某些可能或不可能的排列形式的考察无关,忘记这一点,确实是一种迟钝。当人们赋予探讨中的哲学问题以一种既定的语言形式,可以与诸如《一个词的意义》(The Meaning of a Word)一文开卷时的①双重清单等其他同样确定的语言形式相媲美的确定形式时,迟钝性就产生了。这是位于严格的可观察到的形式层面的第一类陈述句("我们说 x 但是不说 y")的功能之一。这种功能依靠某些语言学家肯定不否认的一个原则[没有这一原则,著名的"不要修改畸形"("no modification without aberration")②就会变得不可思议],即每种形式都有自己的阐释,以至于亲缘陈述句活跃的变化游戏内部,两个不同陈述句意义上的暂时同一,只能借助于说话者一定程度上掩饰差异并向相似性倾斜的策略。让我们从《一个词的意义》中选取两个例子,并像奥斯汀那样,尊重韵律方面的标记:

(1) *What-is-the-meaning-of* (*the word*) "*rat*"?

(2) *What is the-meaning-of-*(*the word*)*-*"*rat*"?③

断言(2)是一个无意义典型、对这一问题的任何回答也是无意义典型

---

① 奥斯汀:《一个词的意义》,见《哲学论文集》,第 55 页。

② 奥斯汀:《为例外辩护》,见《哲学论文集》,第 189—190 页。

③ 原则上,一个说英语的人只要言说这句话,就会立即发现它的韵律变化(韵律变化也是逻辑变化,但是,它首先是韵律变化这一点很重要)。"ce n'est pas assez"一语中使奥斯汀颇感困惑、不知到底是"愚蠢"(idiotie)还是"粗糙"(grossièreté)的哲学迟钝性问题,也是言说(diction)方面[和听觉(audition)方面]的缺憾。稍嫌突出差异而显然无法复原韵律的法文译文把(1)变成"Quelle est la signification de (du mot) rat?",而把(2)变成"Qu'est-ce que la signification de(du mot)rat?"。

〔基于这种理由，所谓"意指即习惯用法"（"la signification c'est l'usage"）的说法也是无意义的〕的意见，只能诞生于这类和那类理论的精心建构和精心批评中，等等。然而，重要的首先是奥斯汀的先见之明，即认为（1）与（2）之间的差距可以忽略或纯粹是"逻辑"问题（取狭义的逻辑意义）这一事实本身乃哲学家面对他的语言（不是他作为哲学家的语言习惯，而是他生活其中的共同语言）的某种类型的"介入"（"engagement"）结果，或者更准确地说，某种类型的"脱离"（"désengagement"）结果，似乎共同语言已经不谈论这类差异。于是，我们终于面对第二类言说以及《如何以言行事》重新引入的内容，只要我们不回避奥斯汀这种方式：当奥斯汀告诉我们"金翅鸟，物质客体……没有写在任何地方，并处于缄默状态：但是人在说话"①时，他像维特根斯坦一样提醒我们某种东西已在我们眼前的那种方式。

归根结底，"语用或非语用"问题是第二位的问题，或者更准确地说，只有在下述背景下，这一问题才会提出，即从"语法语言"（取乔姆斯基谈论"语法"时的意义）的纯抽象层面②，试图为自然语言，为这个既"自发的"（我们的自发性）又具有规范性的时空存在和经验存在，建构一种衍生于形式言语之语义学或与其如出一辙的语义学理论的背景下。如果一个陈述句句法正确，不存在错误和逻辑矛盾现象，那么就没有理由喻示一个说话者的言说不准确、言不达义或者还有废话连篇、什么也没说等情况。那么，可挖掘的差异有三种：

（a）陈述句受逻辑限制约束的纯语义蕴涵与不受此类限制约束的"语用蕴涵"之间的差异。随后，人们试图通过某种真正的条件语义学伴以或不伴以整整一套精神状态的心理学，填补这种差距。

（b）"语词"与"世界"之间似乎不可逾越的差距，理由是，"语法语言"层面清晰可辨的参照行为显然不足以反映影响语言实体与非语言实体之间关系的稳定性和非稳定性。因此，正如我们上边已经看到的那样，援引自身具有逾越鸿沟性能的精神状态或精神行为，伴之以对古老的"约定"概念的近乎魔幻般的援用。

（c）最后是上述两个问题之间的差距。

从第二类言说中可观察到的旅程完全不同，因为它们直接引入了

---

① 奥斯汀：《其他见解》，第113页。
② 参阅西尔万·奥鲁：《思维、言语及规范》（*La raison, le language et les normes*），第117页。

说话者说话时的所作所为问题。当我强调说"这还不够"却不能确定赋予我的解释缺何内容时,我做了什么(或没做什么,或不知不觉地做了什么)? 当我询问"我怎样才能知道这是什么东西?"或者"一个词的意指是什么?"时,我做了什么(同上,等)? 断言"说即做"("dire c'est faire")显然参与了掩饰奥斯汀"如何以言行事?"问题的同类迟钝性。在其《语用学基础》(Eléments de pragmatique linguistique)的"言说等于无所事事"("Quand dire c'est ne rien faire")一章里,阿兰·贝朗多内(Alain Berrendonner)有理有节地重申了下面这些共识:"多些话语,多些行为"("Assez de paroles, des actes")或"说并不等于一切,还要付诸行动!"("C'est pas tout de l'dire, faudrait encore le faire!")①。奥斯汀是否也犯了否认这些共识的迟钝性错误? 话语当然不是下述意义上的行为:当我高喊"马上到!"作为对"晚饭已经端上桌了!"的回答,而10分钟后,我依然埋头于《弗努雅尔家庭旅行纪》(Les voyages de la famille Fenouillard)一书时,我并没有因此而完成"到"的行为。但是,我还是完成了大体上相当于奥斯汀的言说行为[《第七演讲续》(postseptième conférence)]的一项陈说行为。贝朗多内显然也不会否认这一点。于是,如果我们放弃某种"查验幻想"(illusion constative)——奥斯汀曾经吁请我们采取这种态度——就可以说明,一项(虚假的)落实(un constat)之外的其他事情和/或一个纯粹的"超言辞效果"("effet perlocutoire")获得了。然而,要达此目的,应该变换形式(制造变形)和语境:

    J'arrive! (马上到!)
    Il arrive! (他来啦!)
    Tu arrives! (你快点!)
    Artémise, tu (语调) arrives! C'est la dernière fois que je te le dis! (阿泰米斯,你过来! 这是我最后一遍喊你!) 等。

  行为中可以有或没有话语,但陈述句中却一定有陈述行为,这与断言任何"言语行为"背后都有一个"带有意向的主体",而言语交流中的一整套相互之间的意向游戏足以确定何谓"说话者的意指"的意见是完全不同的,格赖斯(Grice)即吁请我们这样想。正如桑德拉·洛吉耶

---

① 参阅阿兰·贝朗多内:《语用学基础》,第80页。

(Sandra Laugier)正确地指出的那样①,奥斯汀的完成行为式表述概念并没有重建话语的具有意向的神秘主体。他也没有向我们提供"编码—解码"("encodage-décodage")与"精神推论活动"("opérations mentales d'inférences")之间的选择。一切都直接发生在语言中和世界中。语言之中,因为语言材料的排列组合形成它们的运行因素,说话者可能较好地或不太好地掌握它们的运用规律(能力事务),他们并非遣词造句的大师。世界之中,因为没有无世界的语言,世界不等于语言,但是世界只能在语言中以及作为语言之经纬的同意和不同意声中得到表述。因此,有一些话语的蕴涵源自说话者说这一行为,并且是在一定的语境中说出这些话的行为;因此,也有一些"挫折",它们的根源在于语言不是一种"理想语言",在于行动也不是一种"理想行动"。

极有昭示意义的是,随着"言语行为"之"精神谱系学"("généalogie morale")的发展,完成行为性(performativité)概念出现在《其他见解》这样一部文本中,重新把言语行为引入言说内容,我们更乐于把这种方式称做语言的"陈述性方式"而非"语用方式"。在这部文本中,奥斯汀是在对著名的"他人问题"("他人精神")的彻底的非心理化框架下,建立言说"我知道"与言说"我许诺"之间的对应性的。② 奥斯汀的文本以不重视意向,甚至在许诺现象中反对对言语行为的这类分析而振聋发聩。③ 只要我们稍许关注一下像奥斯汀这样一位"风格学家"的表达方式,就不难发现,他没有写成"When I say I promise, I am taking a new plunge"("当我说'我许诺'时,我就承担了一种新的风险"),而是挖掘英语语言一种永远开放的可能性,"a new plunge is taken"("一种新风险开始了"),随后又采用了一直把人称代词搁置一旁的一种变换形式:"Similarly, saying 'I know' is taking a new plunge"("同样,言说'我知道'亦即承担一种新风险")④。文章接着对人们可能以为会陪伴这些陈述句的精神现象的全部描述工具进行批评。只是在这种批评体制中,人称代词才重新出现:j'ai donné ma parole, j'ai engagé mon autorité en affirmant que ceci ou cela:"My word is my bond"("我的话

---

① 桑德拉·洛吉耶:《重新开始哲学》(Recommencer la philosophie),第122页。

②④ 奥斯汀:《其他见解》,见《哲学论文集》,第98—99页。

③ 桑德拉·洛吉耶在《言说与意味》(Dire et vouloir dire)一文中特别强调了这一点,见第17页。

就是捆绑我的绳索")。作者首先论述了语言现象、"许诺"或"知道"的性能、第一人称的性能以及它们的排列所引发的效果：可谓"言语海洋"(la"mer du langage")甚至"跳水语法"("la grammaire du plongeon")；然后论述了拥有说或不说自主权的说话者(当然，说话者说或不说都有各种原由)。① 但是，如果他说了，他却不能使这成为一项行为，不能让自己的话语把他束缚住。

2. 投入陈述句

应用于自然语言的形式语义学至少应该拥有三大特性。② 首先，它应该处理句子(phrases)表达的命题并反映句子与命题之间的关系。其次，它应该确定一定言语的句子所表达的命题的真实性条件。最后，它还应该反映与之相关的语言客体与客观世界之客体之间存在的系统关系。这些要求出现在本章伊始勾勒的由范德维肯(Vanderveken)制定的方案中。该方案一个极其重要的现象涉及他考察的语言客体——句子，而且唯有句子，即由脱离任何言说环境或陈述情景而主导基本材料句法联结的规则确定的抽象语言实体。③ 在"语法能力"范式的前景下④，如同乔姆斯基那样的观念前景下，一个理想的说话者能够制造、发现并理解的，就是句子。我们可以这样说，他实际生产的句子即陈述句(énoncés)。然而这样，陈述句就与句子的情况同化了，因为陈述句的良好构成规则与句子的良好构成规则一致了。

---

① "说话者"而非"主体"导致了种种混淆。根本不需要去理解"心理主体"("sujet psychologique")的虚构问题或者被这一概念所困扰，从而思考什么"戏剧许诺"并非"严肃"许诺的事。作为虚构性说话者的人物是从最平庸的意义上许诺的，仅此而已；而身为陈述者的演员显然什么也未许诺。奥斯汀在《如何以言行事》一书中恰好选择了欧里庇得斯(Euripide)的《希波吕托斯》(l'Hippolyte)的一个片段，有很多微妙之处，见《如何以言行事》，第 9—10 页。

② 见弗朗索瓦·拉特拉韦尔斯(François Latraverse)：《语用学，历史及批评》(La pragmatique, histoire et critique)，第 135 页。

③ 读者可参阅诸如诺姆·乔姆斯基(Noam Chomsky)：《角色与表象》(Rules and Representations)，第 143 页；尼古拉·吕韦(Nicolas Ruvet)：《生成语法导论》(Introduction à la grammaire générative)，第 16 页和杜克罗(Ducrot)的定义，见《文本分析与陈述行为语言学》(Analyse de textes et linguistique de l'énonciation)，第 7 页。

④ 见西尔万·奥鲁：《超语言的真相》(La réalité de l'hyperlangue)，第 110—111 页。

第四章　F(p)

　　陈述句的另一种观念也是可能存在的,我们就在屈利奥里(Culioli)那儿找到了这种观念。① 句子依然由宾项构成良好的规则确定,而一个陈述句就与我们可能在某种初级教程中碰到的"作为故事题目或连环画题目"的"猫吃蛋糕"②一类句子大相径庭了。相反,一个构成良好的陈述句将是"妈妈!有个猫在吃蛋糕哩"或者"瞧!猫吃蛋糕了"等形式,我们从中可以找到诸如"瞧"或"有"这样"反映独特情境的(标志)词"。

　　总之,在形式语义学的基本要求里,没有任何内容真正与陈述句的生产和阐释相关联,即与陈述性程序(根据语言学理论建构的语言程序而非精神程序)相关联。没有任何东西从严格的"言说"标志中分离出人们希望引入其中的某种"非言辞语力"("force illocutoire")标志。看待这一结局的方式至少有两种。我们可以视句子之良好构成规则与陈述句之良好构成规则之间的差异为确切的有效差异,那么就应该以句法、词法和投射型规则以外的其他方式反映这种差异③,放弃独立的语义学,立足于形式及其配置领地而不分离语义学与句法。有人会说,那是语言学家的事情。也许是吧,但不乏哲学方面的重要性,恰恰因为某些哲学预设被这种选择所排除,某些哲学实践(如奥斯汀的实践,或维特根斯坦对某些含蓄的哲学表示法的放弃等)与这种选择并不矛盾,而另一些哲学实践却与它相矛盾,难道不是这样吗?我们也可以坚持句子的观点,并视句子的理解或阐释等于再现它接受真实价值或满足客观现实之要求的条件,等于认识该句子之真实条件或完满条件依赖其词汇成分的忠实意义以及主导它们之排列组合的句法的方式。托马森(Thomason)意味深长地写道:

　　　　(我们)这里所说的"意指"即忠实意义④。例如,一个句子的

---

　　① 见安托万・屈利奥里(Antoine Culioli):《形态价值和陈述活动:不定过去时》(*Valeurs aspectuelles et opérations énonciatives : l'aoristique*),第 129 页。

　　② 我们再次引用了屈利奥里的例子。那些真正的爱猫者无限慵懒地向他表示敬意。在他的例子里,猫终于吃上了饭!

　　③ 见安托万・屈利奥里:《语言学的形式化》(*La formalisation en linguistique*),第 24 页。

　　④ 关于不以我们所列举之基础为论据而立足于其他基础坚决否认"忠实意义"的情况,参阅奥斯瓦尔德・杜克罗(Oswald Ducrot)著《文本分析与陈述行为语言学》的若干段落。

语义价值就是人们忠实而又规范地建构它的条件的某种再现。尽管人们使用一个句子时，经常甚至一如既往地趋向于给它增加某些成分（例如当我们使用"有人撞了我的减震器"这句话时，加上"撞减震器的人不是说话者"①等成分），但是后者却不应因此而成为语义阐释的构成部分。②

这里，托马森严格局限于参照程序而没有关注建构参照价值的形式，关于"参照行为"（因果性、意向性、因果－意向性参照等）神秘性之思考的途径是自由的。问题是，没有"补白"的任何参照程序自然都无法使一种语言保持与真实世界的参照关系。在形式言语看来不成任何问题的事，显然却对自然语言构成了某种问题。范德维肯认为，可以把"言说行为语义学的全部一般性有效规律"公理化的形式语用学的形式体系是一种"概念化"（"généralisation"）和"保守性扩展"（"extension conservatrice"）结果③，形式语用学的建构似乎把"补白"重新引入了它的总纲。

即使我们假设参照性表述之语义运行——我们以为它有权进入真实条件性语义学的扩展范畴——所引发的问题都得以完满解决，还要讨论奥斯汀不知疲倦地揭示的另一形态：行为中哪些东西被重新引入言语亦即语言。从这一视角出发，奥斯汀自《如何以言行事》的《第八次演讲》起所勾勒的理论也许并不像言语行为哲学家们经常认定的那样，构成一系列前景无量的开端。

正如桑德拉·洛吉耶正确地指出的那样④，把奥斯汀引向《如何以言行事》的完成行为性言说思路，广而言之，陈述行为性言说思路，没有比较深刻地"转移"真实以及陈述句与世界的对应关系问题，或者更准确地说，没有把它重新放置到它应占有的位置，就可能发生这种情况。

---

① 当人们做这类补充时他们到底做了什么呢？我们要求读者简略思考一下下述情况："有人撞了我的减震器，然而不是我，懂吗！——你说的好听！你昨天晚上醉醺醺的那付样子！"当人们小心翼翼地把句法与语义区分清楚时，"语用学的字纸篓"（"the pragmatic wastebasket"）就装满了废纸。

② R. H. 托马森：《语用学何时介入？》（*Où intervient la pragmatique?*），第162页。

③ 见达尼埃尔·范德维肯：《言说行为》，第11页。

④ 我们赞同桑德拉·洛吉耶：《从真实到日常》（*Du réel à l'ordinaire*）第3、4章的分析。

在《真实》一文中,奥斯汀保留的"真实"一词用法中的"基础"表达形式如下:

> Il est vrai (de dire) que le chat est sur le paillasson.
> 〔(这样说是)真的,猫呆在草席上。〕
> Cet (son) énoncé est vrai.
> 〔这个(他的)陈述是真实的。〕
> L'énoncé (qui dit) que le chat est sur le paillasson est vrai.
> 〔(说)猫呆在草席上的陈述是真实的。〕①

以为就言说"我知道"时做了什么而提问没有什么"用处"的沃诺克(Warnock),庆幸奥斯汀在《真实》一文中不再犯同类错误。② 我们难以苟同他的见解和评价。相反,奥斯汀处理"我知道"和"我许诺"的方式与他处理"真实"的方式有着密切的联系,尽管与斯特劳森(Strawson)的争论③有时有可能掩盖这种联系。我们无疑可以批评奥斯汀有时显露出的宣称某些表达形式为"基础"形式的癖好。然而无论如何,这里,那些非"基础"形式或者应予排除的"敌对形式"(les"rivaux"),可以视为"滥用"或至少视为哲学上的奇异现象。

什么是"敌对形式"? 首先是种种信仰。奥斯汀曾经以嘲讽的口气把"croyances vraies"("真实的信仰")推向哲学家与神学家之间古老的地盘之争(一种"精神"反对另一种"精神"?)。至于描述,它们不过是陈述句的变形而已。关于命题,如果取其比较传统的意义,即"一个句子或一个句子家族的意义或意指"时,它们不可能是"我们的言外之意(ce que nous dirions)是真实的或虚假的"这种形式,理由是,我们从来不说一个句子的意义或意指是真实的或虚假的。反之,我们却有可能说出类似"(如果确实像您说的那样),从某种意义上说,这是真的"这样的话来。截止现在,凡是不属于包含语词"真实"在内的"基础形式"的句子,

---

① 奥斯汀:《真实》(*Truth*),见《哲学论文集》,第 118 页。
② G. J. 沃诺克:《奥斯汀》(*Austin*),第 45 页。
③ 争论涉及的篇目包括:奥斯汀的《真实》和《对事实的不公平态度》(*Unfair to Facts*),斯特劳森的《关于真实性的一个问题。答沃诺克先生》(*A Problem about Truth. A Reply to Mr Warnock*)、《真实》和《真实:奥斯汀观点的再思考》(*Truth: A Reconsideration of Austin's Views*)等。

似乎都是"我们未有之意"("ce que nous ne dirions pas")这种典型范畴。这完全符合奥斯汀的习惯方法,除非在某些非常独特的语境下例外。哲学家们习惯于把这类表达形式从独特语境下抽出而置于各种理论语境中,理论语境虽然还带有初始语境的痕迹,但肯定对它们做了一般化处理。

句子依然是最严谨的"真实的载体"("truth-bearer")之一,因为我们刚刚把命题排除在外,转向表达命题的句子似乎也在情理之中。然而,奥斯汀指出,我们确实这样说:"他的演讲稿的第5行的第3句是错的。"但是,我们的参照物是"某个时候某人所使用"的语词或句子:其实不是句子,甚至也不是"句子的一种情形",很简单,而是一种陈述句①……奥斯汀继续道:"一个句子是由词汇构成的(made up of),而一个陈述句则是用词汇制作成的(made in)"②:人们生产一个陈述句,使用语词和句子。因此,只有陈述句才可能是我的陈述句,而我们一般谈论英语、法语或德语句子的结构。帕斯卡尔(Pascal)说过:我进了言语"之港"。这意味着进入了一种语言,还意味着进入了语言(超语言)的不同性之中。这种语言是我的母语,但是我在其中是微不足道的[除非康拉德(Conrad)、西奥朗(Cioran)③、纳博科夫(Nabokov)等人那种非常独特的经验]。我和陈述句"一起投入"(我的陈述句),而语言是昭示这种投入的资源。这不是一项心理活动,而是一种陈述行为,其痕迹是可以用语言描述的。奥斯汀行将把"真实性问题"与此关联起来。因此,奥斯汀预先就从他的"基础"形式清单中剔除了"(L语言中)语句s是真实的"["La phrase s est vraie (dans la langue L)"]这种构成,并且指责斯特劳森没有清楚地把陈述句与句子相区别。④

奥斯汀肯定自己是受他本人谓之曰我们使用"真实"一词的"道理"的引导,这些道理构成"言说某事怎么样意味着什么"的某种链条。打碎这一链条要冒双重风险。风险之一,就是假设只有陈述句本身是真实的,除此别无他物,这种假设等于把陈述句看做句子的一种情形并满足于参照程序本身。那样,我们所谓的事实不是别的,只有一个真实的陈述句而已。另一风险,就是用复制品(doppelgänger)充斥世界,每个真实的陈述句都来"装扮"同一事实,它们就是为此而打磨的。⑤因此,奥斯汀同时坚持:

---

①②④⑤　奥斯汀:《真实》,见《哲学论文集》,第118—119、120、133、123页。
③　法籍罗马尼亚裔作家(1911—?)。——译者注

（a）如果一陈述句是真实的，"自然（bien entendu）有一种事物状态使其成为真实，而且该状态总体上显然（toto mundo）有别于涉及它的真实的陈述句"：（真实地）言说我牙痛与牙痛之间，有一条鸿沟。①

（b）然而，我们只能依赖语词、在语词中描绘任何事物的某种状态。"如果'只有下雨了，下雨的说法才是真的'（"'Il pleut' est vrai si et seulement si, il pleut"）就是说的这种情况，那么，截止这里，一切运行良好"。

句子与陈述句的区分②使奥斯汀得以把"真实"一词重新置于其日常用法之中，同时又澄清了因特别关注种种逻辑言语而滋生的一些困难。也是因为这种区分的缘故，奥斯汀拒绝了斯特劳森的"完成行为式"阐释，后者掩盖了语言形式的差异，因而也掩盖了阐释的差异。由于同一原因，奥斯汀坚持我们能够以正确的名分谈论"事实"，不是从实体论角度谈论事实，而主要是因为"事实"概念与一大堆其他概念保持着密切联系，它们在我们与语言相关的活动中发挥着关键作用。③ 同样，只有在考察陈述句（而非句子或句子的种种情形）的过程中，我们才能像奥斯汀那样，抓住古老的对应思想的重要内容，而并不因此制造出该思想的某种改良"理论"④。

完成行为式概念的引入并不标志着航向的改变。处理"真实"或"虚假"等语词的陈述行为性方向依然未变。人们甚至呼唤它以打碎对真实性和虚假性的盲目崇尚。反之，满意（félicité）和不满意（infélicité）概念已成中心用法的现象大大扩展了以真实性概念为基础的原初视野，因为真与假某种意义上已经成了它的独特情况。什么的独特情况呢？言语中，亦即语言中，因此在经验所确定的言说性（du dicible）的范围内，与"事实"（"faits"）相辅相成的"适应性"（"adéquation"）展开并实现的种种不同方式的独特情况。显然，当我们阅读《真实》和《对事实的不公平态度》等文章时，这种"适应性"就不应该建构在"真实性－适

---

① 奥斯汀:《真实》，见《哲学论文集》，第124页。

② 我们认为这种区分至为重要，但是，它仅构成述说奥斯汀关于真实问题之观点的第一步。上文引过的桑德拉·洛吉耶著作的相关章节可以为我们免除冗长的介绍文字，请读者参阅这些章节。

③ 奥斯汀:《对事实的不公平态度》一文，特别是《哲学论文集》第161页。

④ 例如柯卡姆（Kirkham）就曾错误地把这种理论归咎于奥斯汀［见理查德·L. 柯卡姆（Richard L. Kirkham）］:《关于真实的理论》（Theories of Truth），第124—130页。

应性理论"范式的基础上,而更应建构为现象多元性的简缩标签。类似"雪如此洁白!"(La neige est si blanche!)这样一个陈述句以及它所呼唤的注释强有力地说明,像"雪是白的"(La neige est blanche)这种句子情形以及与之相联系的真实性观念只不过是常常有用、有时甚至不可缺少的抽象形式,但是绝不具有人们在自然语言的语义学中试图赋予它们的普遍性和功能。

Ⅲ. 走向"说即做"就不再是说的哲学语用学

急于从任何陈述句都是一个"言语行为"即我们说话时就已经做了某事这种见解中得出结论,并把这种见解与细腻区分适应性或不适应性的种种方式的必要性关联起来,有可能迷失方向(这是已经发生的事实)。我们从"当……时,我们说了什么"的多种言说类型出发,也从我们陈述这或那时(每次陈述的内容都很独特)做了什么的种种言说类型出发,指出它们有助于哲学问题的建构(相对于提出其他一些哲学问题那种方式所表现的盲目性)。我们所提到的奥斯汀的论文(《真实》是这堆财富的一部分)是这样,他在演说中引入完成行为式(performatif)/断言式(constatif)概念的区分是这样,一定意义上,"完成行为性"概念的扩展也是这样,后者导致了"在完整情境下对完整的言说行为"的考察。① 但是,我们不妨这样说,在语言常见形式的背景中,而非仅仅是在被哲学家们偏移过的语言现象的背景中,进行"常规"区分的必要性引导奥斯汀勾勒了言语行为的"一般理论"。该理论抛开对陈述句本身进行观察的一套和谐的语言学方法论,调动了"语力"概念并新创了一系列无穷无尽的分类。对这样一部因作者突然辞世而中断的草创之作发表议论似不合适,但是,分类意图淡化了言语行为的题材学的哲学意义。除了把"语力"观念提升到它本身不一定拥有的某种功能以外,奥斯汀的分类意图使对下述肯定意见的错误阐释成为可能。这种意见肯定"完整的言说行为归根结底是我们事实上试图澄清的唯一现象"②,这样,言语行为在塞尔那里就成了言语系统研究必须挖掘的"单位"。只要用"语言哲学"(la "linguistic philosophy")兑换"言语哲学"(la "philosophy of language")③,就可以使奥斯汀成为某种"语用学"的先

---

①② 奥斯汀:《如何以言行事》,第141—142、148页。
③ 塞尔:《言语行为》,Ⅰ.Ⅰ.4。

第四章　F(p)

驱，其实，语用学从来不曾成为他的研究对象，人们小心翼翼地把《如何以言行事》从《哲学论文集》中分离出来，从中归纳出的举措却恰恰与奥斯汀的初衷截然相反。奥斯汀当然可能"跳水"，现在的问题是要尽快从水中浮出来。

要想爬上岸，我们可以探索着从推论方面（简言之，即黑尔的方向）讨论非断定性陈述句（视做句子的种种情形）。可以推定并引入一些等价形式，代替弗雷格的断定符号，以标记其他"语力"，如像肯尼（Kenny）那样。这里，意义与语力的区分必不可少。另外，我们还可以在此基础上尝试建立意指的一般理论。当奥斯汀仅仅把语力和意指赋予陈述句（他一直小心翼翼地与句子相区别）时，当他认为"何为意指？"问题是一个无可奈何的比例失调问题时，我们不能把"非言辞行为的一般语义学理论"方案之父的桂冠加在他的头上。奥斯汀的意见更多地是对"真实性"概念的重组和扩大，一定程度上把这一概念与"满意"概念联系起来。相反，赞同这类方案的言语行为的哲学语用学家们显然只能以句子为工作对象，与奥斯汀所身体力行的"日常言语哲学"类型相决裂。这种做法的奇异后果是，自然语言之形式语义学和形式语用学的整合方案与自然语言已经没有多少关系了。这一点不难理解。人们接触自然语言时不可能不直面"不满意"情况或"挫折"情形。这还不算什么，需要立即补充的是，整合方案的一切都可能"有条有理"，但是人们却很难发现这种条理。"日常言语哲学"不停地挖掘哲学尚未承认自然语言之经验性与其逻辑性之关系的方式，尤其是哲学尚未从中找到自我的方式。

我们可以把塞尔称做"utterance act"的东西放置一旁，我们甚至很犹豫，不大愿意把它译为"acte d'énonciation"（陈述行为），因为它其实仅指"一个生产出声音事件或书写事件的人的物质活动"①。这一说明当然不能不对我们确定"语言"实体的方式产生影响，但是这一点，我们将留待后边讨论。那么，还剩下"命题行为"和可以共享一个命题行为的多种非言辞行为。② 简言之，一切都建立在非言辞行为与其命题内

---

① 参阅 D. 旺德里克（D. Wunderlich）：《论语法意义和语用意义的整合理论》(*Towards an Integrated Theory of Grammatical and Pragmatical Meaning*)，第 251 页。

② 塞尔：《言语行为》，2.1，第 22—23 页。

容的区别上面。① 弗朗索瓦·雷卡纳蒂（François Récanati）正确地指出,陈述句之"言辞意义"（"sens locutoire"）的"命题阐释"（"l'interprétation propositionnelle"）深刻地违背奥斯汀的思想。② 事实上,这已经不是什么"阐释"了,而是一种真正的决裂。计划完全不同,甚至相反,因为它引导塞尔摆脱了奥斯汀的言辞行为。须知,从《如何以言行事》引入言辞行为、非言辞行为和超言辞行为的也许有点不幸的三分法之日起,奥斯汀的根本上属于陈述行为式的真实性的方法论就恰恰重新投向言辞行为一边。③

经过一番调整之后,塞尔就有可能让句子列队走进经典的 $F(p)$ 标记形式,"其中变量 F 发挥非言辞语力指示者的价值,而 p 则表示命题"④。至于从谓宾行为和参照行为角度分析的命题行为,即使为它配备了规则⑤,把它纳入意向结构的范围内,它其实也毫无保留地属于真实条件语义学光顾的传统对象。那么只有对命题的逻辑形式进行分析了,这种逻辑形式可以"反映命题既是陈述句之意义也是非言辞行为的内容这一事实"⑥。这样,如何处理"语力",换言之,让其发挥或不发挥作用的方案类型,关键取决于人们即将描述的对象的认定,它是否兼具意义和语力,如同"非言辞语力"概念所涵盖的典型类型那样（这决定着分类的可能性,甚至也决定着分类的恰当性）,当然也取决于处理 $F(p)$ 中 p 的方式。由于围绕上述各点的争论不计其数,与范德维肯的肯定意见相反,该领域内的形式化似乎就不可能具有一种"理想语言"（假设人们可以有用地按照预设用途使用它）的内在价值,这是或者应该是不言而喻的事,而仅具有用以确定如何解释某言语中句子的生产和理解

---

① 塞尔:《言语行为》,2.4,第 30 页。

② 弗朗索瓦·雷卡纳蒂:《完成行为式陈述句》（*Les énoncés performatifs*）,§ 50—51。

③ 在这一点上,贝朗多内同意奥斯汀的观点。参阅阿兰·贝朗多内（Alain Berrendonner）:《真实性的幽灵》（*Le fantôme de la vérité*）,见《语用学基础》（*Eléments de pragmatique linguistique*）,第 35—73 页。关于三分法,他绝不赞同奥斯汀的观点。参阅同一著作的"说即什么也不做"（"Quand dire, c'est ne rien faire"）章节,第 77—78 页。

④ 塞尔:《言语行为》,第 31 页。

⑤ 关于参照规则的情况,见塞尔:《言语行为》,4.8,第 94 页;谓宾规则情况,见同著 5.7,第 123 页。

⑥ 达尼埃尔·范德维肯:《言说行为》,第 9 页。

的哲学预设的价值。

不幸从弗雷格的某些业余见解中——弗雷格致力于某种观念文字的建立,在这种观念文字中,言语行为理论不再要求自己发挥它本应发挥的作用——借鉴而来的"语力"概念本身可以视为无辜,如果它仅仅是一个职业术语,从条款的需要出发,用来规定言说此或彼时应该做什么的话。然而,人们对它的期望太高,把它纳入哲学范式的这种或那种调整之中,哲学范式又把真实条件的语义概念视做自然语言之意指理论的恰当基础,并且以为,没有这种理论,我们甚至无法解释之所以可以学习母语、生产无数句子并且理解它们的可能性。① 于是,人们最终希望一个人为建立的描述工具②在陈述行为中发挥某种具体的有效的作用。③ 正如我们多次指出的那样,这种做法不啻回归语力"机械"形象(魔幻形象?)的逻辑性,这也许部分解释了塞尔钟情于规则之因果关系、无法摆脱其纠缠的原因。

奥斯汀的分类努力目的很简单,即建立区别,而非以此作为某种"非言辞语力的逻辑"的先决条件,然后再把这种逻辑纳入真实条件的方案之中。由奥斯汀开创的分类努力无疑可以使错误缩小"言语游戏"之差异性的意图以及把言语行为重新心理化的危险举措胆怯。④ 反之,建立自然语言的普遍性语义理论的尝试——较少瞄准自然语言的描述,注重捕捉人们先验地幻想存在的言语共相——有着避免把语言现象破碎化从而无法反映语言现象的优势。然而,当"言语的普遍理论""只能偶尔探讨现存自然语言",而它所关注的却是"所有可能的人类语言所共有的深层逻辑结构"⑤时,我们不知道这种理论何以能够更好地完成其使命。

---

① 参阅唐纳德·戴维森(Donald Davidson):《真实与意指》(*Truth and Meaning*),1967。

② 在语言的日常用法中没有实例[例如,我们可以问"Comment dois-je le prendre?"("我应该怎样对待它呢?"),而不说"Quelle est la force illocutoire de votre énoncé?"("什么是您的陈述句的非言辞语力呢?")],而且显然还是语言学诸多理论混淆之源(从语力"语用学"是否属于语言学这一问题开始)。

③ 这里,我们再次提到前边已经评论过的《哲学研究》的§22部分,并借此机会,请读者阅读布弗雷斯(Bouveresse)的分析,见《痛苦的话语》(*La parole malheureuse*),第388页。

④ 布弗雷斯表示了这样的胆怯,见《痛苦的话语》,第389-390页。

⑤ 丹尼尔·范德维肯:《言说行为》,第59、58页。

结　论

　　"语言哲学"——塞尔试图与之决裂而建立一种言语和精神的普遍理论——不断地把我们带入语言的应用空间,使我们有可能捕捉到某些哲学问题的提出方式是如何产生哲学上的无意义的。维特根斯坦自《蓝皮书》起即引入的"言语的基本游戏"的首要宗旨如下:一旦我们觉得言语所表达的思想形式浮出"非常复杂的"精神程序——我们常常赋予精神程序以解释权——的"令人头晕目眩的背景"①时,即驱散"似乎笼罩在我们对言语的日常使用领域的精神迷雾"。凡是一般情况下,哲学家习惯于从若干经典句子类型出发推而广之的地方,奥斯汀都孜孜不倦地挖掘亲缘陈述句的各种形式及其可能的应用语境。尽管这种不断扩展与维特根斯坦的言语游戏差异巨大,它仍然部分地服务于同一宗旨,特别是亦受到了同样的批评。维特根斯坦自己不是宣称他的基础形式与"我们的更复杂的言语形式之间没有决裂"②吗?在前者如同在后者那里一样,同样的警示,反对我们捕捉"普遍性"的"饥不择食"的哲学心态。这种心态首先是由我们乐于"探询全部实体之共性,然后不分青红皂白地把它们归入某个普遍名词之下"③,而且喜欢在哲学领域对尽管已经公认的术语进行"高度抽象"以生产某种"超简单化的形上理论"④的倾向滋生的。诸如某种感觉或情感等平庸意义上的一种精神状态与"某种假设的精神机制状态"⑤和/或大脑机制状态的混淆无异于为之火上浇油。最后特别需要提及的是,在维特根斯坦看来,习惯于"以科学方式提出并回答问题"⑥的哲学趋势似乎把这种追求普遍性的饥渴心态永恒化了。与这种把一种思辨理论作为经验学说之严谨整

---

①②③⑤⑥　维特根斯坦:《蓝皮书》(*Blue Book*),第17页。
④　奥斯汀:《为例外辩护》,见《哲学论文集》,第178页。

体的方式背道而驰,维特根斯坦断言,哲学家的工作"任何时候,都不等于把一件事局限为另一件事,或者解释某事",而是简而言之,描述。这里,我们不应理解为纷繁现象的一种新型描述方式不能拥有任何解释价值,更不能理解为只有一种解释形式,而是说,如果以为应该从思想上把多姿多彩的经验现实浓缩为一种形式的"深层结构"并以此解释它们,哲学就会上当受骗。① 我们几乎可以说,维特根斯坦和奥斯汀对传统哲学的批评,较少指向解释性思辨、"基础"之探询以及科学尚未满足哲学希冀(科学更经常使后者失望)之处哲学方案与科学方法的混淆等现象,而是更多地针贬滋生于这类幻想的"对个体情况不屑一顾的态度"②。奥斯汀指出,哲学家们过分轻易地产生下述设想:

> 只有当我们能够揭示一组关键术语的每个词的真正意指时……才能毫无疑问地发现,它们全都在一个唯一的和谐紧凑的观念图式中占有一席之地。……我们不仅没有任何理由假设它,而且所有的历史可能性都与之作对。③

重新发现个体的愿望有时赋予我们这种想法,即日常言语哲学使多姿多彩的语言使用现象无法浓缩为任何可由实践检验的描述尝试。"并不尽然"的意见很容易被这类哲学与已经成为经典的下述思想无缘所掩饰;这种思想是,理解一种"言语"等于要"占有"(不管我们竭力赋予该词以什么意义)有助于确定该言语之语句的真实条件(或满足条件)的某种"理论"。相反,它要求我们十分关注在一种语言中生产的陈述句,并进而关注它们的言说语境和语言外背景,当这种延伸确有必要而且也未跳出我们的特殊宗旨的要求范围时。"什么是背景?"这一问题注定没有答案。而"我应该考虑什么样的背景以期根据某独特目标处理某具体问题呢?"一问有答案,该答案能够且应该明朗化,条件是不要以为这里的明朗化一定要求首先回答上述坏问题。同样,言语形式的多样化并不一定迫使我们接受灾难性的选择:或者建立一种理论,把我们的语言能力归功于某种精神的背景世界的种种性能;或者放弃形

---

① 关于维特根斯坦这类宣言的细腻分析,参阅 D. 皮尔斯(D. Pears):《维特根斯坦的思想》(*La pensée-Wittgenstein*),第 186 页。
② 奥斯汀:《蓝皮书》,第 18 页。
③ 奥斯汀:《为例外辩护》,见《哲学论文集》,第 203 页。

式化理论工具的建构,后者有助于我们更清楚地看清我们所面对的客体而又不牺牲言语的相对性,不要求我们接受仅与陈述句或陈述事件以及它们所隶属并谈论的世界相关,而与其他事物老死不相往来的思想。

但是,这里要谨慎。与"背景"概念一样,"形式化"也是一个"家族相似观念"。在某种完全可以接受的意义上,作为一种形式表现类型,记录一种(经常是多种)口头语言的书写体系呈现出足够"抽象"或"盲目"的运行状态。① 甚至正是这种态势,才使数理逻辑的形式主义成为可能。广而言之,被视为某种经验现实和时空现实的一种语言(至少一种书写语言②),其工具和技术手段之中,历史性地包含着属于形式化类型的抽象程序和"盲目"程序。然而,所有的形式化类型,包括种种形式主义,并不预设并意味着言语的性能本身是形式化的。

这其实正是问题的核心:难道形式程序是因为某种"严谨要求"的缘故?换言之,是因为什么是严谨要求的某种观念或想法?抑或"它们构成了关于言语综合性能的学说"? 如果是后一种情况,正如米尔纳(Milner)谈到生成方案时指出的那样,我们可以把三种学说配置或不配置在一起,它们是:(a)主张言语的性能可形式化的学说;(b)它们可以形式化,因为它们的内在本质是形式化的学说;(c)最后,语言内在的形式化性能构成各种数理逻辑形式主义一子体系的学说。③

让我们准确理解这段话的意思:即使依据(*ipso facto*)三种学说配置(人们可以排除后两条的任意一条)这一事实本身,它并不构成任意一种自然语言与一种建构良好(且足够丰富)的形式语言相同一的论

---

① 关于这一点,参阅西尔万·奥鲁:《思维、言语与规范》,第63页。
② 如果我们决定把形式化的可能性与准确化的存在联系在一起,这种限定就是必要的[参阅米尔纳:《一种言语科学导论》(*Introduction à une science du langage*),第24页]。然而,我们觉得,如果不考虑上述假设,关于无文字的语言的问题就处于开放状态,那么也许应该把"准确性"概念扩大到不属于语法化范围的其他表现体系和语言"技术"。这是一个纯粹的人种学问题。
③ 米尔纳:《一种言语科学导论》,第104页。

点,而是仅仅对主张"一种自然语言与一种形式语言之间存在着本质区别"①这一断言的抛弃。这一抛弃首先意味着有可能合法地逐渐建构足够强大的形式体系,以反映自然语言的种种微妙现象(例如涉及连接符、量词、时态与语体之关系等方面的内容)。在这种建构中,人们可以创造一些服从于严谨句法规则的联接符号,并对规则及语言材料给予足够严谨的语义学阐释。其次,它还意味着有可能合法建构一些范式,它们有能力反映非宣告性的、空泛的、评价性的等语句类型,同时又在自然语言的形式语义学中保留作为说话者之独立实体的命题概念,亦即同时生产可望在一定期限内纳入体系整体、反映自然语言非参照性功能的某种形式语用学。这里非常粗略提到的这些设想,即使在实现该方案的可能性之外,依然提出了一些问题。

　　第一类问题即自然语言之形式处理——它反映自语法的形式性能出发语句的生产情况——与言语能力之"认识"形态之间的关系,涉及形式性能之"启动步骤"("implémentation",及其范式)的接受与否,涉及人们投入心理学名下和人类学名下(加上后者是否进行心理学处理的辅助问题)的内容,当然,最终涉及人们将留给真正语言现象之描述的自主性或自主份额。塞尔的著作里暗含着下述观点——至少《意向性》是这样——即与言语行为理论的恰当形式化相对应,应该从大脑中启动某种极像通用语法的东西。② 如果我们严格审视他的若干见解,他所捍卫的雷卡纳蒂谓之其"强势版本"(sa"version forte")③的"能表达原则"(le"principe d'exprimabilité",*whatever can be meant can be said*)并非"我们的言语的'正常'运作带给'非常'现象或例外现象的影子"④。它是言语行为之普通语义学理论的一个必要条件,并且实际上是以"语力的经过推理得出的某种本体"为参照系的。形式结构的设计宛若生物步骤。约定和规定最终也要接受这类处理,因为它设定,通过

---

　　①　R.蒙塔古(R. Montague)文,见R. H.托马森(R. H. Thomason)编《形式哲学论文选》(*Formal Philosophy: Selected Papers*),纽黑文大学出版社,1974,第188页。这一宣言不应该简单理解为纯粹的同一性论点[参阅F.冈瑟(F. Guenther)和F.内夫(F. Nef):《自然语言分析导论》(*Introduction à l'analyse des langues naturelles*),第14页]。

　　②　塞尔:《意向性》,3,法译本第214页。范德维肯希望更"慎重"一些,随即转向他的"理想语言"的某种"超验"观念。

　　③　雷卡纳蒂:《完成行为式陈述句》,§43。

　　④　雷卡纳蒂:《完成行为式陈述句》,第205页。

作为特殊的(sui generis)生物存在的"集体意向性"概念这一中介,拥有一条"从粒子……到国家联盟(Etats-nations)的承续线。① 能表达原则的"弱势版本"("version faible")——即陈述句的阐释不能(从权利方面)缩小为语句的阐释——的选择②,也使人们可能用以代替解码程序(processus de décodage)的推论程序(processus des inférences)的心理学阐释问题处于同样的开放状态,并有可能开拓精神阐释间推论的某种广阔的理论途径。关于这一理论,人们可能产生这样的疑问:反映语言之陈述句阐释的推论的形式化建议是否也能够反映深藏其中的认识程序,另外,语言形式化是否应该受制于人们所支持的精神程序理论。③

第二类问题与第一类部分重合,涉及"言语"(langage)与"语言"(langues)的理解。我们知道,塞尔要求《言语行为》(Speech Acts)这种手笔隶属于"言语哲学",它"仅偶尔涉及"各种具体语言(languages)。米尔纳曾经谈论过四种"原初事实"④,它们是:(a)由于人们说话,产生了语言形式;(b)人们说的是语言;(c)这些语言是不同的;(d)语法事实,这些语言被赋予种种性能。在米尔纳列举的四种事实中,塞尔基本上采纳了第一种和第四种。人们可以以明显不同的方式,从更多语言学色彩的角度,视"语法事实"规范言语与语言之间的关系问题。当然是在下述前提下:首先,认为言语拥有它独自拥有的性能;其次,这些性能被理论化后,确定一种"普遍语法"方案;第三,关于言语拥有普遍性能的假设"其实从分析角度包含在语言一词的最常见的用法中,因为这一用法意味着我们永远可以把语言与非语言相区别"⑤。只要赋予这些性能某种确定的和实质性的内容,我们谈论的究竟是语言还是言语问题就完全变成次要的了。工作可以在一种语言中进行,这里一直讲的是一种语法化的语言,由句子的良好构成规则所规范,而我们永远可以到达表示言语基本性能的普遍语法境界。因此,归根结底,在乔姆斯基下面这段肯定话语中,把 language 译成"语言"还是"言语",没有什

---

① 塞尔:《社会现实的建构》(La construction de la réalité sociale),第 61 页。
② 这是雷卡纳蒂的选择。参阅《完成行为式陈述句》,§ 44—45。
③ 这似乎是斯珀贝尔(Sperber)和威尔逊(Wilson)的情况[参阅《中肯性:交流与认识》(La pertinence. Communication et cognition)一书],他们谢绝了真实条件语义学方案。
④⑤ 米尔纳:《一种言语科学导论》,第 40—60、49 页。

么区别：

> 我认为精神里所涌现的语法是一种"实体"，认为一个人的 language 甚至应该用该语法的术语来界定；而 language 这一广泛的共同概念，如果我们试图从确定的目标重建它，就应该用涌现在个人精神中的真实体系以及这些体系之间的相似性去解释。①

语言之间的区别并未被否认，而是融入莘莘个人讲述的即是种种语言这一事实，这个事实本身最终又可以浓缩为语法事实，注入实质内容的语法事实解释人们的说话现象。言语与语言的关系问题未被视为根本问题。

反之，屈利奥里这样的语言学家却把它视为根本问题，在他看来，"根本问题（就是）要建立与语言分析理论相吻合的言语理论"②。我们一直强调，这个问题也是日常言语哲学的根本问题。在《如果与可能》(*Ifs and Cans*)的结论部分，奥斯汀宣称寄希望于言语科学的更新。③奥斯汀辞世 7 年后，戴维森（Davidson）所体现的乐观主义类型说明人们期盼已久的更新与他当初的希望是何等的背道而驰：

> 有着逻辑嗜好的哲学家们习惯于从（塔尔斯基④语义学理念的）理论现状出发，逐渐接触自然语言的复杂现象。当代语言学家们（即乔姆斯基和他的学生）——他们的目的似乎没有什么大的区别——则从日常现象出发以期建构一种总体理论。如果两个团体各自的探索都取得骄人的成绩，他们将在某个地方会合。⑤

---

① 乔姆斯基：《角色与表象》(*Rules and Representations*)，第 120 页。
② 安托万·屈利奥里："开篇"（"Ouverture"），第 4 页。还可参阅 S. 奥鲁：《安托万·屈利奥里的语言哲学》(*La philosophie linguistique d'Antoine Culioli*)。我们很不赞同该文有时把维特根斯坦的思想与彼得·温奇（Peter Winch）对维特根斯坦思想的挖掘相提并论的做法，但是同样强烈地赞同该文的下述思想，即不管表面上如何，这样一种语言理论还是步入把言语问题彻底地再心理化的途径。
③ 奥斯汀：《如果与可能》，见《哲学论文集》，第 232 页。
④ 艾尔弗雷德·塔尔斯基（Alfred Tarski），1901 年出生于华沙的美籍波兰裔数学家和逻辑学家。——译者注
⑤ 戴维森：《真实与意指》，第 30 页。

以表现实践能力为己任的语义学理论与视言语之普遍性能为实体的语言学理论于"某处"的会合,只能是奥斯汀希冀的那种会合。对他而言,人们从言语中"揭示"的只能是它的外在的东西。维特根斯坦也没有渴望有更多的收获。更糟糕的是,随着岁月的流逝,当初许诺的会合之处居然应该界定为各种哲学理论和语言学理论被重新心理化之处。

细想之下,奥斯汀还是正确的。根植于语言日常现象之中的日常言语哲学,与语言现象的实体论观念或释义学观念是不相容的,却与这些现象的"客体论"("objectiviste")观念和经验论观念是相容的。它甚至呼唤一种言语科学,一种远不会把多质性和变化性弃置一旁,却会把它纳入陈述句之语言学分析核心本身和语言"体系"本身的言语科学。

奥斯汀"投入"陈述句之举,言语与各种语言之关系这一顽固问题,言语用法中有意义与无意义的区别,迫使我们为形式化问题付出新的代价。我们觉得,日常言语的哲学家远未放弃形式化的已有成果,他更多地从事着"消解其魅力"的工作,于是在这里碰到了语言学家的关注方向。① 其实,不管是人工言语建构范围内所建立的方案的盲目扩展,还是拒绝在言语形式研究中提出形式化问题的做法,都只能使言语与各种自然语言的关系问题更模糊。这不仅是一个认识问题,它还涉及人们触及正宗哲学"观念"问题时的方式,涉及这些观念问题在一种语言的陈述句中内在地把言语和现实与一定语言活动联结起来的方式。我们看不出拒绝回避言说生成(la mise en discours)问题②的一种"日常言语哲学"——奇怪的是,源自塞尔的言语行为的哲学语用学却回避了这一问题——何以能够不考虑语言学家眼中的某些关键问题。我们这里略举几例,作为非封闭式的结论。

首先,提醒一个司空见惯的事实。在一个形式体系的建构中,人们不得不此时或彼时使用惯用语言,由此产生了惯用语言的用语与技术术语的混淆。在自然科学的形式化中,"科学内涵"("mathèsis")与"客体对象"("objets")之间的媒介是由理论概念和实验概念在允许的范围内承担的。但是,如果"客体对象"就是种种语言实体自身,仅"实名

---

① 参阅安托万·屈利奥里:《语言学的形式化》(*La formalisation en linguistique*)。我们直接受到这篇重要文章提出的若干问题的启发。

② 克里斯蒂亚娜·肖维雷(Christiane Chauviré)指责许多精神哲学家回避了"言说生成"这一问题。

制"(l'autonymie)这一简单的事实就足以掩盖媒介活动。① 正如屈利奥里所说,于是,语言学家有可能"掉入他试图挖掘其运行规律的语言迷团"并且混淆"即使已经数理化的他的挖掘工具即语法存在"②与言语本身。他不知不觉地渐渐建构了一套关于言语的形上理论,但是,这种理论司空见惯地消解在精神的形上理论之中,因为传统中它们就是一对难兄难弟。这既是哲学领域也是语言学领域的古老故事。

其次,"言语这种活动本身意味着一个经久不息的面向语言的(épilinguistique)活动的存在"③,后者没有"表象化",而是直接体现在陈述句中芸芸众生同意和不同意的复杂游戏中。言语能力的精神化,加上与"抽象化的"和非经验性的语言观念并行不悖的规则的"机械化",很容易把这种面向语言的"知识"("savoir" épilinguistique)与某种元语言知识(savoir métalinguistique)同一化。这种情况与心理学哲学家把我们陈述自身心理状态的日常言语(不妨称做我们的"面向心理学"活动,notre activité "épipsychologique")改造为某种"大众心理学"("psychologie populaire")的方式很相似,后者只能是一种"天真的理论"④(某种程度上粗制滥造的"元心理学知识")。另外,两种同化形式完全有可能相会。其实,当诸如一定程度形式化、能够提供可观察到的语言实体的某种模式化表现的元语言学建构被视为"说话者头脑中的思想活动"的(更)恰当的表现时,它们确实已经会合了。有必要指出,人们丝毫也不避免这类偏离航向的现象,如同范德维肯那样,满足于肯定下述观点,即"语言能力不能脱离(人的)性能"⑤,才能反映"语用能力"(la"compétence pragmatique"),自此,他们便把第一个术语精神化,并心安理得地把第二个术语与第一个术语相同化。从某种意义上说,形势甚至更糟,因为性能变成了"完成非言辞行为"和理解哪些非言辞行为已经完成的"能力",因为最终失去的是"文本"(音响痕迹和文字痕迹),而文本是所谓性能的全部物证。于是,元语言学(或元心理学)表现体系只能表现自我了。

---

① 我们这里转述了奥鲁的推论,见《思维、言语及规范》,第62—63页。

②③ 屈利奥里:《语言学的形式化》,第19页。

④ 参阅桑德拉·洛吉耶:《对心理学去心理化》(Dé-psychologiser la psychologie),第367—369页;樊尚·德孔布(Vincent Descombes):《精神食粮》(La denrée mentale),第107—108页。

⑤ D.范德维肯:《言说行为》,第18—19页。

第三,表面语法与逻辑形式或表面结构与深层结构的对立是一个非常骗人的说法。之所以骗人,当然是因为它所承载的含蓄形象很快就把人们带入对某种内在的自动机器的幻想;之所以骗人,还有屈利奥里提到的另一原因,即它给人以只有两个层面的印象:对直接观察的"表面"思考层面以及可以进行形式化的深层次。于是,人们倾向于视原初术语和关系是"在表面发现的,然后直接带入深层"①。人们甚至还可以幻想"发现"它们,而它们实际上只是一些必要的理论建构而已,从这些建构出发,把同质性和异质性结合在一起的语言生产应该能够重新计算。从语言学家的角度看,放弃表面与深层的这种对立意味着他无法预先判断他应该使用的形式工具类型及必要的抽象类型,而必须对它们进行"拼拼凑凑",或者根据他的宗旨以及所面对的经验现象发明它们,这些经验现象无外乎"同家族"("familles paraphrastiques")内部可调整变化的陈述句或者需要聚合在一起的陈述句类别。仅此最后一点就足以把"逻辑形式"的盲目使用、它等同于"深层结构"的观点以及陪伴它的哲学偏见等视为迷失之举,在这些哲学偏见中,以为世界(或精神)超越语言和观念体系的差异、强制性地赋予思想一种固定结构、该结构最终保证对言语网络中真实的"捕捉"的思想尤为突出。

第四,如果说肯定言语活动是有意指的乃平庸之谈,那么脱离言语活动本身而为某语言的语词或用语设置一种类似"意指"的东西,就绝对不是司空见惯的平庸之举(与表面现象相反)了。元语言学标示(语言学家所实践的理论)可能导致诸如下述学说,即上述语词(语法形态和虚词、副词、介词等以外的语词)都或多或少②被赋予各自独特的运行性能。不可能说这些性能是句法性能或语义性能或语用性能,我们宁愿说它们是严格的理论性能,它们的地位是由元语言学模式化确定的。人们只有从形式——"可能"形式和"不可能"形式——的观察出发,考虑它们与文本环境(陈述背景)的相互作用,通过重构,才能标示这些性能。因此,这里的幻觉是,以为描述了某种认识程序(人们仅仅通过相应的技术手段挖掘了某种延习性语言行为,这是唯一可以做的),并且或者幻想已经发掘出全部意义(有时可从语义参数方面分析)。不难看出,我们不仅有充分的哲学理由,也有充分的语言学理由,

---

① 屈利奥里:《语言学的形式化》,第 20—21 页。

② 之所以说"或多或少",因为我们在上文已经指出,有些词是纯粹的指示词。

强调当奥斯汀指出"Quelle-est-la-signification-de rat?"这一问题有意义而"Quelle est la-signification-de-rat?"一问无意义时他所提醒我们关注的东西。言语活动不是理想说话者之间的"意指"分配,后者赋予死的符号以生命,就像人的生命之躯赋予衣服以生气那样。不满意情况,挫折,当然也包括"隐喻"和"引申义"(我们曾经说过,它们也许需要另文讨论)等,总之,同意和不同意是芸芸说话者的活动的经纬本身,也是他们在言语中的束缚和创作自由的经纬本身。

我们试图喻示,奥斯汀"埋头"陈述句之举——应该说明,"它确实发生了",并且是"我做了这件事"——突出了芸芸说话者和言语的"内与外的复杂关系"①。它确立了兼含规范、评价、技术等方面(承认有规则)以及经验方面(历史的和空间的)的某种非抽象性的语言观。它绝不禁止在言语现象的描述中使用形式标记,但是,它使以为用这种手段亦描述了深层次的认识程序、我们可以借此对深层次有所了解的思想超过了冒险。塞尔肯定言语行为意向性的理论是了解"确立"言语行为之意向性精神状态的理论的"富有启发性"的手段,他的言论只不过是这种幻想的众多竞争版本之一。保持言语的自主性,亦即视其变形能力、层次变化能力及其多姿多彩的用法为其本质性能。驱逐"发现幻想"就是提醒我们关注上述本质性能。需要补充的是,原则上把所有文学用法②都排除出自己领域的言语哲学,拒绝它以为通过文学用法而达到的严谨本身。

言说用法的多姿多彩并非建立在忠实与不忠实的预先区分、言语与现实的联结或不联结的预先区分的基础上,而是建立在自然语言即多样性和异质性的经验事实的基础上(反之,甚至正是基于这一事实,言语与现实的关系这一著名问题才有意义)。这一点不应仅仅理解为任何陈述句一出口就具有"复调性",任何面向语言的活动都把"主体"与其"言说"相分离,任何言说都承载着一些语言之外的决定因素。它首先应该理解为,多质性是语言的内在特征,我们不妨说它隶属于语言的"体系",多质性是意指建构的条件本身,并且可以接受纯粹语言学的分析。

它蕴涵着下述意义,即如果我们希望得以保持并反映多样性和异

---

① 屈利奥里:《语言学的形式化》,第19页。
② 所谓文学用法并不意味着变哲学为文学,否则就等于"从另一端"犯了同样性质的曲解错误。

质性,就不能分离自然语言的语义,然后把它纳入用以阐释形式体系的真实条件语义学内,形式体系建立在构成性(compositionnalité)原则的基础上,并且设置了一些严格的"共文本性滤网"("filtres cotextuels")。陈述句的意指是在运行中建构的而非依赖其构成所赋予这一事实还意味着,人们应该放弃言语的线性观念和静止观念。承认语言的性能是"客观的"而非本质的,承认语言是一种经验结晶要求我们放弃对语言标记的运行性能精神化:陈述程序是有助于反映直接观察陈述句之所见并进行某些组合的理论建构。虽然它们开辟了从经验角度寻找跨言语不变因素的可能性,但是,它们既不描述"认识"程序,也不表示实质性的"共相"。语言日常形态的考察不可能不与言语哲学的去心理化息息相关,互为支持。要求人们考虑到构成良好的句子规则与构成良好的陈述句规则的区别,意味着拒绝语义学与句法的本质性分离,如同奥斯汀一再肯定的那样。最后,所有这些考虑要求我们承认,任何形式范式都是不透彻的,要求逐一确定我们所借鉴或制造的形式范式旨在回答什么问题。因为它们从不同的问题出发,却面对着相同的语言常态,一种本体上中性的"客观论"语言学和一种日常言语哲学——对它而言,针对语言之目光的更大的敏锐性也是观察现实之目光的更大的敏锐性——至少应该看到它们的某些拒绝和要求是一致的。

参考书目

(Les renvois bibliographiques sont donnés en abrégé dans les notes. On trouvera les références complètes dans la présente bibliographie.)

LISTE DES ABREVIATIONS

BB   Wittgenstein, *The Blue and Brown Books* (la pagination est celle de l'édition anglaise, reproduite entre crochets dans le corps de la traduction française)
EM   Searle, *Expression and Meaning*
HDW Austin, *How to Do Things with Words*
I   Searle, *L'intentionnalité*
LE   Wittgenstein, *Leçons sur l'esthétique*
PG   Wittgenstein, *Philosophical Grammar*
PI   Wittgenstein, *Philosophical Investigations*
PO   Wittgenstein, *Philosophical Occasions*
PP   Austin, *Philosophical Papers*
RFM Wittgenstein, *Remarks on the Foundation of Mathematics*
SA   Searle, *Speech Acts*
SS   Austin, *Sense and Sensibilia*
T   Wittgenstein, *Tractatus*
Z   Wittgenstein, *Zettel* (Fiches)

REFERENCES

Anscombe G. Elizabeth M., *Causality and Determination* (1971), in *The Collected Papers of G. E. M. Anscombe*, II: *Metaphysics and the Philosophy of Mind*, Oxford, Basil Blackwell, 1981.

Anscombe G. Elizabeth M., *Intention* (1957), Oxford, Basil Blackwell, ²1963.

Auroux Sylvain, *La philosophie du langage*, avec la collaboration de Jacques Deschamps et Djamel Kouloughli, Paris, PUF, 1996.

Auroux Sylvain, *La raison, le langage et les normes*, Paris, PUF, 1998.

Auroux Sylvain, *La réalité de l'hyperlangue*, Langages, n° 127, p. 110−121.

Auroux Sylvain, *Lois, normes et règles*, Histoire, épistémologie, langage, 13/I, 1991, p. 77−107.

Auroux Sylvain (dir.), *Histoire des idées linguistiques*, II: *Le développement de la grammaire occidentale*, Bruxelles, Mardaga, 1992.

Austin John Langshaw, *A Plea for Excuses* (1950), *PP*, p. 175−204.

Austin John Langshaw, *How to Do Things with Words* (¹1962), Oxford, Clarendon Press, ²1975, trad. fr. G. Lane, *Quand dire c'est faire*, Paris, Seuil, 1970.

Austin John Langshaw, *Ifs and Cans* (1956), *PP*, p. 205−232.

Austin John Langshaw, *Other Minds* (1946), *PP*, p. 76−116.

Austin John Langshaw, *Performative Utterances* (1956), *PP*, p. 233−252.

Austin John Langshaw, *Philosophical Papers* (¹1961), Oxford, Oxford University Press, ³1970, trad. fr. Lou Aubert et Anne-Lise Hacker, *Ecrits philosophiques*, Paris, Seuil, 1994.

Austin John Langshaw, *Sense and Sensibilia*, G.-J. Warnock (éd.), Oxford, Oxford University Press, 1962, trad. fr. p. Gochet, *Le langage de la perception*, Paris, Armand Colin, 1971.

Austin John Langshaw, *The Meaning of a Word* (1940), *PP*, p. 55—75.

Austin John Langshaw, *Truth* (1950), *PP*, p. 117—133.

Austin John Langshaw, *Unfair to Facts* (1954), *PP*, p. 154—174.

Bach Kent, *Thought and Reference*, Oxford, Clarendon Press, 1987.

Baker Gordon P. et Hacker Peter M. S., *Wittgenstein: Meaning and Understanding*, vol. 2, Oxford, Basil Blackwell, 1992.

Barthélémy-Madaule Madeleine, *Lamarck ou le mythe du précurseur*, Paris, Seuil, 1979.

Benmakhlouf Ali, *Gottlob Frege logicien philosophe*, Paris, PUF, 1997.

Benveniste Emile, *Catégories de pensée et catégories de langue* (1958), in *Problèmes de linguistique générale*, Paris, Gallimard, 1966, p. 63—74.

Benveniste Emile, *La forme et le sens dans le langage* (1967), in *Problèmes de linguistique générale II*, Paris, Gallimard, 1974, p. 215—229.

Berkeley George, *A Treatise concerning the Principles of Human Knowledge* (1710, 1734), New York, Bobbs-Merrill, 1957.

Berrendonner Alain, *Eléments de pragmatique linguistique*, Paris, Editions de Minuit, 1981.

Bouveresse Jacques, *La force de la règle. Wittgenstein et l'invention de la nécessité*, Paris, Editions de Minuit, 1987.

Bouveresse Jacques, *La parole malheureuse. De l'alchimie linguistique à la grammaire philosophique*, Paris, Editions de Minuit, 1971.

Bouveresse Jacques, *Langage, perception et réalité*, I: *La perception et le jugement*, Nîmes, Jacqueline Chambon, 1995.

Bouveresse Jacques, *Philosophie, mythologie et pseudo-science*, Combas, Editions de l'Eclat, 1990.

Bouveresse Jacques, *Wittgenstein, Kripke et le problème de la longueur du mètre*, in Soulez Antonia et Sebestik Jan (éds), *Wittgenstein et la philosophie aujourd'hui*, Paris, Méridiens-

Klincksieck, 1992, p. 67—99.

Canguilhem Georges, *Etudes d'histoire et de philosophie des sciences*, Paris, Vrin, 1970.

Carnap Rudolf, *Le dépassement de la métaphysique par l'analyse logique du langage* (1931), trad. fr. B. Cassin, C. Chauviré, A. Guitard, J. Sebestik, A. Soulez, J. Vickers, in Soulez Antonia (éd.), *Manifeste du Cercle de Vienne et autres écrits*, Paris, PUF, 1985.

Carnap Rudolf, *Meaning and Necessity* (1947), Chicago, The University of Chicago Press, 1956.

Carroll Lewis, *The Hunting of the Snark*, in *The Complete Works of Lewis Carroll*, London, Penguin, 1982.

Cavell Stanley, *Austin et Criticism*, in Rorty Richard (éd.), *The Linguistic Turn*, Chicago, The University of Chicago Press, 1967, p. 250—260.

Cavell Stanley, *Disowning Knowledge in Six Plays of Shakespeare*, Cambridge, Cambridge University Press, 1987.

Cavell Stanley, *Must We Mean What We Say*, in *Must We Mean What We Say*, Cambridge, Cambridge University Press, 1976, p. 1—43.

Cavell Stanley, *The Avoidance of Love*, in *Disowning Knowledge in Six Plays of Shakespeare*, Cambridge, Cambridge University Press, 1987, p. 39—123.

Cavell Stanley, *The Claim of Reason*, Oxford, Oxford University Press, 1979.

Chauviré Christiane, *La philosophie est-elle soluble dans la science? Le cognitivisme en question*, in *Revue philosophique de la France et de l'étranger*, n° 3, juillet-septembre 1999, p. 277—290.

Chomsky Noam, *Rules and Representations*, New York, Columbia University Press, 1980.

Crévenat-Werner Danièle, *Les contextes de contexte. La notion de contexte dans les dictionnaires*, Scolia, n° 6, 1996, p. 13—38.

Culioli Antoine, *Comment tenter de construire un modèle logique adéquat à la description des langues naturelles?* (1974), in *Pour une linguistique de l'énonciation*, t. 2: *Formalisation et opérations de repérage*, Paris, Ophrys, 1999, p. 53—66.

Culioli Antoine, *Des façons de qualifier*, in *Pour une linguistique de l'énonciation*, t. 3: *Domaine notionnel*, Paris, Ophrys, 1999, p. 81—89.

Culioli Antoine, *La formalisation en linguistique*, *Les Cahiers pour l'analyse*, 9, Paris, Seuil, 1968, p. 106—117; repr. in *Pour une linguistique de l'énonciation*, t. 2: *Formalisation et opérations de repérage*, Paris, Ophrys, 1999, p. 17—29.

Culioli Antoine, *La Linguistique: de l'empirique au formel*, in *Pour une linguistique de l'énonciation*, t. 1: *Opérations et représentations*, Paris, Ophrys, 1990, p. 9—46.

Culioli Antoine, *Ouverture*, in Coll., *La théorie d'Antoine Culioli: ouvertures et incidences*, Actes de la Table ronde *Opérations de repérage et domaines notionnels*, URA 1028, Université Paris VII, mai-juin 1991, Paris, Ophrys, 1992, p. 3—16.

Culioli Antoine, *Qu'est-ce qu'un problème en linguistique? Etude de quelques cas*, in *Pour une linguistique de l'énonciation*, t. 3: *Domaine notionnel*, Paris, Ophrys, 1999, p. 59—66.

Culioli Antoine, *Representation, Referential Processes, and Regulation. Language Activity as Form Production and Recognition*, in J. Montanegro et A. Tryphon (éds), *Language and Cognition*, Genève, Foundation Archives Jean Piaget, Cahier n° 10, 1989; repr. in *Pour une linguistique de l'énonciation*, t. 1: *Opérations et représentations*, Paris, Ophrys, 1990, p. 177—213.

Culioli Antoine, *Valeurs aspectuelles et opérations énonciatives: l'aoristique*, in *Pour une linguistique de l'énonciation*, t. 2: *Formalisation et opérations de repérage*, Paris, Ophrys, 1999, p. 127—143.

Davidson Donald, *Truth and Meaning* (1967), repr. in *Truth and Interpretation*, Oxford, Clarendon Press, 1984, p. 17—36.

Davidson Donald et Harman Gilbert (éds), *Semantics of Natural*

Languages, Dordrecht, Reidel, 1972.

Descombes Vincent, *La denrée mentale*, Paris, Editions de Minuit, 1995.

Descombes Vincent, *Les institutions du sens*, Paris, Editions de Minuit, 1996.

Diamond Cora, *The Readistic Spirit. Wittgenstein, Philosophy and the Mind*, Cambridge, Mass., The MIT Press, 1991.

Diamond Cora, *Frege and Nonsense*, in C. Diamond et J. Teichman (éds), *Intention and Intentionality: Essays in Honour of G. E. M. Anscombe*, Brighton, Harvester, 1979; repr. in *The Realistic Spirit. Wittgenstein, Philosophy and the Mind*, Cambridge, Mass., The MIT Press, 1991, p. 73—94.

Diamond Cora, *Having a Rough Story about What Moral Philosophy Is*, in *New Literary History*, XV, 1982; repr. in *The Realistic Spirit. Wittgenstein, Philosophy and the Mind*, Cambridge, Mass., The MIT Press, 1991, p. 367—381.

Diamond Cora, *Philosophy and Mind*, in *The Realistic Spirit. Wittgenstein, Philosophy and the Mind*, Cambridge, Mass., The MIT Press, 1991, p. 1—11.

Diamond Cora, *What Does a Concept-Script Do? Philosophical Quarterly*, XXXIV, 1984, repr. in *The Realistic Spirit. Wittgenstein, Philosophy and the Mind*, Cambridge, Mass., The MIT Press, 1991, p. 115—144.

Diderot Denis, *Lettre sur les sourds et les muets* (1751), in *Oeuvres*, édition établie par Laurent Versini, t. IV, Paris, Robert Laffont, 1996, p. 5—75.

Ducrot Oswald, *Analyse de textes et linguistique de l'énonciation*, in Oswald Ducrot et al., *Les mots du discours*, Paris, Editions de Minuit, p. 7—56.

Franckel Jean-Jacques et Lebaud Daniel, *Lexique et opérations. Le lit de l'arbitraire*, in Coll., *La théorie d'Antoine Culioli: ouvertures et incidences. Actes de la Table ronde Opérations de repérage et domaines notionnels*, URA 1028, Université Paris VII, mai-juin 1991, Paris, Ophrys, 1992, p. 89—106.

Frege Gottlob, *Begriffschrift, eine der arithmetischen nachgebildete Formelsprache des reinen Denkens* (1879), repr. in *Begriffschrift und andere Aufsätze*, éd. I. Angelelli, Hildesheim, G. Olms, 1971, trad. fr. Corine Besson, avec postface de Julian Barnes, *Idéographie*, Paris, Vrin, 1999.

Frege Gottlob, *Grundlagen der Arithmetik. Eine logisch-mathematische Untersuchung über den Begriff der Zahl*, Breslau, W. Koebner, 1884, trad. fr. Claude Imbert (sur l'édition de Breslau), *Les fondements de l'arithmétique. Recherche logico-mathématique sur le concept de nombre*, Paris, Seuil, 1970.

Frege Gottlob, *Funktion und Begriff* (1891), Pätzig G. (éd.), *Funktion, Begriff, Bedeutung. Fünf logische Studien*, Göttingen, Vandenhoeck et Ruprecht, 1980, trad. fr. Claude Imbert, *Fonction et concept*, in *Ecrits logiques et philosophiques*, Paris, Seuil, 1971, p. 81—101.

Frege Gottlob, *La pensée* (1918—1919), trad. fr. Claude Imbert, *Fonction et concept*, in *Ecrits logiques et philosophiques*, Paris, Seuil, 1971.

Frege Gottlob, *Mes intuitions logiques fondamentales*, in *Ecrits posthumes*, trad. fr. Philippe de Rouilhan et Claudine Tiercelin, Nîmes, Jacqueline Chambon, 1994, p. 297—298.

Frege Gottlob, *Notes pour Ludwig Darmstaedter* (1919), in *Ecrits posthumes*, trad. fr. Philippe de Rouilhan et Claudine Tiercelin, Nîmes, Jacqueline Chambon, 1994, p. 273—277.

Frege Gottlob, *Nachgelassene Schriften und Wissenschaftlicher Briefwechsel*, 1: *Nachgelassene Schriften*, Unter Mitwirkung von Gottfried Gabriel und Walburga Rödding, Hamburg, Felix Meiner, 1969, trad. fr. sous la dir. de Philippe de Rouilhan et de Claudine Tiercelin, *Ecrits posthumes*, Nîmes, Jacqueline Chambon, 1994.

Frege Gottlob, *Sur Schoenflies: Les paradoxes logiques de la théorie des ensembles* (1906), in *Ecrits posthumes*, trad. fr. Philippe de Rouilhan et Claudine Tiercelin, Nîmes, Jacqueline

Chambon, 1994, p. 209—217.

Frege Gottlob, *Uber Begriff und Gegenstand* (1892), Pâtzig G. (éd.), *Funktion, Begriff, Bedeutung. Fünf logische Studien*, Göttingen, Vandenhoeck et Ruprecht, 1980, trad. fr. Claude Imbert, *Concept et objet*, in *Ecrits logiques et philosophiques*, Paris, Seuil, 1971, p. 127—141.

Fuchs Catherine, *L'interprétation des polysèmes grammaticaux en contexte*, in Georges Kleiber et Martin Riegel (éds), *Les formes du sens. Etudes de linguistique française, médiévale et générale offertes à Robert Martin à l'occasion de ses 60 ans*, Louvain, Duculot, 1997, p. 127—133.

Fuchs Catherrine, *Paraphrase et énonciation*, Paris, Ophrys, 1994.

Furberg Mats, *Saying and Meaning. A Main Theme in J. L. Austin's Philosophy*, Göteborg, Elanders Boktryck, 1963.

Gardiner Alan Henderson, *The Theory of Speech and Language* (1932), Oxford, Oxford University Press, ^{2}1951; trad. fr. Catherine Douay, Lille, Presses Universitaires de Lille, 1989.

Geach Peter Thomas, *Mental Acts: Their Content and their Objects* (1957), Bristol, Thommes Press, 1992.

Geertz Clifford, *Ethos, World View and the Analysis of Sacred Symbols* (1957), in *The Interpretation of Cultures*, New York, Basic Books, Harper Collins, 1973, p. 126—141.

Gil Fernando, *Attente et remplissement chez Wittgenstein*, in Antonia Soulez et Jan Sebestik (éds), *Wittgenstein et la philosophie aujourd'hui*, Paris, Méridiens-Klincksieck, 1992, p. 309—321.

Goldschmidt George-Arthur, *Freud et la langue allemande*, vol. 2: *Quand Freud attend le verbe*, Paris, Buchet-Chastel, 1996.

Grice Paul, *Logic and Conversation* (1967, 1987), in *Studies in the Way of Words*, Cambridge, Mass., Harvard University Press, 1989.

Guenther Franz et Nef Frédéric, *Introduction à l'analyse des langues naturelles*, in Frédéric Nef (éd.), *L'analyse logique des langues naturelles* (1968 — 1978). *Anthologie*, Paris, Editions du

CNRS, 1984.

Hare Richard M., *Imperative Sentences* (1949), repr. in *Practical Inferences*, London, Macmillan, 1971, p. 1—21.

Hare Richard M., *Meaning and Speech Acts* (1970), repr. in *Practical Inferences*, London, Macmillan, 1971, p. 74—93.

Hare Richard M., *Moral Thinking. Its Levels, Method and Point*, Oxford, Clarendon Press, 1981.

Hare Richard M., *Practical Inferences*, London, Macmillan, 1971.

Hare Richard M., *The Language of Morals*, Oxford, Oxford University Press, 1952.

Hart H. L. A., *The Concept of Law*, Oxford, Clarendon Press, 1961.

Hobbes Thomas, *Elementorum philosophiae sectio prima: De Corpore* (1655), in *Opera philosophica quae latine scripsit omnia*, Molesworth William (éd.), London, J. Bohn, 1839—1845, vol. I; trad. angl. revue par Hobbes, *Elements of Philosophy. The First Section, Concerning Body, The English Works of Thomas Hobbes of Malmesbury*, Molesworth William (éd.), London, John Bohn 1839—1845, II vol., vol. I; reprint Aalen, Scientia Verlag, 1966.

Hume David, *A Treatise of Human Nature*, 2 vol., London, New York, Dent & Dutton, 1911.

Katz Jerrold J., *The Metaphysics of Meaning*, Cambridge, Mass., The MIT Press, 1990.

Kenny A. J. P., *Practical Inference*, *Analysis*, 26, 1966.

Kenny A. J. P., *Will, Freedom and Power*, Oxford, Basil Blackwell, 1975.

Kirkham Richard L., *Theories of Truth*, Cambridge, Mass., The MIT Press, 1992.

Kleiber Georges, *Contexte, Où es-tu?*, in *Revue de sémantique et de pragmatique*, n° 1, 1997, p. 65—79.

Lakoff George, *Linguistics and Natural Logic*, in Donald Davidson et Gilbert Harman (éds), *Semantics of Natural Languages*, Dordrecht, Reidel, 1972.

Latraverse François, *La pragmatique, histoire et critique*, Bruxelles, Mardaga, 1988.

Laugier Sandra, *Dépsychologiser la psychologie, Revue philosophique de la France et de l'étranger*, juillet-septembre 1999, p. 363—385.

Laugier Sandra, *Dire et vouloir dire: Austin et la philosophie, Critique*, 51, 572—573, janvier-février 1995, p. 3—24.

Laugier Sandra, *Du réel à l'ordinaire. Quelle philosophie du langage aujourd'hui?*, Paris, Vrin, 1999.

Laugier Sandra, *Recommencer la philosophie. La philosophie américaine aujourd'hui*, Paris, PUF, 1999.

Legault Georges A., *La structure performative du langage juridique*, Montréal, Presses Universitaires de l'Université de Montréal, 1977.

Lepore Ernest et Van Gulick Robert (éds), *John Searle and His Critics*, Oxford, Basil Blackwell, 1991.

Locke John, *An Essay concerning Human Understanding*, éd. Peter H. Nidditch, Oxford, Oxford University Press, 1975.

Loraux Patrice, *Les opérations en "peut-être"*, in Antonia Soulez et Jan Sebestik (éds), *Wittgenstein et la philosophie aujourd'hui*, Paris, Méridiens-Klincksieck, 1992, p. 29—44.

Lyons John, *Semantics*, Cambridge, Cambridge University Press, 1977.

Malcolm Norman, *"I believe that p"*, in Ernest Lepore et Robert Van Gulick (éds), *John Searle and his Critics*, Oxford, Basil Blackwell, 1991, p. 159—168.

Mcdowell John, *Intentionality De Re*, in Ernest Lepore et Robert Van Gulick (éds), *John Searle and his Critics*, Oxford, Basil Blackwell, 1991, p. 215—225.

Milner Jean-Claude, *Introduction à une science du langage*, Paris, Seuil, 1989.

Montague Richard, *Formal Philosophy: Selected Papers*, in R. H. Thomason (éd.), New Haven, Yale University Press, 1974.

Nemo François et Cadiot Pierre, *Un problème insoluble?, Revue de sémantique et de pragmatique*, Partie I, n° 1, 1997, p. 15—22, partie II, n° 2, 1997, p. 9—40.

Nef Frédéric (éd.), *L'analyse logique des langues naturelles 1968—1978. Anthologie*, Paris, Editions du CNRS, 1984.

Normand Claudine, *Sémiotique et pragmatique: un aperçu de leur histoire*, in *Revue de sémantique et pragmatique*, n° 1, 1997, p. 105—114.

Orlandi Eni, *Les formes du silence dans le mouvement du sens* (1994), trad. fr., Editions des Cendres, 1996.

Pears David, *The False Prison. A Study of the Development of Wittgenstein's Philosophy*, Oxford, Oxford University Press, 1987; trad. fr. Christiane Chauviré, *La Pensée-Wittgenstein. Du* Tractatus *aux* Recherches philosophiques, Paris, Aubier, 1993.

Petit Jean-Luc, *L'action dans la philosophie analytique*, Paris, PUF, 1991.

Platon, *Théétète*, *Platons Opera*, John Burnet (éd.), Oxford, Clarendon Press, 1977, t. 1.

Pufendorf von Samuel, *De Iure Naturae et Gentium libri octo*, trad. fr. Jean Barbeyrac, Bâle, 1732, *Le Droit de la nature et des gens*, fac-similé, Bibliothèque de philosophie politique et juridique, Centre de philosophie politique et juridique de l'Université de Caen, 2 vol., 1987.

Pufendorf von Samuel, *De Officio hominis et civis iuxta legem naturalem libri duo* (1673), engl. transl. James Tully, *On the Duty of Man and Citizen According to Natural Law in Two Books*, edited by Michal Silverthorne, Cambridge, Cambridge University Press, 1991.

Putnam Hilary, *Sense, Nonsense, and the Senses: An Inquiry into the Powers of the Human Mind*, *Journal of Philosophy*, vol. XCI, n° 9, September 1994.

Putnam Hilary, *The Threefold Cord: Mind, Body, and World*, Dewey Lectures, New York, Columbia University Press, 1999.

Quine Willard Van Orman, *Mr Strawson on Logical Theory* (1953), repr. in *The Ways of Paradox and Other Essays*, Cambridge, Mass., Harvard University Press, ²1976, p. 137—157.

Récanati François, *Les énormes performatifs*, Paris, Editions de Minuit, 1981.

Rorty Richard (éd.), *The Linguistic Turn*, Chicago, The University of Chicago Press, 1967.

Rosat Jean-Jacques, *La force des raisons*, *Revue philosophique de la France et de l'étranger*, 124ᵉ année, n° 1134, 1999/III, p. 317—343.

Rosier Irène, *La parole comme acte. Sur la grammaire et la sémantique au XIIIᵉ siècle*, Paris, Vrin, 1994.

Russell Bertrand, *On Denoting* (1905), in *Logic and Knowledge, Essays, 1901—1950*, London, Unwin & Hyman, 1956, p. 39—56, trad. fr. J.-M. Roy, *De la dénotation*, in *Ecrits de logique philosophique*, Paris, PUF, 1989.

Ruwet Nicolas, *Introduction à la Grammaire Générative*, Paris, Plon, 1968.

Ryle Gilbert, *Knowing how and Knowing that* (1945), repr. in *Collected Papers*, vol. I: *Critical Essays*, London, Hutchinson, 1971, p. 212—225.

Ryle Gilbert, *Systematically Misleading Expressions* (1932), repr. in Richard Rorty (éd.), *The Linguistic Turn*, Chicago, The University of Chicago Press, 1967, p. 85—100.

Searle John R. L., *A Taxonomy of Illocutionary Acts*, in Keith Gunderson (éd.), *Language, Mind and Knowledge*, *Minnesota Studies in the Philosophy of Science*, vol. VII, Minneapolis, University of Minnesota Press, 1975, p. 344—369; repr. in *EM.*, chap. 1.

Searle John R. L., *Expression and Meaning. Studies in the Theory of Speech Acts*, Cambridge, Cambridge University Press (1979), 1986.

Searle John R. L., *Intentionality. An Essay in the Philosophy of Mind*, Cambridge, Cambridge University Press, 1983, *L'intentionnalité. Essai de philosophie des états mentaux*, trad.

fr. Cl. Pichevin, Paris, Editions de Minuit, 1985.

Searle John R. L., *Literal Meaning*, *Erkenntnis*, vol. 13, n° 1, juillet 1978, p. 207—224, repr. in *EM*, chap. 5.

Searle John R. L., *Meaning, Intentionality, and Speech Acts, Response to Jonathan Bennett, Jürgen Habermas, Karl-Otto Apel and William Alston*, in Ernest Lepore et Robert Van Gulick (éds), *John Searle and his Critics*, Oxford, Basil Blackwell, 1991, p. 81—102.

Searle John R. L., *Minds, Brains and Science*, BBC, 1984, trad. fr. C. Chaleyssin, *Du cerveau au savoir*, Paris, Hermann, 1985.

Searle John R. L., *Perception and the Satisfaction of Intentionality, Response to David Armstrong, Norman Malcolm and Eddy Zemach*, in Ernest Lepore et Robert Van Gulick (éds), *John Searle and his Critics*, Oxford, Basil Blackwell, 1991, p. 181—192 (la réponse à Malcolm occupe les pages 185—188).

Searle John R. L., *Speech Acts. An Essay in the Philosophy of Language*, Cambridge, Cambridge University Press, 1969.

Searle John R. L., *The Construction of Social Reality*, New York, The Free Press, 1995, trad. fr. Claudine Tiercelin, Paris, Gallimard, 1998.

Searle John R. L., *The Explanation of Cognition*, in John Preston (éd.), *Thought and Language*, Cambridge, Cambridge University Press, 1997, p. 103—126.

Searle John R. L. et Vanderveken Daniel, *Foundations of Illocutionary Logic*, Cambridge, Cambridge University Press, 1985.

Shakespeare William, *Complete Works*, Oxford, Oxford University Press, 1978.

Shapin Steven et Schaffer Simon, *Leviathan and the Air-Pump. Hobbes, Boyle, and the Experimental Life*, Princeton, Princeton University Press, 1985; trad. fr. Thierry Piélat et Sylvie Barjansky, Paris, La Découverte, 1993.

Soubbotnik Michael A. , *"Ceci est à moi"*, *Revue de synthèse*, IVᵉ S, nº 3—4, juillet-décembre 1992, p. 459—480.

Soubbotnik Michael A. , *Définition du droit et philosophie du langage. De "l'essence du droit" aux jeux de langage*, Actes, nᵒˢ 75—76, Juin 1991, p. 29—33.

Soubbotnik Michael A. , *Le regard du sourd : le hiéroglyphe du sujet dans la Lettre sur les sourds et les muets*, in Lire, écrire, penser la littérature. Mélanges offerts à Anne-Marie Pelletier, Université de Marne-la-Vallée, 1998, p. 85—99.

Soubbotnik Michael A. , *Théorie du droit naturel et pragmatique*, Thèse de doctorat, Université de Nantes, 1995.

Soulez Antonia (éd.), *Dictées de Wittgenstein à Waismann et pour Schlick*, t. 1 (traductions), Paris, PUF, 1997.

Soulez Antonia, *Essai sur le libre jeu de la volonté*, in Ludwig Wittgenstein, *Leçons sur la liberté de la volonté*, suivi de *Essai sur le libre jeu de la volonté*, Paris, PUF, 1998.

Soulez Antonia, *L'intentionnalité dans le langage chez Wittgenstein à partir de quelques éléments d'une critique de l'interprétation*, in Guy-Félix Duportail (éd.), *Intentionalité et langage*, Rennes, Presses Universitaires de Rennes, 1999, p. 87—104.

Sperber Dan et Wilson Deirdre, *Relevance. Communication and Cognition* (1986); trad. fr. A. Gerschenfeld et D. Sperber, *La pertinence, communication et cognition*, Paris, Editions de Minuit, 1989.

Strawson Peter F. , *A Problem about Truth. A Reply to Mr. Warnock*, in George Pitcher (éd.), *Truth*, Englewood Cliffs NJ, Prentice-Hall, 1964, p. 68—84; trad. fr. Judith Milner, in *Etudes de logique et de linguistique*, Paris, Seuil, 1977, p. 243—264.

Strawson Peter F. , *Introduction to Logical Theory* (1952), London, Methuen, 1963.

Strawson Peter F. , *Truth* (1950), in George Pitcher (éd.), *Truth*, Englewood Cliffs NJ, Prentice-Hall, 1964, p. 68—84; trad. fr. Judith Milner, in *Etudes de logique et de linguistique*, Paris,

Seuil, 1977, p. 217—242.

Strawson Peter F., *Truth: A Reconsideration of Austin's Views*, Philosophical Quarterly, 15, 1965; trad. fr. Judith Milner, in *Etudes de logique et de linguistique*, Paris, Seuil, 1977, p. 265—281.

Tarski Alfred, *The Semantic Conception of Truth and the Foundation of Semantics* (1944), repr. *in* Jay L. Garfield et Murray Kiteley (éds), *Meaning and Truth. The Essential Readings in Modern Semantics*, New York, Paragon House, 1991, p. 53—86.

Thomason R. H., *Où intervient la pragmatique?*, *in* Frédéric Nef (éd.), *L'nanlyse logique des langues naturelles (1968—1978). Anthologie*, Paris, Editions du CNRS, 1984, p. 161—169.

Valéry Paul, *Léonard et les philosophes. Lettre à Léo Ferrero* (1929), in *Oeuvres*, t. I, Paris, Gallimard, Bibliothèque de la Pléiade, 1957, p. 1234—1269.

Vanderveken Daniel, *La forme logique des contenus de nos pensées conceptuelles*, *in* Daniel Laurier et François Lepage (éds), *Essais sur le langage et l'intentionnalité*, Montréal, Bellarmin, Paris, Vrin, 1992, p. 283—305.

Vanderveken Daniel, *Les actes de discours*, Bruxelles, Mardaga, 1988.

Veit Elizabeth, *La maison de Margarete, une alternative à l'architecture des "modernes"*, in Antonia Soulez et Jan Sebestik (éds), *Wittgenstein et la philosophie aujourd'hui*, Paris, Méridiens-Klincksieck, 1992, p. 427—434.

Vernant Denis, *Du discours à l'action*, Paris, PUF, 1997.

Voguë de Sarah, *Si, la syntaxe et le point de vue des opérations*, *in* Coll., *La théorie d'Antoine Culioli: ouvertures et incidences*, Actes de la Table ronde *Opérations de repérage et domaines notionnels*, URA 1028, Université Paris VII, mai-juin 1991, Paris, Ophrys, 1992, p. 123—144.

Warnock G. J., *Austin*, London, Routledge, 1989.

Wittgenstein Ludwig, *Cause and Effect: Intuitive Awareness*

(1937), in *Philosophical Occasions*, éd. James Klagge et Alfred Nordmann, Indianapolis, Hackett, 1993.

Wittgenstein Ludwig, *Lectures and Conversations on Aesthetics, Psychology and Religious Belief*, ed. by Cyril Barrett, Oxford, Basil Blackwell, 1966, trad. fr., *Leçons et conversations sur l'esthétique, la psychologie et la croyance religieuse. Suivi de Conférence sur l'éthique*, Paris, Gallimard, *Idées*, 1981.

Wittgenstein Ludwig, *Notes for Lectures on 《Private Experience》 and 《Sense Data》*, éd. Rush Rhees, trad. fr. Elizabeth Rigal, Mauvezin, Trans-Europ-Repress, bilingue, 1989.

Wittgenstein Ludwig, *Philosophical Investigations* (1958), transl. G. E. M. Anscombe, German-English Edition, Oxford, Basil Blackwell, 1997.

Wittgenstein Ludwig, *Philosophical Grammar*, éd. Rush Rhees, transl. Anthony Kenny, Oxford, Basil Blackwell, 1974.

Wittgenstein Ludwig, *Philosophical Occasions 1912 — 1951*, éds James Klagge et Alfred Nordmann, Indiannapolis, Cambridge, Hackett Publishing Co, 1993.

Wittgenstein Ludwig, *Remarks on the Foundations of Mathematics*, ed. by G. H. von Wright, R. Rhees et G. E. M. Anscombe, transl. by G. E. M. Anscombe (1956), Oxford, Basil Blackwell, 1978.

Wittgenstein Ludwig, *The Blue and Brown Books*, Oxford, Basil Blackwell, 1969, trad. fr. Marc Goldberg et Jérôme Sackur, *Le cahier bleu et le cahier brun*, Paris, Gallimard, 1996.

Wittgenstein Ludwig, *Tractatus logico-philosophicus* (1922), Frankfurt-am-Main, Suhrkamp, 1963, trad. fr. Gilles-Gaston Granger, Paris, Galliamrd, 1993.

Wittgenstein Ludwig, *Wittgenstein's Lectures, Cambridge 1932 — 1935*, from the notes of Alice Ambrose and M. MacDonald, éd. Alice Ambrose, Oxford, Basil Blackwell, 1979.

Wittgenstein Ludwig, *Wittgenstein's Lectures on Philosophical Psychology 1946 — 1947*, notes by P. T. Geach, K. J. Shah, A. C. Jackson, edited by P. T. Geach, New York, London,

Harvester-Wheatsheaf, 1988.

Wittgenstein Ludwig, *Zettel*, hsgb. G. E. M. Anscombe und G. H. von Wright, *Werkausgabe Bd. 8*, Frankfurt-am-Main, Suhrkamp, 1994.

Wunderlich Dieter, *Towards an Integrated Theory of Grammatical and Pragmatical Meaning*, in Asa Kasher (éd.), *Language in Focus: Foundations, Methods and Systems. Essays in Memory of Yehoshua Bar-Hillel*, Dordrecht, D. Reidel Publishing Co., 1976, p. 251—277.

部分人名中外文对照

Auroux, S.　奥鲁
Austin, J. L.　奥斯汀

Bach Kent　肯特·巴赫
Baker, G. P.　戈登·贝克
Benveniste　邦弗尼斯特
Berkeley, G.　伯克利
Berrendonner, A.　贝朗多内
Bouveresse, J.　布弗雷斯

Cadiot, P.　卡迪奥
Canguilhem, G.　康吉扬
Carnap, R.　卡纳普
Carroll, L.　卡罗尔
Cavell, S.　卡维尔
Chauviré, C.　肖维雷
Chomsky, N.　乔姆斯基
Culioli, A.　屈利奥里

Davidson, D.　戴维森
Descombes, V.　德孔布
Diamond, C.　科·戴蒙德
Dideront, D.　狄德罗
Ducrot, O.　杜克罗

Franckel, J.-J.　弗兰克尔
Frege, G.　弗雷格
Fuchs, C.　富克斯

Gardiner, A. H.　卡德纳
Geach, p. T.　P. T. 吉奇
Geertz, C.　克·格尔茨
Gil, F.　吉尔
Goldschmidt, G.-A.
　　戈德斯密特
Grice, P.　格赖斯
Guenther, F.　F. 冈瑟

Hacker, p. M. S.　彼得·哈克
Hare, R.　黑尔
Hart, H. L. A.　哈特
Hume, D.　休谟

Katz, J. J.　J. 卡茨
Kenny, A. J. P.　肯尼
Kirkham, R. L.　柯卡姆
Kleiber, G.　克莱贝尔

Lakoff, G.　拉科夫
Latraverse, F.　拉特拉韦尔斯

部分人名中外文对照

Laugier, S. 洛吉耶
Lebaud, D. 勒博
Legault, G. A. 勒戈
Locke, J. 洛克
Loraux, P. 洛罗
Lyons, J. 莱昂斯

Malcolm, N. 诺·马尔科姆
McDowell, J. 麦克道尔
Milner, J.-C. 米尔纳
Montague, R. 蒙塔古

Nef, F. F. 内夫
Nemo, F. F. 内莫

Orlandi, E. 奥兰迪

Pears, D. D. 皮尔斯
Platon 柏拉图
Pufendorf, S. V. 普芬道夫
Putnam, H. 普特南

Quine, W. v. O. 蒯因

Récanati, F. 雷卡纳蒂
Rosier, I. 罗西耶

Russell, B. 罗素
Ryle, G. 赖尔

Schaffer, S. 谢弗
Searle, J. 塞尔
Shakespeare, W. 莎士比亚
Shapin, S. 夏潘
Sinn 辛恩
Soulez, A. A. 苏莱
Sperber, D. 斯珀贝尔
Strawson, p. F. 斯特劳森

Tarski, A. 塔尔斯基
Thomason, R. H. 托马森

Valéry, P. 瓦莱里
Vanderveken, D. 范德维肯
Veit, E. 维特
Vernant, D. 韦尔南
Voguë de S. 德·沃格

Warnock, G. J. 沃诺克
Wilson, D. 威尔逊
Wittgenstein, L. 维特根斯坦
Wunderlich, D. 旺德里克

部分概念中外文对照

abus　滥用
accord　同意
acte　行为
acte illocutoire　非言辞行为
acte locutoire　言辞行为
acte perlocutoire　超言辞行为
actes de langage　言语行为
action　行动
adéquation　相符,一致,对应
analyse　分析
assertion　断定
attente　等待

capacité　能力
causalité　因果关系
causalité intentionnelle
　　意向性因果关系
cause　原因
cerveau　头脑
cerveau dans une cuve
　　器皿中的颅脑
compétence　专长,能力,技能
concept　观念,概念
condition de satisfaction　满足条件
condition de vérité　真实条件

contenu　内容
contenu propositionnel　命题内容
contexte　背景
convention　约定
croyance　信仰,信念
cylindre (et piston)　汽缸(与活塞)

description　描述
descriptions définies　确定性描述
direction d'ajustement　调整方向
discours　言说(言语)
diversité　多样性,多姿多彩

échantillon　抽样,样品
échec　失败
écriture conceptuelle　观念文字
empirique　经验的
empirisme　经验主义
engagement　介入,承诺
énoncé　陈述句
énonciateur　陈述者
énonciation　陈述行为
épilinguistique　面向(针对)语言的
esprit　精神
étalon　标准,标准器

état intentionnel 意向状态
état mental 精神状态
éthique 伦理学,伦理的
évaluation 评价,评估
excuse 抱歉,辩白
expérience 经验
explication 解释
exprimabilité 能表达性

fait 事实
félicité 满意
fonction 功能
force 语力
formalisation 形式化
forme 形式
forme logique 逻辑形式

grammaire 语法

herméneutique 释义学
hétérogénéité 多质性,异质性
hyperlangue 超语言

image 意象,形象
imagination 想象
impératif 命令式
indicatif 直陈式
infélicité 不满意
inférence 推论
institution 制度,规定
intention 意向
intentionnalité 意向性
interne/externe 内与外
interpretation 阐释

jeu 游戏,运动
jeu de langage 言语游戏

langage formalisé 形式化言语
langage formel 形式言语
langage ordinaire 日常言语
langue 语言
langue naturelle 自然语言
lexème 词素
lexique 词汇
liberté 自由
linguistique 语言学,语言的
locuteur 说话者
logique 逻辑,逻辑学
loi 规律,法律
loi de causalité 因果规律

métalinguistique 元语言的
métaphysique 形上论,玄学
modèle 范式,典范
monde 世界
moral 道德的,精神的
mythologie 神话,神话学

nom propre 名,专有名词
norme 规范
notation 标记

objet 客体,对象
obligation 义务
observation 观察
operation 进程,程序

pacte de parole　话语协议
paraphrase　解述,改写,意译
parole　话语
pensée　思想
perception　发现,感知
performatifs　完成行为式语句
phénomène mental　精神现象,道德现象
philosophie de l'esprit　精神哲学
philosophie du langage　言语哲学
philosophie du langage ordinaire　日常言语哲学
philosophie logique　逻辑哲学
philosophie morale　道德哲学
phrase　句子,语句
pragmatique　语用的,语用学
pratique　实践的,应用的
prescription　规定
processus　程序
promenade　散步,漫游
promesse　许诺
proposition　命题,分句
psychologie　心理学
psychologisme　心理主义

question　问题

raison　思维,思辨
réalisme　现实主义,实在论
réalisme direct　直接现实主义
réalité　现实
référence　参照
règle　规则
règle constitutive　构成规则

règle régulative　调节规则
relation interne　内部关系
représentation　标示,表现

saisie　捕捉,调出
satisfaction　满足
sémentique　语义学
sens　意思,意义
signe　符号
signification　意义,意指
signification littérale　忠实意指
sincérité　真诚
situation　情形,情境
standard　标准,常规
structure profonde　深层结构
subjectivité　主观,主观性
substantialisme　本质论
symbole　象征,象征符号

texte　文本
théologie　神学
théorie　理论
trait d'aseertion　断定符
trait de contenu　内容符
trait de jugement　判断符

usage　用法,延习
usage ordinaire　日常用法

valeur　价值
valeur de vérité　真实价值
variation　变化,变种
vérité　真实,真实性,真理
vouloir dire　意味

译　后　记

　　这是一部相当艰涩的文本，读起来颇为不易，但却很值得一读。作者针对塞尔等语用学家提出的有关日常言语的精神观和精神决定论，围绕若干专题，一方面要准确把握这些语用学家的观点，一方面要准确理解奥斯汀、维特根斯坦、弗雷格等语言—言语哲学家的学术思想，还原他们本来的学术面貌，一方面还要陈述自己对这些思想的评价或批评，颇为不易。语言—言语哲学家直接陈述自己思想的专著已很难懂，这种从宏观视野出发、从具体学术思想入手的元文本亦即关于文本的文本就更难懂一些，这是不言而喻的事。为了准确把握各种学术思想，苏波特尼克不肯轻易使用名词断定他人的观点、概念和思想，宁肯使用多重从句，把句子搞得很长，也增加了一定的难度。

　　这是我相对用时最多的一部译著。我力求字斟句酌地准确理解原著的意义，努力把一个个超长的句子化为几个分句而又忠实于原义。译完后又逐字逐句地校对了一遍，然后再通读了一遍。

　　请读者阅读这部著作时千万别着急，读慢一些，多读两遍，争取跟上作者跳跃的思路。对一些细节问题一时难以把握时，能够理解作者的基本思想就行。

　　我一如既往地欢迎并感谢专家学者们和广大读者对拙译给予批评指正。您的宝贵意见对我学术水平的提高、对我几年后重校近年来的译作，都将大有裨益。

史忠义
2002 年 8 月　北京

跋

理论探索的乐趣

　　自 20 世纪 70 年代末 80 年代初起,我心中的迷信思想开始消逝直到后来的消失殆尽。这里有几个主要原因。首先是那场史无前例的大运动带给亲历这场运动的几代中国人的直接教训,包括我自己。还要归功于当年开展的关于实践是检验真理的唯一标准的大讨论。第三是因为多读书的缘故,特别是多读理论著作和思想史著的缘故。后来接受的博士生教育制度也给了我很深的影响,潜移默化地坚定了我破除迷信的思想。这种制度的一项共识是,凡博士论文中涉及的论点,博士候选人都要对前人的观点给予点评或批评,在此基础上拿出自己的新观点,舍此,就不能算是博士论文。做博士论文的过程,就是培养学者出新学术思想的一种训练,经常要求在理论和方法论方面有新突破。在这种思想的指导下,我这个学子也就跃跃欲试了。开始时还有些腼腆,后来逐渐大胆起来,但却从来都很清醒,从来不曾狂妄过。于是,在完成论文、写文章、做课题和著译之余,在理论和重要文学现象的认识方面,也就有了一些属于个人的创见。

　　一、由于西方各国的浪漫主义文学运动各不相同,特点各异,当我做完郭沫若与西方浪漫主义以及与中国传统文化的渊源关系这个研究课题后,理应对什么是中国现代的浪漫主义文学现象做出理论界定,西方学者们也有此要求,否则,西方读者读到我的博士论文时,将会有许多困惑不解的地方。于是,我在自己几年研究的基础上,增写了导语部分,把中国现代浪漫主义文学现象从理论上界定为:

　　"它绝不完全等同于西方任何一家浪漫主义。它是东西方两种文化的交会,是德、英、法、美以及我国古代浪漫主义等源流的融会。它所借鉴的理论多元化,有康德的玄学思想、斯宾诺莎的泛神论、尼采的非理性思想、王尔德的美学思想、戈蒂耶的为艺术而艺术的文艺主张、庄子的道家思想等。它所崇尚的作家有古典主义的、浪漫主义的,甚至现代派作家,带有理解上的偏差、明显的中国化现象以及一定程度的批判性质。我国现代浪漫主义是知识阶层的一种反叛,反对旧社会、旧制度,追求新时代;反对专制主义,追求个性解放;反对封建礼教,追求真正的、热烈的爱情;反对文言,提倡白话;反对格律形式,提倡自由体新诗;反对印象,提倡表现;反对平庸的描写,提倡抒真情实感。"①需要说明的是,虽然当时我对"中国古代浪漫主义"的提法已有所怀疑,觉得这个问题应该专门研究,但仍接受并保留了关于中国古代浪漫主义的说法。由于我在近日发表的论文中已明确否认中国古代存在过浪漫主义文学运动(见下文),那么,上述定义中的第二句应相应调整为"它是东西方两种文化的交会,是德、英、法、美浪漫主义以及我国古代思想和古典文学等源流的融会"。

二、我的第二部博士论文的附件二是我对弗洛伊德和荣格的精神分析理论的思考。其要点如下:1. 笛卡儿的理论概念完全排斥梦的疯癫,西方浪漫主义对梦的全面挖掘,奈尔瓦尔从语言和句法角度(Aurélia)、霍夫曼小说从病态心理的分析方面,已经酝酿着后来弗洛伊德的潜意识理论,弗氏理论的新颖性主要反映在科学方面。2. 弗洛伊德释梦的起点,是把人的潜意识与精神病患者的混乱思维相比较。我认为精神病患者的意识和潜意识都受到了损害,都是不健全的;而健康人的意识和潜意识在可能的范围内可以为所欲为。3. 弗洛伊德关于性在梦及潜意识中的地位,论及西方人时应该由他们自己来判定;而对于视性为禁区的伊斯兰国家和长期处于封闭状态的东方国家,则显得过于主观和武断。4. 荣格的原型理论恢复了潜意识的形成及内容的发展过程。荣格认为原型产生于古代神话和古代宗教。我则以为原型的成因中应该包括社会的文化传统和民间风俗等原因。5. 荣格的"集体潜意识"理论强调不同民族、不同部落间潜意识的差异。我以为这个理论比荣格想象的还要重要得多。其重要性在于它不是强调共时和贯时方向潜意识的共性,而是突出它们的多样性,强调潜意识的延续

---

① 法文原文见拙著 *Etude sur l'occidentalisme romantique de Guo Muoruo, un poète chinois contemporain*,伯尔尼,Peter Lang 出版社,1993,第 6—7 页。中文文字见《郭沫若百年诞辰纪念文集》,社会科学文献出版社,1994,第 769 页。

性和发展性。由于文明、文化和民俗的不同，一民族与另一民族，一地区与另一地区，甚至一城市与另一城市的"集体潜意识"都存在着差别。从人类学、种族学、地域学和历史发展的角度看，"集体潜意识"的数量是很多的，而且还会继续增加。"代沟"就是同一地区、同一城市不同年龄层次、不同经历的人群在潜意识方面的差异之一。6. 弗洛伊德的《释梦》和潜意识概念是科学上的重大发现。浓缩、转移、排斥、检查等概念有相当的科学性。但是他在分析梦的工作过程中，也混淆了意识和潜意识的界限。如"选择"和"修正"应当属于意识阶段，而"揉碎"概念则纯属弗氏的臆想。

在这种思考的基础上，我提出了自己的简单的释梦观：1. 把计算机和人脑的动作原理相比较，说明所谓的"揉碎"阶段根本没有必要。2. 当我们接受外部或内部刺激的一瞬间，我们大脑材料库中与刺激相关联的材料浮现出来，与刺激无关的材料则继续留在大脑深层。即材料的破碎过程、所谓的选择过程、重新组合过程、浓缩过程等，实际上在刺激的一瞬间，已经自发地在我们醒觉时完成了，我们对此毫无感觉，或略有所知。梦实际上在我们醒觉时已经预先形成了。睡眠时，当检查机制放松以后，自发形成的梦境按照刺激程度的轻重由重到轻地逐渐展开。刺激在梦的形成过程中具有至关重要的作用。情结是刺激的蕴积。3. 我们心理活动中逻辑概念的积淀足以使我们的梦保持一定的逻辑关系；潜意识仅仅复制受刺激后材料间的逻辑的和非逻辑的关系，没有产生这些关系的功能。另外，浅层次的梦逻辑性多一些，深层次的梦非逻辑关系要多得多。梦的奥秘的真正揭开，各种释梦观的合理成分有多少，最终要依赖实验科学的检验。①

三、20世纪的西方文论坦承未能解决文学性的定义问题。我在概括介绍西方关于"文学性"的五大定义后，提出一种新定义："文学性存在于话语从表达、叙述、描写、意象、象征、结构、功能以及审美处理等方面的普遍升华之中，存在于形象思维之中。形象思维和文学幻想、多义性和暧昧性是文学性最基本的特征。文学性的定义与语言环境以及文化背景有着密切的联系。在文学性的定义中，接受者的角色是主动的，而非被动的。"关于该定义的阐释，见《问题与观点，20世纪文学理

---

① 见 *Etude sur les fonctions littéraires du rêve en Chine et en Occident*，里尔，法国国家论文制作中心微缩版，1996年11月，annexe Ⅱ（附件Ⅱ）。中文简介材料见《中国比较文学通讯》，1997年第2期，第68—69页。

论综论》(百花文艺出版社,2000年1月)的代译序"关于'文学性'的定义的思考"。

四、在扼要总结巴赫金对话理论若干基本点以及法国学者阐释和发展对话理论概况的基础上(如指出巴赫金的对话理论即复调小说理论,有很大的局限性;又如从若干方面说明,以为巴赫金的对话思想即是泛对话思想的看法是一种误读①等),我提出了泛对话原则的观点,认为人文社会科学和自然科学的各种学科的大量体裁中,都存在着对话现象,并从八个方面分析了诗歌中的对话现象,论述了泛对话原则的五种实践基础和理论依据。需要补充的是,我在为本译著写的代译序"言语哲学的新三相与行为间性"一文,又为泛对话原则找到了言语交际的实践基础和言语哲学的理论基础(见下文)。

五、重新思考了艺术活动的本质,提出多重品质的艺术本质论。认为当前提出"审美的喻说的反映的创造的艺术本质论"更恰当一些。②

六、去冬今春,我重新拣起十多年前提起的话题,从发生学、题材学和诗学等方面比较了道家文学与浪漫主义。我认为中国古代不曾发生过浪漫主义文学运动。所谓庄子是中国古代的浪漫主义理论家,屈原和李白是中国古代浪漫主义诗人的提法是一种牵强附会。笔者以为,庄子以其道家哲学家、道家思想的集大成者身份,屈原以其中国楚辞第一人,李白以中国道家大诗人或中国唐代诗仙的身份走向世界最合适,也与他们世界名人的身份最相符。所谓的"现实主义和浪漫主义两大基本创作方法"其实是中西文化碰撞中"写实与虚幻想象"两种手法的概念偏移。③ 把现实主义和浪漫主义理解为文学现象和文学风格,而视写实和虚幻想象为创作方法,既符合事实也理顺了概念与概念之间的关系。一部以写实为主的作品中加入一些虚幻想象的内容、以虚幻想象为主的作品中加入一些写实内容,是文学创作中经常发生的甚至不可避免的现象。决定一部作品是现实主义风格还是浪漫主义风格,要依赖许多因素,主要如题材、诗学追求、审美追求等方面的因素。

---

① 详见拙文《泛对话原则与诗歌中的对话现象》,《外国文学研究》,2001年第3期;《诗学史》的代译序一,百花文艺出版社,2002年1月。

② 见《诗学史》的代译序二。

③ 参阅拙文《道家文学与浪漫主义刍议》,《上海师大学报》哲社版,2002年第3期。

许多西方浪漫主义的文学史著或论著都不忘为巴尔扎克留下一席之地，皆因为他的著名小说《幽谷百合》。有的批评家甚至夸张地说，《幽谷百合》是巴尔扎克唯一一部才华横溢、值得重视的文学作品，但其手法上却是写实的。人们之所以公认它为浪漫主义作品，是因为它的题材、风格和诗学追求。所谓"革命的现实主义与革命的浪漫主义相结合"的创作方法论，是不冷静年代的不成熟提法。创作方法本身是没有革命与不革命或反革命之分的。

七、我在本译著的代译序"言语哲学的新三相与行为间性"一文中从言语哲学的角度研究了受话者的三种宏观形态及其对言语交际行为的三类影响，研究了言语交际活动中的行为间性，提出了言语交际的行为间性、承行为性、预行为性、言语间行为、承言语行为、预言语行为等言语哲学概念。如前所述，为泛对话原则找到了第六种依据，即言语交际的实践基础和言语哲学的理论依据。详见原文。

每当理论上形成自己的新观点时，我都异常兴奋。那心情，甚至胜过出了一本新书。

想做的事很多，可饭只能一口口吃，事情只能一件一件去做，并做好。不经意间，我已到了该关注身体的年龄了，有时难免有危机感。

史忠义
2002 年 8 月　北京

史 料 钩 沉

约翰·兰肖·奥斯汀(John Langshaw AUSTIN),英国哲学家,逻辑学家,日常言语"分析哲学"即牛津学派的代表人物(Lancaster 1911—Oxford 1960)。1952年起任牛津大学道德哲学教授直至1960年去世。生前没有发表任何论著,但其文章和教学笔记汇集为三卷著作出版,它们分别是《哲学论文集》(*Philosophical Papers*,1961)、《意义与感知性》(*Sense and Sensibilia*,1962;法译本 *Le Langage de la perception*,1972)和《如何以言行事》(*How to do Things with Words*,1962;法译本 *Quand dire, c'est faire*,1970)。他与胡塞尔(Husserl)和笛卡儿(Descartes)一样深信牢靠起点的重要性,因此相信日常言语是接触各种事物并实践言语现象学的最佳方式。出于这一原因,他认为,要解决某些问题,就应该详细列出这些问题出现的情境清单,这些情境导致了言语各种用法的多样性和不确定性。继学习莱布尼兹(Leibniz)和亚里士多德并翻译弗雷格(Frege)的著作后,他致力于日常言语规则、语言之日常使用和集体使用状况的调查和研究。他的基本贡献在于把断言式陈述句(énoncé constatif,一件事情是真是假)与完成行为式陈述句(énoncé performatif,话语行为本身构成一种行为)相比较,并证明,任何旨在传达给对方的陈述行为首先即是一种话语行为(speech act),发生在它被陈述及对话各方都介入的全部情境中。奥斯汀定义了非言辞行为(acte illocutionnaire,即1998年版《语言哲学》的译者们所谓的以言行事行为,1999年版《辞海》编撰者所谓的语行行为),并开创了非言辞行为的理论讨论。奥斯汀还提出了超言辞行为(acte perlocutionnaire,即《语言哲学》的译者们所谓的以言取效行为,《辞海》编撰者所谓的语效行为)的概念。

戈特洛布·弗雷格(Gottlob Frege,1848—1925),德国耶拿大学的

数学教授,国际公认的现代逻辑学或数理逻辑学的奠基人。他的著作长期不为人所知,是英国哲学家贝特兰·罗素(Bertrand Russell)向学术界披露了他的贡献。罗素在其《数学原理》(*Principles of Mathematics*,1903)的附件 B 里阐述了属于弗雷格的若干思想。

弗雷格的著作很难归入日常学科的任何一种学科,他的唯一目的即用全新的分析方法追踪算术的基础,包括在其所有分支中的基础。三大学科继承了他的遗产:他为数学学科提供了基数和序列的第一个令人满意的定义,并提出了尚未形式化的集(合)论,这套思想后来得到数学家策梅洛(Zermelo)的验证;在逻辑学领域,他创立了命题的公理演算、量化理论和逻辑句法的基础概念;最后,他从一论据所满足的某概念(或功能)出发建构命题的做法,结束了亚里士多德的三段论逻辑分析以及与该分析相关联的本体论思想。他尤其赋予了把概念与物体相区别的标准,此举抽掉了关于共相真实性(réalité des universaux)之争的实际内容。弗雷格关于可以如此精心建构语言的新视野以及语言表达中意义与外延的区分,与其他影响一起,引发了昂格鲁-撒克逊人的分析哲学和法国哲学关于概念的思想。这些就是弗雷格 40 余年苦心孤诣潜心研究的主要成果。在漫长的岁月里,弗雷格有时也会灰心和动摇,但他终于坚持下来了。他的所有发现都与算术的逻辑建构这一初衷相关联。

在 1879 年著的小册子《概念演算》(Begriffsschrift)一书中,弗雷格第一次表述了逻辑演算的基础知识、符号和规律,它们至今仍是数理逻辑体系的核心。弗雷格的表意文字学既是一种特征化语言又是一种逻辑演算体系,可以可靠描述人的逻辑行为。弗雷格没有套用莱布尼兹和布尔(Boole)用过的算术符号,他借用了数学中的代数方法和区分常量与变量、函数与自变数的做法。与其说是借鉴,不如说他恢复了逻辑学固有的句法原理。在弗雷格的演算体系中,概念是命题的核心。本书引用的 F/p 模式中,F 即表示某种概念(观念),把数理逻辑分析引入了言语行为逻辑的分析。就其与三段式传统逻辑学相决裂的角度而言,弗雷格为概念逻辑开辟了无限广阔的道路。

路德维希·维特根斯坦(Ludwig Wittgenstein,1889—1951),罗素的学生兼朋友,1921 年发表了《逻辑哲学论》(*Tractatus logico-philosophicus*)。在这部著作里,维特根斯坦用 75 页的箴言阐明,言语唯一的正确使用在于表达世界的事物,该言语的先验性规则构成逻辑,如弗雷格和罗素所设想的那种逻辑,世界的伦理意义和审美意义尽在不言之中,努力揭示言语纰漏和陷阱的哲学,最终将落得缄默不语的下场。

直到1929年,维特根斯坦都按照这一结论安排自己的生活。后来他同意回到剑桥担任教学工作。他通过许多论文的形式,准备了自己对言语的种种见解,名曰《哲学研究》(*Philosophische Untersuchungen*),当他1951年去世时,这部著作已经基本完稿。维特根斯坦恢复了澄清语言的思想,但是这次却是专注于检视日常言语中词义的地位和条件,它们构成了言语的"哲学性语法"。

维特根斯坦的影响迅速在英语国家传播,并向其他国家延伸,因为言语成了一个重大的哲学问题。他对30年代维也纳学派的哲学家以及50年代分析学派的哲学家们,产生了决定性的影响。

维特根斯坦的一生颇具戏剧性。他出生于维也纳,父亲是企业家。维特根斯坦1906年入柏林技术学院学习,1908年入曼彻斯特大学攻读航空专业。然而,他的兴趣很快从技术问题转到了数学的根基问题。于是,他前往耶拿拜访了弗雷格,并听从弗雷格的建议,注册了剑桥大学贝特兰·罗素的课程(1912—1913)。1914年,已经退伍的维特根斯坦却加入了奥地利军队,并于1918年11月被意大利人俘虏,直到1919年8月才回到奥地利。随后他开始撰写《逻辑哲学论》,并把初稿寄给罗素和弗雷格。1913年父亲去世时维特根斯坦放弃了遗产继承权,后来他又婉言谢绝了去大学任教的邀请,却心甘情愿地当了一名乡村教师(1919—1926),后来又用了两年时间为他的姐妹之一在维也纳盖了一座房子。直到1929年,他才同意回剑桥任教。他首先因《逻辑哲学论》被授于博士学位,这部著作于1921年即出了德文版,翌年又出了德英双语版。他以研究员的身份在三一学院任教直到1939年,其中1936年休教一年去挪威他自己盖的小房子度假。1939年,当剑桥大学邀请他接替穆尔(Moore)的教职时,战争爆发了。已经加入英籍的维特根斯坦应召在伦敦的卫生机构从事战地服务。战后他回到剑桥,1947年辞去教职。辞职后的维特根斯坦经常往来于爱尔兰、牛津和剑桥之间。1951年维特根斯坦因患癌症不治身亡。

他仅留下了《哲学研究》一部手稿可供出版,这部遗著的德文版和英文版于1953年面世。然而见过他的人都深受他的影响,他的大量遗著后来逐渐得以整理出版。

关于《逻辑哲学论》的体系。当维特根斯坦写作《逻辑哲学论》时,他从哲学角度思考了科学言语和哲学言语的陈述问题及其性质,可能也思考了托尔斯泰作品的意义。《逻辑哲学论》要回答这样一个哲学问题:人们可以表达什么? 2000多年前,中国《易传》的作者和庄子也碰到了这一问题。《逻辑哲学论》对这个问题的回答概要表述在作者的序中:"可以言说者,可以清楚地得以表述;不可以言说者,应该让其处于沉默状态。"因此,这部著作同时显示了两个特征,特征之一是,对科学表述方式和哲学表述方式的批评式评论,特征之二是,稍嫌教条的箴言相继连接。当我们重新组织编号为1到7七个主要箴言时,论著的整体结构就呈现出来了。前两个箴言论述什么是世界(1."所有发生的事即世界。"2."发生的事实即是事物状态的存在。")。下边的四个箴言论述世界的形象,后者构成了逻辑思想(3."事物的逻辑形象即思想。"4."思想是拥有意义的命题。"5."意义命题是基础命题的实函数。"第6个箴言指出了实函数的一般形式。)。第7个箴言指出了逻辑言语的局限性,即上文所说的"不可以言说者,应该让其处于沉默状态",从而为全书划上了句号。

在维特根斯坦看来,唯一拥有意义的言语是生产了世界意象的言语,该意象的逻辑形式反映了事物的结构。作者假设,通过"原子"命题的关系组合而获得的命题可以表达任何事物(原子论逻辑论点),该命题的真实价值仅依赖其最终成分的价值(外延性论点)。这种逻辑形式发挥着普遍参照体系的作用,其"几何学"必然先验地限定一个可能世界的结构。这些局限性既是拥有意义(思想)的言语的局限性,也是世界的局限性,它们表现为命题演算的同义重复。维特根斯坦发明了用"真实表"("tableaux de vérité")展示命题之间关联关系的方法。该表通过双项联系显示两个命题之真实价值之间的组合的可能性。这种关联一般提供关于世界的某种信息,该信息只能通过实践去验证。例如,肯定"p 或 q"是真的,意味着在实践中确实发现了或者 p 或者 q,或者两者。不管关联所组合的命题的真实价值如何,同义重复是真实关联的蜕变形式。例如"p 或非 p"是真的这个命题不依赖任何实践的见证,因为不管 p 是真实还是虚假情况下它都是真实的。它本身不表示任何复杂事物或简单事物,它不表示世界本身,而揭示世界的必然形式,揭示任何事实见证都无法回避的逻辑限制。

事实(le fait)本身被定义为"事物形态之存在"(Bestehen von Sachverhalten);而事物的一种形态(un état de choses)即"物质的一种组合"(une "combinaison d'objets")。因此,《逻辑哲学论》中的物质或事物不是我们可直接观察到的文本外的具体物质,而是潜在组合之结,它可以参与这些组合以构成事物的形态。事实投入由同义重复决定的"逻辑空间";而事物亦投入一种逻辑空间,后者先验地限定它可以进入的事物的形态类型。但是维特根斯坦仅阐发了事实的逻辑即命题演算,而没有论述事物的逻辑。

既然任何拥有意义的言语都是对事实的表达,因此人们不可能创造一种表示言语规律的所谓正确语言,因为逻辑只能体现出来而非言说出来。从言语的这一内在限制中推演出另一禁忌:世界的总体意义以及我在世界中的处境由于不是事实性质而与正确言说擦肩而过。因此,伦理、审美和形而上学不能成为真正表达的内容,而哲学的努力最终只能承认必须缄默的尴尬处境。

笔者以为,维特根斯坦的思想与中国《易传》和老庄的言语观有许多相似之处。首先,他提出了人们可以表达什么即言语可以表达什么的问题,如上所述,老庄和《易传》的作者事实上也提出了这一问题。其次,维特根斯坦关于唯一拥有意义的言语是生产了世界意象的言语与中国的"立象以尽意"相通。第三,"可以言说者,可以清楚地得以表述;不可以言说者,应该让其处于沉默状态"。维特根斯坦的这种表述等于承认言语的局限性,与庄子"言不尽意"的思想很相似。西方传统从本体论、演说术、诗学和崇高型审美诸角度一直坚信言语的神奇力量,19世纪以来出现了怀疑语言表达真实之能力的思潮。维特根斯坦即是这种思潮的一位重要哲学家(这一点一直被学术界所忽视),并明确提出了言语局限性的哲学立论。维特根斯坦与道家传统的第四点相似之处是,所谓"让其处于沉默状态"其实是让意义从字里行间、从互文性中自然流泻,不要强求寻找形式规律,这与庄子追求"言外之意、象外之象"的思路比较接近。维特根斯坦与庄子的区别是,前者用科学言语和哲学言语的分析加箴言的形式表述自己的思想,庄子则用一系列寓言故事来表述自己的立意;前者尽量把可以言说者形式化,并在这部著作特别是在后来的《哲学研究》中尽量找出不可言说者的语境及其条件,而在形式化思想很不发达的中国古代,庄子没有做这方面的工作。

关于维特根斯坦的后期哲学之说。对于维特根斯坦留下的两部已完成著作,许多学者从中辨认出两种截然不同的哲学观。笔者更倾向于另一些西方学者的观点,即维特根斯坦在《逻辑哲学论》中碰到、他自己亲自承认的种种困难,构成了《哲学研究》这种新建构的起点。两部著作的哲学思想在深层面保持了一致,即哲学是活动而非学说,是对言语中思想所产生的困难的澄清。维特根斯坦的思考在下述几方面有了

新的进展:

1. 关注的中心不再是形式化的语言,而是自然语言。

2. 他放弃了仅考察可以提炼出形式化规则的表述方式的做法,转而关注"语法"最流动、最不稳定的面貌。

3. 因此,作者放弃了《逻辑哲学论》中那些公式的"教条"表象,而代之以探索性的反思性的言语。但是,1914—1916 年的《笔记》(Carnets)显示,维特根斯坦从学术生涯的开始就采用了这种方式。

然而,两部著作根本上的统一性还是得到了保持。《哲学研究》对言语中许多问题的澄清尝试着回答《逻辑哲学论》遗留下来的问题。这些问题如:什么是基础(原子)命题? 什么是事物逻辑空间的先验性? 对后一问题作者的回答是:决定我们言语之"表面语法"的演算的严格规则向我们揭示了事实逻辑空间的先验性,而事物的先验性关联只能通过"模糊"规则进行,后者构成它们的"深层语法"(《哲学研究》,§ 664)。因此,在《哲学研究》中,维特根斯坦更突出言语游戏的多重性和多维度,注意阐明这些不同体系表意的多种条件和多重语境,哲学家并不奢望"解决"这些不可言说者的矛盾和困境,而是准确分析它们的"身份"状况(§ 125)。

维特根斯坦与哲学家的关系。维特根斯坦的哲学无疑是一种开放哲学,因为它最终没有建议任何教条,甚至也没有建议某种单一的方法论,而是承认多种方法"像不同的治疗方法一样"(§ 133)。维特根斯坦读过柏拉图(Platon)和叔华(Schopenhauer)的著作,但与西方过去的经典哲学似乎没有什么因缘。他的批判哲学观是把康德(Kant)用于认知领域的概念转移到了言语表达领域。《逻辑哲学论》的格调、治疗和起死回生某种病态思想的哲学观念以及关于真实的某种无时间情感等,而非他的学术论点的具体内容,使有些学者想到了斯皮诺莎(Spinoza)。大概弗雷格和罗素对于他发现严格逻辑思想的能力和局限性发挥了决定性的影响。维特根斯坦的分析方法无疑与现象学比较接近,但是,当胡塞尔(Husserl)假定思维中枢(noème)之结构与思维行为之结构的完全平行性时,维特根斯坦则明确拒绝从哲学上描述思维行为及其程序,他亦不用更多的笔墨描述胡塞尔意义上的本质。

如此看来,维特根斯坦的哲学具有深刻的独创性。他的影响首先是通过口头教育和个人交往而发挥作用的。罗素就曾说过:"认识维特根斯坦是我知识生涯中最富激励性的事件之一。"这一影响随着人们对上述两部著作愈来愈深刻的了解和维特根斯坦手稿的陆续发表而逐渐扩大并延续至今。

维特根斯坦之遗产最富活力的题材似乎如下：描述事实之言语与澄清该言语之规则的言说的区别；逻辑原子论；《哲学研究》所发挥的日常言语的分析方法。新实证主义继承了前两个内容，而分析哲学学派则继承了第三点。然而，维特根斯坦一直拒绝人们把他与上述两派的任意一派联系起来。但是，超越传统和流派，人们发现，维特根斯坦引起越来越多的读者的更大关注。

言语哲学。近些年来，分析哲学的一个分支特别吸引着法语的哲学家的注意力，自塞尔的著作发表之后，这个分支就被称做"言语哲学"。这个称谓也许并不十分幸运，因为它很容易与20世纪60年代一种差别很大的研究视野相混淆，那就是把乔姆斯基（Chomsky）意义上的生成语法应用于某些传统哲学问题的视野（卡茨/J. J. Katz）。因为继奥斯汀之后，塞尔心目中的言语哲学的研究计划几乎与卡茨的计划相反：卡茨的计划是借助语言学的某个贡献解决某些特殊的哲学问题，而塞尔的关注恰恰相反，意在让语言科学利用哲学家们对某些言语现象的思考。坦率地讲，这些现象本身的地位就很模糊；直至不久以前，它们还被仅关注言语的句法层面和一定程度上亦关注语义层面的语言学家们粗暴地搁置一旁。在言语客体的这两个维度（句法和语义）之上，奥斯汀的著作增加了如今所说的"语用学维度"，即说话者努力与听者或对象保持沟通时使用语言的所有情况。在法语语言学中增加这个维度的是本弗尼斯特（Benveniste）的著作。然而，随着奥斯汀和塞尔的理论在分析哲学中的确立，它们逐渐进入并完全渗透到语言学的研究工作中。如今，人们已经很难维持这两个学科之间的界限。言语哲学也因之而成了一个典型的跨学科研究的领域。

我们谨举言语哲学现在研究的两个例子。例子之一是与奥斯汀名字联系在一起的某些动词的"完成行为性"问题，或者更准确地说，是语言使用这些动词时产生的"完成行为性"问题。当我因车祸长期卧床不起后的一天，我对给我治伤的医生说："您瞧，我能走了！"这个陈述句只有在我同时下床行走的语境下才有意义；换言之，如果把我的陈述句视为一个行为（像塞尔那样视为一个言语行为），该行为与它所描述的另一肢体行为仍然有着明显的区别。那么当我伤愈后我对医生说"谢谢您"时，情况又会怎么样呢？在这种情况下，人们还能分得清我发出该陈述句的言语行为与它所描述的另一行为吗？这似乎不大可能。向某人说"我谢谢您"，即履行致谢某人的行为（而向他说"我能走了"还没有履行走的行为）。这是奥斯汀阐发其学术观点的观察起点。在这些观察的基础上，他逐渐觉悟到，需要重新审视我们习惯上使用语言的全部观念。这种深化在奥斯汀本人那里首先体现为把"完成行为性"现象推广到非言辞行为现象，这即是说，任何陈述句，不管是否完成行为式陈述句，都引发了独特的言语行为，换言之，任何陈述行为都是这样的言语行为。自此，人们开始探索言语行为的令人满意的分类，在该分类中，"完成行为性"作为许多非言辞行为的一类，占有其位置。我们上边的第一个例子"我能走了"就变成了通告医生我痊愈了或至少引发他注意我痊愈这一事实的言语行为。这种分类探索仍在继续，它们依然引起哲学家和语言学家的兴趣。

言语哲学领域的第二个问题即"参照系"问题，这个问题引发的争议很多。"参照"一词缘起于弗雷格或其著作的英法文译者，随后被言语哲学家们愈来愈多地用于语用学意义。其本意是说，语言的这个或那个单词参照（指示）外部世界的这个或那个物质。参照问题之所以在言语哲学继而在语言学中占有如此重要的地位，那是因为人们逐渐发现，参照行为的方式有若干种，尤其是这些不同的参照方式对语法分析产生影响。例如，用姓名指称一个人（例如"苏格拉底/Socrate"）与用这个人的特性之一指称他（例如"柏拉图的老师"）并非没有区别，后者即确定描述的方式将提出一系列逻辑问题、语言问题，特别是哲学问题，这些问题可能涉及存在、身份、语式等概念，而这些问题在以姓名指称个人的方式中则不存在。在参照行为的语式方面，S. 克里普克（S. Kripke）的研究对参照理论做出了新的发展。这一问题似乎引起了逻辑学家、语言学家、哲学家和某些文学理论家的普遍关心。

史忠义据法国《通用大百科全书》1985 年版、《拉鲁斯大百科全书词典》1982 年版、《大罗贝尔专有名词词典》1987 年版等文献整理，2009 年 11 月。